The Political Logic of the
Ethnic Mobilization in Indonesia

印度尼西亚族群动员的政治逻辑（1998-2017）

薛松 著

中国社会科学出版社

图书在版编目（CIP）数据

印度尼西亚族群动员的政治逻辑：1998—2017 / 薛松著 . —北京：中国社会科学出版社，2020.12
 ISBN 978-7-5203-7589-4

Ⅰ.①印… Ⅱ.①薛… Ⅲ.①民族关系—研究—印度尼西亚—1998-2017 Ⅳ.①D734.262

中国版本图书馆 CIP 数据核字（2021）第 042161 号

出 版 人	赵剑英
责任编辑	陈雅慧
责任校对	闫 萃
责任印制	戴 宽

出　　版	中国社会科学出版社
社　　址	北京鼓楼西大街甲 158 号
邮　　编	100720
网　　址	http://www.csspw.cn
发 行 部	010-84083685
门 市 部	010-84029450
经　　销	新华书店及其他书店
印刷装订	三河弘翰印务有限公司
版　　次	2020 年 12 月第 1 版
印　　次	2020 年 12 月第 1 次印刷
开　　本	710×1000　1/16
印　　张	16
插　　页	2
字　　数	261 千字
定　　价	88.00 元

凡购买中国社会科学出版社图书，如有质量问题请与本社营销中心联系调换
电话：010-84083683
版权所有　侵权必究

目　录

第一章　导论 ·· （1）
　　第一节　研究问题 ·· （1）
　　第二节　研究方法 ·· （8）
　　第三节　本书结构 ··· （12）

第二章　印尼族群动员方式选择的既有解释 ·················· （14）
　　第一节　文化主义 ··· （15）
　　第二节　反应性族群视角 ··· （17）
　　第三节　族群竞争视角 ·· （19）
　　第四节　政治过程视角 ·· （23）
　　第五节　综合视角 ··· （26）
　　第六节　理论评述和未来研究方向 ···························· （29）

第三章　解释族群动员方式选择的理论框架 ················· （32）
　　第一节　族群的概念 ··· （32）
　　第二节　族群动员方式的类型 ·································· （35）
　　第三节　理论框架 ··· （40）

第四章　印尼的族群政治 ·· （58）
　　第一节　印尼的族群结构 ··· （58）
　　第二节　印尼族群政治简史 ····································· （63）

第五章　亚齐分离主义运动的族群动员 ························ （71）
　　第一节　亚齐分离主义运动的背景 ··························· （71）

· 1 ·

第二节 政治空间小、凝聚力弱：低暴力制度外动员
（1976—1998）……………………………………（75）
第三节 政治空间小、凝聚力强：高暴力制度外动员
（1999—2004）……………………………………（80）
第四节 政治空间大、凝聚力强：制度内动员（2005）………（87）
第五节 小结 ……………………………………………………（91）

第六章 巴布亚独立运动的族群动员……………………………（93）
第一节 巴布亚独立运动的背景 ……………………………（94）
第二节 政治空间小、凝聚力弱：低暴力制度外动员
（1999年以前）……………………………………（100）
第三节 政治空间大、凝聚力弱：制度内方式
（1999—2000）……………………………………（105）
第四节 政治空间小、凝聚力弱：低暴力制度外动员
（2000年8月以后）…………………………………（109）
第五节 小结 …………………………………………………（122）

第七章 民俗地运动中的族群动员………………………………（124）
第一节 多巴湖民俗地运动的背景 …………………………（124）
第二节 政治空间小、凝聚力弱：低暴力制度外动员
（2003年以前）……………………………………（129）
第三节 政治空间大、凝聚力强：制度内方式
（2003年以后）……………………………………（136）
第四节 全国的民俗地动员（2008—2016）…………………（151）
第五节 小结 …………………………………………………（158）

第八章 新建自治区中的族群动员………………………………（160）
第一节 新建自治区的背景 …………………………………（160）
第二节 新建帕帕克县 ………………………………………（172）
第三节 新建塔帕努里省 ……………………………………（185）
第四节 小结 …………………………………………………（204）

目 录

第九章 结论 ·· (207)
  第一节 主要结论 ·· (207)
  第二节 对未来印尼族群关系的判断 ···················· (211)
  第三节 未来研究方向 ··· (213)

附录A 多巴湖地区民俗地争议中相关方的行动
       （1987—2003） ·· (217)

附录B 印尼文专有名词翻译对照 ······················ (222)

参考文献 ·· (226)

后 记 ·· (246)

第一章

导　　论[①]

第一节　研究问题

自 20 世纪 90 年代，随着苏哈托政权对社会控制能力的减弱，[②] 族群动员现象开始在印度尼西亚全国各地复苏。印尼民主改革初期（1998—2003 年），全国各地发生的族群冲突曾一度令人担忧印尼的民主转型能否成功。政治制度的重建、军队力量的削弱、国际社会对印尼人权问题的干预都为族群冲突打开了机遇窗口，在全国各地出现了数量较多的、零散的族群冲突，仅在 2003 年就有 76 个县发生了 164 起族群间暴力事件。[③] 这一时期也发生了若干严重的族群—宗教冲突，包括 2001 年中加里曼丹的达雅克族和马都拉族的族群冲突，1999—2002 年马鲁古、北马鲁古和中苏拉威西的族群—宗教冲突，1998 年在雅加达、棉兰等城市的排华暴乱，以及与亚齐和巴布亚独立运动相关的族群暴力。

2004 年苏西洛接任总统，印尼进入民主巩固阶段后，族群间暴力冲突的数量迅速减少，族群冲突在当今的印尼已经不是令人担忧的问题了。随

[①] 第一章和第二章部分内容以"解释印尼的族群动员方式：理论与评析"为题目发表在《南洋问题研究》2019 年第 3 期（总第 179 期）。

[②] Aspinall, E., *Opposing Suharto: Compromise, resistance, and regime change in Indonesia*, Stanford University Press, 2005.

[③] 本节关于印尼族群暴力的数据来源于"监控印尼暴力冲突"（Indonesia - Sistem Nasional Pemantauan Kekerasan 或 National Violence Monitoring System）。该数据库由世界银行资助、由印尼政府和哈比比中心合作维护，收录了印尼全部省份的地方报纸上刊载的暴力事件并加以分类和编码，见 http://snpk.kemenkopmk.go.id。

着民主制度的完善、军队改革和地方分权制度的建立，族群间暴力事件快速减少。2010—2014 年全国族群暴力事件仅分别发生了 55、22、37、14、14 起。2005 年印尼政府和"亚齐独立运动"（GAM）分离组织达成和解，持续了近半个世纪的亚齐分离主义问题和平解决。尚存为数不多的族群冲突在地理范围上更加集中，主要出现在仍有分离主义运动的巴布亚省。

然而，族群暴力冲突的减少不意味着族群政治在印尼政治和社会舞台上谢幕，民主化和地方自治也没有彻底消除族群政治的存在基础。近十几年来在全国各地，尤其在爪哇岛以外的地区，从村级到省级的行政单位普遍都有族群地方主义复苏的趋势。印尼的族群地方主义指少数族群因要求扩大原住民权利、历史上受到集体不公正待遇、现实中在政治或经济上"被剥夺"等原因，在县（市）级别或省级别发起的具有一定社会影响力的族群身份复兴活动。一部分族群地方主义运动的性质是争取族群的平等权利，也有不少族群动员的背后是地方精英利用新制度恢复精英的"小王国"。

近十几年来的族群政治动员走上了 3 条截然不同的道路。第一条道路是利用 1998 年以后的新制度开启的新政治机遇和拓展的新方式进行制度内族群动员，这也是最常见的途径。印尼的地方自治为族群动员的制度内方式奠定了法律基础。《1999 年第 22 号地方自治法》第 4 条第 1 款规定，"基于社会的意愿通过主动提出的方式调整和管理当地社会利益"，民主化和地方分权为族群提供了多种满足群体利益的策略。

制度内族群动员又根据动员的初始状态分为两个类型。第一个类型可称为"被规训的制度内动员"，即曾经用暴力、无政府行动等制度外方式动员的族群运动接受了制度内方式，与国家或其他族群通过合法方式达成和解，如亚齐通过与政府协商进行特殊地方自治的方式放弃武装动员，又如曾经爆发大规模族群暴力冲突的地区通过地方直接选举、族群的基层自治等制度内方式释放族群动员的压力。

第二个类型可称为"新生的制度内动员"，即改革时期新生的族群地方主义利用制度途径与上级政府或其他族群重新协商权力和利益的分配，拓展本族群的利益。地方直接选举中的族群动员最为普遍。在单一族群构成人口主体的地区，候选人在竞选活动中穿着本族群服装，用方言演讲，使用"族群联结"（ethnic binding）策略吸引本族选民的选票。而在族群构成较复杂的地区，候选人使用"族群联合"（ethnic bridging）策略，吸

第一章 导论

引其他族群的选民投票。多数族群的候选人排挤、威胁少数族群选民和候选人的现象也屡见不鲜，如2012年雅加达和2010年棉兰市的地方领导人选举中，华族候选人钟万学和陈金扬因宗教和族群"双重少数"的身份属性受到竞争集团的联合抵制。

族群动员也常见于从原行政区分立出新自治区（pemekaran）的过程中。印尼通过地方自治法后，新建立的行政区数量增长了一倍有余，仅在1998—2008年新建立的自治区（县、市和省）就有215个。族群动员频繁出现在其中，地方精英常常宣扬本地原住民族群饱受欺凌以证明自治具有紧迫性和正当性。在加里曼丹的三发县（Sambas）、桑皮特市（Sampit）、东哥打哇灵因（Kotawaringin Timur），苏拉威西的波索（Poso）和藤特纳（Tentena），马鲁古的安汶（Ambon）和哈马黑拉（Halmahera），新建自治区过程中的族群动员甚至诱发了族群间暴力冲突。[①]

在更多情况下，新建自治区伴随着非暴力的族群动员，如从爪哇人占主体的西爪哇省分立出巽他族占主体的万丹省（Banten），从米纳哈萨族占主体的北苏拉威西省分立出哥伦塔罗人为主的哥伦塔罗省（Gorontalo）。在这些案例中，族群分隔与地理界限恰好重合，使族群因素成为政治动员的原因或便利条件。

恢复民俗村也成为族群动员高发的制度基础。印尼建国前，许多族群中存在独特的社会管理制度和族群文化传统。独立后的反殖民反封建运动中，这些族群自治体被统一的爪哇传统的行政村制（desa）取代。然而一些族群传统的基层管理制度和行政村间的矛盾一直难以调和。在民主化和地方自治后，这些地区争取恢复传统的自治体：族群领袖带领族人恢复传统的治理方式，界定族群共有财产，普及族群语言，恢复社会仪式。巴厘省和西苏门答腊省已经建立了民俗村和行政村双轨并行的模式。加里曼丹省的达雅克族也在国家的支持下逐步恢复传统的基层管理制度。更有不少地区恢复了名义上的民俗村，即不恢复或恢复部分传统基层社会管理制度，只利用民俗村的名号发展旅游业或促进文化遗产保护。

此外，传统的游行、抗议等社会抗争戏码也被制度接纳，在合乎法律规定的条件下成为被制度接受的动员手段。请愿、议会游说、媒体监督等

---

① Tirtosudarmo, R., *From Colonization to Nation-state: The Political Demography of Indonesia*, Jakarta: LIPI Press, 2013, pp. 296-300.

印度尼西亚族群动员的政治逻辑(1998—2017)

早已被民主制度内化的动员方式已经成为印尼族群动员的常规方式。

改革时期出现在印尼的第二条族群动员的道路是：虽然国家提供了制度内解决族群矛盾的方式，但是族群动员仍然使用制度外方式。虽然民主和地方分权制度为族群提供了各种方式满足其需求，然而仍然有族群选择分离主义、暴力等被制度禁止的方式进行动员。在亚齐族群分离问题通过特殊地方自治的方式解决后，印尼政府希望通过相似的方式和平解决巴布亚族群分离问题。可惜政府的努力没有取得预期效果，巴布亚分散的动员组织没有彻底脱离分离主义路线。伴随着分离主义运动还经常出现针对警察、军队甚至平民的暴力、威胁和冲突。族群暴力也常见于巴布亚地方选举中，如在2013年巴布亚省长选举中，查亚威查亚县（Jayawijaya）的两个族群因分别支持两对候选人发生了暴力冲突。

第三条族群动员的道路与第二种情况恰好相反，即曾经采取制度外方式动员的族群运动，虽然至今国家仍没有向族群提供一种可实现的制度内解决方式，他们却积极利用被制度认可的其他合法动员方式，向国家释放和解的信号以革新对他们不利的制度安排。

其中有代表性的一类案例是夺回民俗地运动。民俗地（tanah ulayat 或 tanah adat）指根据历史惯例由某些族群集体拥有并共同管理的集体所有制土地。荷兰殖民时期，民俗地的一切权利受殖民政府的法律认可，依照各自族群的民俗法管理。印尼独立后，虽然"四五宪法"肯定了民俗地的合法地位，但在现实中，民俗法和民俗地权利从来没有真正落实过。在苏哈托政权下，大量民俗地被政府部门、军队、国企和寡头资本强行征用。族群针对征用方和警察进行个体的、零散的反抗。民主化改革后，民俗地权利获得了印尼国内外的广泛关注。印尼国内开始对宪法和相关法律条例进行再讨论和修订，但是在地方层面，对陈年旧案还缺乏行之有效的实施办法和解决方式。在这样的制度背景下，国际上对原住民权利的声援运动和国外非政府组织的直接支持使争取民俗地权利的运动更加组织化。个体的、零散的暴力冲突减少了，族群采用灵活、温和的非暴力方式抗争，如开展宣传族群文化运动、争取地方议员的同情、利用总统选举和地方选举的时机与候选人签订政治协议、通过媒体和学术圈扩大影响、采用司法手段争取权益等。族群正在巧妙地利用制度认可的合法方式挑战不公正的制度。

由此可见，在1998年以来制度变革的背景下，印尼族群动员的方式出现了四种基本类型：（1）新生的制度内动员，即新出现的族群地方主义采用制度内方式动员；（2）被规训的制度内动员，即曾经游离于制度外的族群动员接受制度提供的解决方案；（3）制度外动员，即族群不接受制度提供的方案，继续走制度外动员方式；（4）革新制度的族群动员，即制度尚未提供解决方案，族群巧用制度内方式推动革新。

族群动员方式分化的现象自然而然引起我们思考：在从威权制度向民主和分权的新制度转化的大背景下，在何种条件下族群运动可以通过制度内手段组织起来？什么条件限制了动员的族群，使他们选择制度外动员方式？

从文化主义和政治过程结合的视角，本文提出族群凝聚力高低和族群动员目标是否冲击政府执政目标这两个因素共同影响族群动员方式（制度内方式/制度外方式）的选择。当动员目标不冲击政府执政目标时，制度为解决族群问题提供合法的方式或对族群动员的容忍程度较高。在这样的条件下，凝聚力强的族群更可能达成内部的一致并采用制度内方式动员，而凝聚力弱的族群虽然也倾向于使用制度内方式，但其内部难以达成一致进行集体行动，因此可能采用制度外方式动员。当族群动员目标冲击政府执政目标时，族群动员将遭到镇压，动员的政治空间也非常小。在此情况下，凝聚力强的族群更有能力促成高暴力的制度外动员，而凝聚力弱的族群采用低暴力的制度外方式动员。

本书具有一定的理论和现实意义。从理论角度，第一，本书的研究补充了社会运动和族群政治文献中对动员方式研究较少的薄弱环节。在社会运动的文献中，社会运动的四个研究主题之一是动员采取的方式和激烈程度。[1] 对"抗争戏码"（protest repertoire）的研究揭示了特定的资源分配和社会结构对抗争所用方式的塑造和限制，但是对不同的"抗争戏码"之间转换的约束条件和机制的研究还是该领域中的薄弱环节。[2] 在族群政治理论中，大量研究将注意力集中在"族群动员或族群暴力为何发生"的问题上，然而很少看到研究关注族群动员采取的不同方式和背后的逻辑。这可能是因为历史传统、社会现实和政治制度的差异性，使族群动员的表现形

---

[1] Della Porta, D. and Mario Diani, *Social Movements: An Introduction*, NJ: John Wiley & Sons, 2009, p.6.

[2] 冯仕政：《西方社会运动理论研究》，人民大学出版社2013年版，第190页。

式在各个国家的差异很大，故而难以发展出具有普遍性解释力的理论，因此有必要到特定的社会和政治背景中去寻求答案。本书将研究范围和推论范围限定在1998年印尼开始民主改革至2017年，使这个问题的复杂性和研究难度降低。研究目标是建立可以解释这一时期印尼族群动员方式选择机制的理论。

第二，从制度角度解释其对印尼族群动员方式的影响，弥补现有印尼族群政治文献中制度视角的缺乏。印度尼西亚的族群问题从20世纪初荷印政府加速经济发展、引进外劳并鼓励国内人口流动开始变得复杂化。整个20世纪，印尼经历了反殖民、民族独立、"九·三零"运动、威权制度、民主化、地方分权等剧烈的制度变革，每一次政治、经济、社会变革都对族群关系产生长远的影响。在印尼研究文献中，对族群政治和制度变革的研究不在少数，但是这两个主题多是独立、分散存在的。目前在印尼语境下对民主化后族群政治的研究多采用能动者（agent）的视角，关注精英在动员中起到的作用，而对制度起到的作用缺乏系统性分析。尤其缺少的是对族群动员中途结束或被称为未能成功动员起来的案例分析，而这些案例可以使我们更深入地了解到制度如何限制精英的行动。这恰恰是本文着眼的一个重要方面：阐释制度的变化如何为不同类型族群动员提供机遇和限制，试图补充既有文献的薄弱地带。

第三，本书特别关注与一般理论预测相反的案例，以此为契机对既有理论展开讨论。笔者在阅读社会运动文献过程中发现印尼的某些个案不能完全用现有理论解释。德拉波尔塔[1]曾提出在决策系统中的机遇越多，社会运动的策略越温和，越容易往被制度允许的方向转变。在印尼虽然存在这样的普遍趋势，但也存在逆流而行的个案。了解什么因素造成个案差异不仅能帮助解决现实问题，而且往往能促进理论的更新。

本书具有一定的现实意义。第一，有助于评估印尼未来社会和政治稳定的趋势。对于印尼地方自治下族群政治复兴对印尼政治和社会稳定的影响，人们有两方面的担忧。一方面考虑族群政治复苏对国家统一和民族团

---

[1] Della Porta, D., Hanspeter Kriesi and Dieter Rucht, *Social Movements in a Globalizing World*, London: Palgrave Macmillan, 1999, p.225.

第一章 导论

结的影响。有观点认为族群政治终将导致政治分裂,[①] 而相反的看法认为,族群政治复苏不过是一直存在的精英掠夺现象的新面貌,不会威胁民族团结和国家统一。另一方面,人们担忧族群政治的复苏可能威胁社会稳定。一些人乐观地认为,分权赋予了地方协调族群间关系的资源,族群怨愤现在可以通过多种渠道疏导,不至于诉诸暴力。而悲观者认为,精英煽动族群间矛盾会增加社群暴力的可能性。本书有助于挖掘更多的实证证据评价和预估地方分权下族群政治复兴对未来印尼政治和社会统一和稳定性的冲击。

第二,为中国制定与印尼相关外交政策、对外投资和外劳保护工作提供参考。印尼与中国在2013年缔结了全面战略伙伴关系,印尼也是积极回应"一带一路"倡议的重要合作伙伴。印尼在联合国、东盟、G20等国际组织中有着活跃的表现,是享有国际声望的民主国家。了解当代印尼国内政治和社会动态,理解印尼人对族群政治、民族建构、执政能力、央地关系等关键政治问题的真实看法,是中国与印尼高层实现"心意相通"的前提,有助于推进中国与印尼的双边关系发展和在多边平台的合作。在实务层面,了解当代印尼的制度变迁和族群政治动向对中国开展海外华侨华人工作、对外投资风险评估和中国在印尼劳工的领事保护工作均有帮助,对中国制定对印尼外交政策有参考作用。

第三,对印尼族群政治的研究对理解多民族发展中国家的族群政策和政策效果有一定启示。印尼是一个具有代表性的多族群、多宗教的发展中国家,又在近二十年中经历了从威权政治到民主政治的制度变革。从政治学研究设计的角度,印尼族群的地理多样性和政策的沿革使研究者容易在印尼找到可以控制变量、适宜比较的案例,并有潜力探索出特定变量与结果之间的相关性。印尼族群政治研究的意义可以超越理解印尼本身,而对理解族群政治的普适性规律有裨益。更何况印尼的政治制度转型比较成功,在民主化初期就基本消除了族群间暴力、部分解决了族群分离主义,了解印尼管控族群政治的经验和得失对广大多族群的发展中国家具有政策参考的价值。

---

① Tirtosudarmo, R., *From Colonization to Nation-state: The Political Demography of Indonesia*, Jakarta: LIPI Press, 2013, pp. 288-289.

第二节 研究方法

本书的研究对象和推论的地理范围是发生在印尼的族群动员。尽管本书详尽分析的五个案例除了巴布亚分离运动以外，其他都发生在印尼西部的苏门答腊岛，但是所选择的案例中族群动员的类型、面对的制度机遇和限制具有普遍性。从这些案例中可以管窥印尼改革时期族群动员的一般性规律。

本书涉及的时间范围为1998年印尼开始实行民主化起到2017年。1999年通过的地方分权法是近十几年来解释印尼地方政治现象的核心变量。实际上，地方分权法从2001年实施，地方新政治生态在2003年左右开始形成。1999—2003年一般被认为是印尼政治制度重建的时期，从2004年苏西洛成为第一任全民直选总统开始，印尼才进入新制度基本建成、开始正常运转的稳定时期。因此1998年以来的族群动员可以分为两个大类：一类与制度空白和不确定性相关，突出的表现是民主改革初期全国范围内零散的族群间暴力。另一类与新制度下的新政治逻辑相关，以非暴力族群动员为特征。这类动员在1998年前后萌芽，在2003年后开始呈现清晰的脉络。

本书关注的领域——印尼的族群动员——既具有多元性，又具有相似性。印尼是世界上最大的群岛国家，五大岛屿之间的地理分隔造就了极强的社会多样性，不同地区的族群问题各有风貌。而印尼在苏哈托政权下长期受"强国家"模式影响，全国强制推行的以国家暴力作后盾的发展政策在各地遗留下了相似的族群问题，如对少数族群的制度性歧视、侵犯少数族群的土地产权问题等。相似的，书中重要的控制变量——印尼的制度变革——同样具有相似性和多元性。民主化和地区自治制度来源于自上而下的顶层制度设计，这使得印尼各地区的政治生态呈现出共通的逻辑。而在制度实施过程中，地方特殊的政治经济情境又使政策的施行效果出现了多样性。多样性和相似性并存为研究的深度和理论的可推广性提出了挑战。

正因如此，在选择定性分析的案例时有三个准则。一是选择有代表性和普遍性的案例，即案例中的族群动员现象可以在印尼其他地区找到相似的案例，其解释机制也可以用于解释相似的情况。二是案例的因变量取值（族群动员类型）必须有差异。三是变量可以控制，即除了研究假设中的自变量取值有变化之外，其他相关的干扰变量取值应可以被控制。例如，如果用于比较的案例是县级族群动员，理想的情况是选择同一省份下面的几个县作比较，以便控制住省级的干扰变量。

为了控制干扰变量，本书中详细展开的案例有四个在苏门答腊岛上，只有一个位于巴布亚地区，因为巴布亚分离主义运动是唯一一个可以与亚齐分离主义运动进行比较的案例。关于新建自治区的两个案例和民俗地的案例均采集自北苏门答腊省（以下简称苏北省）。

族群人口分布复杂是选择苏北省作田野调查和案例来源地的前提条件。苏北省因族群人口分布复杂，又被称为"印尼的缩影"。苏北省的原住民族群包括巴达克族、马来族和尼亚斯族等。前殖民时期因海港贸易已经有印度人和华人到达并定居该省。随着19世纪末到20世纪初殖民地种植园经济的发展，大量印度人、华人和爪哇人迁到苏北省。苏哈托执政时期的国内移民政策（transmigrasi）造成第二次国内移民潮，大量爪哇人移居到苏北省。根据2010年人口普查数据，苏北省前五大族群分别为巴达克族（44.75%）、爪哇族（33.41%）、尼亚斯族（7.05%）、马来族（5.99%）和华族（2.63%）。此外，米南加保族、亚齐族、班加尔族等族群也少量存在。

苏北省二级行政区的族群人口构成有明显差异，大致可以分为三类（见表1.1）。第一类地区以巴达克族为主体。多巴湖周边地区是巴达克族的发源地，一般认为包括现在的夏梦溪县、多巴夏梦溪县、弘邦哈孙杜丹县、曼特宁纳达尔县、南塔帕努里县、中塔帕努里县、北塔帕努里县、西玛隆坤县、戴里县、嘉罗县、帕帕克县、北旧巴东县、旧巴东县和巴东实淋泮市，巴达克族人口比例超过半数，甚至可以达到九成。第二类地区以尼亚斯族（Nias）为主体，一般是指尼亚斯岛。第三类地区族群人口构成较复杂，即殖民时期马来苏丹王国曾经控制的苏北省东部地区，如巴杜巴拉县、冷吉县、亚沙汗县、昔涯县、日里雪利冷县、棉兰市等。这些地区的主要族群是爪哇族、巴达克族、马来族和华族，没有一个族群人口达到半数。

表1.1　　　北苏门答腊省二级行政区的族群人口构成情况　　　单位:%

二级行政区	巴达克族	爪哇族	尼亚斯族	马来族	华族
尼亚斯县	0.26	0.07	99.44	0.01	0.00
曼特宁纳达尔县	82.30	7.42	0.99	2.51	0.01
南塔帕努里县	83.48	6.25	9.11	0.11	0.02
中塔帕努里县	74.50	6.42	13.98	1.38	0.15
北塔帕努里县	97.74	0.67	0.49	0.42	0.16
多巴夏梦溪县	96.35	2.02	0.63	0.17	0.07
老武汉峇都县	43.69	41.22	1.52	8.69	1.84
亚沙汗县	30.13	59.17	0.23	5.83	1.22
西玛隆坤县	51.94	45.32	0.27	0.62	0.33
戴里县	96.40	1.75	0.47	0.47	0.14
嘉罗县	86.53	9.51	1.02	0.53	0.51
日里雪利冷县	30.64	51.91	0.75	6.41	2.32
冷吉县	18.25	56.69	0.15	14.44	0.95
南尼亚斯县	0.34	0.13	98.30	0.51	0.09
弘邦哈孙杜丹县	98.67	0.33	0.48	0.29	0.01
帕帕克县	97.26	1.65	0.50	0.17	0.01
夏梦溪县	98.47	0.65	0.22	0.13	0.01
昔涯县	25.50	55.19	0.15	9.13	1.41
巴杜巴拉县	17.39	38.30	0.11	41.41	0.41
北旧巴东县	83.58	10.54	4.79	0.21	0.01
旧巴东县	83.73	11.82	2.63	0.26	0.00
南老武汉峇都县	45.94	49.24	2.26	0.65	0.29
北老武汉峇都县	46.45	46.25	1.32	3.48	0.62
北尼亚斯县	0.31	0.12	98.65	0.04	0.04
西尼亚斯县	0.20	0.09	99.57	0.04	0.00
实武牙市	61.01	6.54	10.80	2.83	3.96
丹戎巴莱市	52.18	18.38	0.31	16.01	6.41
先达市	63.97	25.46	0.76	1.00	4.99
丁宜市	34.67	40.93	0.42	4.36	7.98

第一章 导论

续表

二级行政区	巴达克族	爪哇族	尼亚斯族	马来族	华族
棉兰市	35.20	33.04	1.06	6.99	9.69
民礼市	23.67	51.99	0.35	5.78	6.07
巴东实淋泮市	80.89	11.02	2.17	0.42	0.64
古农西多利市	2.14	0.88	93.02	0.12	0.74

资料来源：2010年印尼人口普查。

苏北省符合上文中提出的选择案例的三个准则。第一，苏北省的族群运动具有一定的普遍意义。苏北省的族群政治复苏发生在近期，至多回溯到1998—1999年民主改革初始阶段，与其他地区的趋势相似。第二，苏北省的族群动员类型（因变量）取值有差异性，大部分族群动员类型都可以在苏北省找到案例。实施地方分权后，苏北省是新建自治区最多的省份，其中不乏帕帕克县、巴杜巴拉县等有明显族群动员因素的案例。在多巴湖周围地区，巴达克族近十几年来一直为夺回民俗地权利不懈努力。夏梦溪县和西玛隆坤县逐渐在具备条件的地区恢复民俗村。在东部族群构成复杂的地区，族群动员频繁出现在地方领导人选举中。在2007年苏北省长竞选和2010年棉兰市长竞选过程中，有候选人利用族群和宗教问题煽动选民情绪。[1] 苏北省的团伙和帮派势力大行其道，暴力的族群动员在地方选举和新建自治区过程中自然不鲜见。第三，选择苏北省下属行政区的案例而不是选择多个省份的案例，有利于控制省级变量（省级法律法规和政策）和族群间关系的变量，使相似案例更具有比较性。

本书使用的资料来自访谈、当地报纸和印刷资料、印尼统计局的数据和二手文献。2015年12月—2016年1月，笔者在苏北省省会棉兰市做先期调研，与学者和非政府组织接触，以确认在苏北省寻找案例和做田野调查的可行性。2016年1—6月，笔者在苏北省19个县市做田野调查，完成了75次访谈。访谈对象包括各县市地方选举委员会和监督委员会成员、政党骨干、政府公务员、地方议员、民俗领袖、竞选团队、社团领袖、学

---

[1] Aspinall, E., Sebastian Dettman, and Eve Warburton, "When Religion Trumps Ethnicity: a Regional Election Case Study from Indonesia", *South East Asia Research*, Vol.19, No.1, 2011, pp.27–58.

者和记者。重点采集的访谈内容包括：（1）2015年12月苏北省地方领导选举中的族群动员情况；（2）新建自治县/省相关领导人和组织的活动。笔者在帕帕克县和戴里县做了比较细致的工作，获得了许多一手的访谈资料和原始印刷资料，该案例出现在本文第4章；（3）苏北省的民俗地纠纷。笔者与多巴湖周边地区的"社区发展与研究小组"和"印尼群岛原住民联盟"等社会组织、当地族群领袖和居民有较多接触，从他们的文字档案、出版物和访谈中受益良多。

第二个资料来源是当地的新闻报道。以《时评日报》（*Analisa*）、《警醒日报》（*Waspada*）、《新印尼之光日报》（*Sinar Indonesia Baru*）三种在苏北省发行量最大的报纸为主要资料来源。《时评日报》核心团队为华人，《警醒日报》具有伊斯兰意识形态，主要受众为爪哇人、马来人和巴达克族中的穆斯林亚族群，如曼特宁族和昂科拉族。《新印尼之光日报》在多巴—巴达克族中受众庞大，具有一定的基督教意识形态。三种报纸的阅读群体可以涵盖苏北省主要族群。笔者还参考了县、市的地方报纸作为补充，如《先达城市报》（*Metro Siantar*）、《南塔帕努里城市报》（*Metro Tabagsel*）等。通过不同报纸的内容比较，减少因报纸意识形态差异导致的内容主观性。

第三个资料来源是统计数据。书中使用的数据主要来自印尼统计局。关于族群人口构成的数据来自2010年人口普查；各县、市的社会基本情况来自相应的统计年鉴；经济和地方财政数据来自印尼财政部年度报告；其他补充的社会、经济数据来自印尼统计局的农村潜力调查（PODES）和全国经济社会调查（SUSENAS）。

第四个资料来源是学术论著、论文、智库报告等研究文章，以英文和印尼文资料为主。北苏门答腊大学图书馆、北苏门答腊省图书馆、棉兰师范大学图书馆、印尼国立图书馆和印尼大学图书馆的图书资料和研究生论文对丰富本书的内容有极大帮助。

第三节　本书结构

本书分为9章，各章节内容安排如下：第一章阐述了研究问题、研究意义、研究方法。第二章是对族群动员方式的理论文献和印尼族群动员方式的研究成果的回顾和反思。第三章阐述本书的基本概念和理论框架。第四章简要介绍印尼的族群政治历史,包括印尼族群结构和族群政治发展脉络。第五章到第八章选择了 1998 年以后印尼族群动员中有代表性的类型和案例进行分析,包括族群分离运动(第五章亚齐和第六章巴布亚案例)、民俗地运动(第七章的多巴湖民俗地运动和全国民俗地案例集)和新建自治区中的族群动员(第八章的新建帕帕克县和新建塔帕努里省)。第九章是结论和对未来研究方向的展望。

第二章

印尼族群动员方式选择的既有解释

印度尼西亚有三百多个族群,在印尼语中称为部族(suku bangsa)。20世纪50年代族群—地方叛乱曾令新生的印尼共和国面临四分五裂的危机。苏哈托政权弘扬"统一的印尼民族"意识形态,压制族群政治和地方主义以维护政权稳定。然而在印尼民主化和地方分权改革之后,族群动员在全国范围内复苏,人们以族群身份为基础通过多种方式促成集体政治行动。族群动员几乎出现在所有类型的政治过程中,如族群分离运动、地方选举、议会游说、罢工、游行示威、暴力冲突等,几乎一切社会运动的手段都被用于争取族群集体权利。面对多种选择和可能性,族群如何选择动员方式以达成其目标成为一个值得思考的理论问题。

族群动员是一种基于族群身份认同组织集体行动的过程。[1] 政治科学家倾向于狭义地把族群动员定义为选举过程、和平抗议或暴力革命,但上述类型不能够概括族群动员的复杂性。[2] 族群动员方式是社会运动和族群政治研究领域的重要问题,同时也是研究的薄弱环节。动员采取的方式和激烈程度是社会运动的四个研究主题之一。[3] 对"抗争戏码"(protest repertoire)的研究揭示了特定的资源分配和社会结构对抗争方式的塑造和限制作用,但对不同的"抗争戏码"之间转换的约束条件和机制的研究比较缺乏。[4] 在族群政治理论中,大量研究将注意力集中在"族群动员为何发

---

[1] Olzak, S., "Contemporary Ethnic Mobilization", *Annual Review of Sociology*, Vol. 9, No. 1, 1983, p. 355.

[2] 范立强:《族性动员及其消抑研究》,《国际安全研究》2017年第6期。

[3] Della Porta, D. and Mario Diani, *Social Movements: An Introduction*, NJ: John Wiley & Sons, 2009, p. 6.

[4] 冯仕政:《西方社会运动理论研究》,人民大学出版社2013年版,第190页。

第二章 印尼族群动员方式选择的既有解释

生"的问题上,很少关注族群动员使用方式的差异和逻辑。产生这种现象是因为历史传统、社会结构和政治制度的差异性,使族群动员的方式在各个国家的差异很大,因而难以发展出具有普遍性的理论,故而有必要深入到国别层次甚至国内地方语境中去寻求答案。

本章分析了从文化主义视角、反应性族群视角、族群竞争视角、政治过程四种理论路径发展出的解释印尼族群动员的中层理论,并指出既有理论都不足以单独解释印尼族群动员的方式选择问题。目前的研究成果有以下四方面的缺陷:聚焦族群动员方式的研究成果少;四种理论传统存在内生缺陷,尤其是"目的—行动"逻辑与印尼现实情况脱节;案例比较的意识淡薄,研究中缺乏机制提炼和变量转化意识;实证研究有普遍的案例选择偏差问题。本章末尾提出未来对印尼族群动员方式的研究方向将是基于制度条件变量和地方情境变量的逻辑框架,研究重点和难点是提炼恰当的、可操作性地方情境变量,使之成为合理的国内地区之间案例比较研究的基础。

第一节 文化主义

从人类学文化主义角度,族群是一种有"原初情感"[1]的群体,只存在于前现代化的社会中。族群的政治属性植根于语言、出生地、血统、文化,是先赋的、持久的属性。随着社会的现代化程度提高,族群性和族群多样性会减弱。[2] 文化主义的族群动员经常发生在经济发展水平落后、与现代社会相对隔绝,且族群文化保存相对完整的地区,[3] 这是因为当族群面对现代化的前景时,对即将到来的社会生活的变化产生焦虑感,这促使

---

[1] Geertz, C., "The Integrative Revolution: Primordial Sentiments and Civil Politics in the New States", *Old Societies and New States: The Quest for Modernity in Asia and Africa*, Ed. by Geertz, C., London: Free Press of Glencoe, 1963, pp. 105 – 119.

[2] Hannan, M., "The Dynamics of Ethnic Boundaries in Modern States", *National Development and the World System: Educational, Economic, and Political Change, 1950 – 1970*, Ed. by Meyer, J. and Michael T. Hannan, Chicago: University of Chicago Press, 1979, p. 24.

[3] Ragin, C., "Ethnic Political Mobilization: the Welsh Case", *American Sociological Review*, Vol. 44, No. 4, 1979, p. 626.

印度尼西亚族群动员的政治逻辑（1998—2017）

他们恢复原本的社会文化模式来应对不确定性。①

文化主义的族群动员中，族群身份不仅是确定成员资格的边界，而且对族群动员具有实质意义。它使族群动员具有自觉性和特殊性，意味着一个族群的成员即使生活在不同地方，其行动模式也具有相似的文化模式。②如果对成员参与动员的动机进行成本—收益考量，可以发现文化对维持社会秩序有实质性作用，族群的隔绝状态意味着成员不参加动员的惩罚成本高于收益。

文化主义视角最常出现在印尼的大众媒体界，他们用"原初情感"（primordial-ism）来解释少数族群的动员，使用族群文化中具有合法性的暴力元素来解释族群暴力。在印尼倡导"和而不同"文化的政治环境下，一些族群敏锐地发现利用"原初情感"作为理由可以使他们免于承担法律责任，所以"原初情感"越来越多地成为印尼族群行动者的官方话语。2001年在中加里曼丹省发生的达雅克族和马都拉族的大规模族群冲突导致五百多人死亡。在外界将驱逐和屠杀马都拉族的达雅克族描绘成歧视少数族群的国家政策的受害者时，达雅克族却站出来否认了这个说法，指出他们采取暴力完全是因为马都拉族冒犯了达雅克族的习俗。③原初情感的说法与一般的强调社会结构矛盾的解释针锋相对，被认为是为了自我保护、不留后患地结束暴力事件而创造出来的族群话语。④

文化主义视角有三个缺陷：一是文化的定义过于模糊和静态，难以作为有效的解释变量；二是忽略了族群身份具有多重层次，族群可以在不同的情况下动员不同的身份认同；三是对现代化程度较高的地区发生的族群动员解释能力较弱，尤其无法解释那些已经不再践行族群文化和传统的人们为何重新利用族群文化进行动员。例如，文化主义无法解释为何在2001年中加里曼丹的达雅克族与马都拉族冲突中，已经绝迹了几十年的猎人头

---

① Hechter, M., *Internal Colonialism: The Celtic Fringe in British National Development*, California: University of California Press, 1975, p. 8.

② Vermeersch, P., *The Romani Movement: Minority Politics and Ethnic Mobilization in Contemporary Central Europe*, New York: Berghahn Books, 2006, p. 33.

③ Institute of Dayakologi Research and Development, "The Role of Adat in the Dayak and Madurese War", paper presented at the 11th Conference of INFID (International NGO Forum on Indonesian Development) in Bonn, May 1998.

④ Dove, M., "'New Barbarism' or Old Agency among the Dayak?" *Identifying with Freedom: Indonesia after Suharto*, Ed. by Day, T., New York: Berghahn, 2007, p. 79.

习俗在达雅克青年中重现。因此几乎没有严肃的研究者使用单一的文化主义视角作为其核心逻辑的基点。

然而近些年文化主义视角在族群研究中有回归趋势。这是因为文化主义视角强调了族群文化的特殊性，不仅在动员中可以凝聚族群情感，而且常常可以解释族群的动员方式与众不同的原因，即强调族群身份的非工具性。族群身份的非工具性在反应性族群视角和族群竞争视角中都比较弱，而在较新的政治过程视角和综合视角的研究中重新得到强调，可以说是族群政治早期范式的一次回归。在较新的研究中，文化主义视角不再用于解释族群动员的原因和发生的时机，而被用于解释动员组织的形态和规则、动员的独特方式、动员要达成的具体目标等。例如，沙夫指出族群文化和历史资源的重新发现是印尼新族群动员的前提条件。以文化和历史为纽带，地方精英中的利益攸关者可以形成族群动员联盟，积累动员资源。精英以传统王国的象征符号、族群的地理分隔和新秩序时期对族群的控制政策为缘由重塑族群身份。[1]

第二节 反应性族群视角

反应性族群视角源于现代化理论，认为社会和经济发展会导致社会的结构性异化。当族群边界与工业化边界重合时，更多的权力和资源被多数族群获得，少数族群面临被边缘化的命运，不公平的社会经济结构激发了集体的相对剥夺感或愤懑心理（grievance）。这种情况被赫奇特称为"内部殖民"。[2] 经济和社会地位的集体性不平等易刺激产生族群动员，[3] 尤其在自然资源依赖型和出口型产业占经济主体的地区，随着国际市场资源价格的波动，经济不平等更容易被边缘族群感知，从而产生反应性族群

---

[1] Sjaf, S., *Politik Etnik: Dinamika Lokal di Kendari*, Jakarta: Yayasan Pustaka Obor Indonesia, 2014.

[2] Hechter, M., *Internal Colonialism: The Celtic Fringe in British National Development*, California: University of California Press, 1975, p. xvi.

[3] Gellner, E., *Thought and Change*, Chicago: University of Chicago Press, 1964, p. 168.

动员。①

与马克思提出的阶级动员的条件类似,反应性族群动员应满足以下条件:显著的经济地位不平等,不平等的认知成为集体压制的部分模式,以及被压制群体成员之间有足够的沟通。当文化差异和阶级差异重合的时候,政治动员的形式会表现为族群动员而不是阶级动员。② 在文化主义视角中,文化特殊性定义了族群动员的形态,而在反应性族群动员中,族群性(如语言、出生地、种族等)只成为成员资格的标志,族群文化符号的特性可能对族群动员形态影响不大。

反应性族群动员的方式未必一定是理性的,但一定是有明确目标的、政治性的,动员目标是通过"掌控自己的经济、文化和政治制度获得福利",③ 有时候族群会努力通过政治实践将自己塑造为具有政治疆界的民族(nation),发展成为族群民族主义(ethnic nationalism)并进行以民族独立为目标的动员。

印尼的反应性族群动员与印尼共和国建国后,尤其是苏哈托执政时期的快速现代化相关。苏哈托的国家民族主义压抑了少数族群和地方的政治参与和经济发展的需求,加深了快速现代化的负面后果,导致民主改革前后的族群暴力。④ 尤其从较低水平开始经历快速城市化同时对国家机构高度依赖的地区更容易出现经济与社会发展的断裂,易发生社群和族群暴力。⑤ 冯·克林肯在控制族群人口结构的基础上比较了中加里曼丹的族群暴力和东加里曼丹的和平,认为中加里曼丹的经济发展起步慢且对国家依赖程度强,剧烈的政治变革对该地影响较大,而东加里曼丹经济发展水平较高,社会结构更复杂且对国家依赖程度低,剧烈的政治变革对该地的影响相对较小。⑥

---

① Ragin, C., "Ethnic Political Mobilization: the Welsh Case", *American Sociological Review*, Vol. 44, No. 4, 1979, p. 627.

② Hechter, M., *Internal Colonialism: The Celtic Fringe in British National Development*, California: University of California Press, 1975, p. 42.

③ Hechter, M., *Internal Colonialism: The Celtic Fringe in British National Development*, p. xvi.

④ Bertrand, J., *Nationalism and Ethnic Conflict in Indonesia*, Cambridge: Cambridge University Press, 2004, p. 32.

⑤ Van Klinken, G., *Communal Violence and Democratization in Indonesia: Small Town Wars*, London: Routledge, 2007.

⑥ Van Klinken, G., "Indonesia's New Ethnic Elites", in Schulte Nordholt, Henk and Abdullah, Irwan eds, *Indonesia: In Search of Transition*, Pustaka Pelajar, Yogyakarta, 2002, pp. 67 – 105.

反应性视角常用于解释印尼族群分离运动。亚齐分离运动产生的一个主要原因是中央政府掠夺该地的对外贸易收入和油气资源，却置亚齐的贫困和落后于不顾。巴布亚在1963年转移给印尼后，其工矿企业被收归国有。世界上最大的铜金矿之一格拉斯堡矿场也被中央政府卖给美国自由港公司。巴布亚的贫困没有得到改善且为环境付出了巨大代价。中央政府对边缘地区的"内部殖民"为族群分离主义运动提供了某种正当性。

制度内族群动员也有起源于现代化成果分配不均的问题。例如，在新建自治区案例中有少部分案例属于反应性族群动员。本地族群往往由于遭受政策中的系统性歧视，或在与迁入移民的竞争中失败而丧失了发展机遇。他们通过制度内方式争取政治自决权和发展权利，典型案例如哥伦塔罗省[1]和帕帕克县[2]的分立。

从印尼的经验事实上看，相当一部分反应性族群动员使用了制度外动员方式，这可能与威权政府的镇压强度有关。使用反应性动员理论的研究关注各案例的特殊背景，对个案的解释和深挖非常充分，但很难产出对印尼大部分族群动员具有普遍解释力的理论。对反应性族群动员的普遍评价和批评也适用于印尼研究，即这种理论视角更善于阐释动员的原因，但对选择何种动员方式的解释力不强。

第三节 族群竞争视角

族群竞争视角认为不是相对剥夺感或愤懑心理（grievance）导致族群动员，而是对权力或经济利益等资源的贪婪（greed）使族群精英主动塑造族群身份，争取资源和权力。族群竞争视角来源于社会运动理论中的"资源动员"，其基本假设是动员者具有明确的意图和行为理性。该视角被广泛运用于解释20世纪60年代的抗议活动。[3]

---

[1] Kimura, E., *Political Change and Territoriality in Indonesia: Provincial Proliferation*, Oxon: Routledge, 2013.

[2] Damanik, E., "Contestation of Ethnic Identity in Forming Ethno-territorial Pakpak Bharat Regency, North Sumatra", *International Journal of Sociology and Anthropology*, Vol. 2, No. 2, 2016, pp. 1–15.

[3] Meyer, D., "Tending the Vineyard: Cultivating Political Process Research", *Sociological Forum*, Vol. 14, No. 1, 1999, p. 82.

印度尼西亚族群动员的政治逻辑(1998—2017)

族群竞争视角认为,在多族群的社会环境中,如果族群之间的职业分化明确,或者族群被地理分隔时,族群关系比较稳定。① 如果这种资源分配的稳定秩序被打破,当族群之间不再相互孤立,而是在地理上逐渐融合,或者有新的资源引入分配的时候,族群竞争会愈发激烈。甚至在初期族群区分并不十分清晰的情况下,如果引入新资源,也可能促使人们重新审视自己的族群归属认同,从而改变其族群属性或形成新族群。科恩②对尼日利亚豪萨族商贸网络的研究为这一理论提供了实证案例。

因此竞争性族群动员的形态有如下特点:(1)在人口流动性高的现代化移民城市中,族群动员的程度远高于农村。③ 城市中职场的族群歧视、族群的行业隔离和阶级隔离促进了族群的群体化和政治化。族群动员的方式被职业、地理位置、阶层等社会经济因素塑造。(2)城市的族群动员更多以组织的形式出现,而农村主要依靠族群精英的个人力量。这是因为在城市中,语言、文化、宗教差异为族群组织发展提供了基础,而在人口同质性高的农村,这些特质的意义不大。④(3)如果动员者拥有数个族群身份,他们会选择最有广泛性的族群身份组织动员,提高动员成功的可能性。⑤

族群竞争视角下的分支——资源动员理论从动员领导人是理性人的前提假设出发,提出动员是"族群企业家"综合考虑金钱、经验、人际网络等动员资源之后的决策。"族群企业家"的存在是组织抗议运动的前提条件。他们往往是知识分子,试图在现有职业体系和官僚体系之外塑造一个新的阶层体系。⑥ 族群企业家在抗议运动中起到构建族群身份和组织抗议运动的作用。一些族群企业家诞生于特定的族群政策,例如,苏联的族群

---

① Barth, F., *Ethnic Groups and Boundaries: The Social Organization of Culture Difference*, IL: Waveland Press, 1998.

② Cohen, A., *Custom and Politics in Urban Africa: a Study of Hausa Migrants in Yoruba Towns*, Oxon: Routledge, 2004.

③ 关凯:《社会竞争与族群建构:反思西方资源竞争理论》,《民族研究》2012 年第 5 期。

④ Nagel, J. and Susan Olzak, "Ethnic Mobilization in New and Old States: An Extension of the Competition Model", *Social Problems*, Vol. 30, No. 2, 1982, p. 132.

⑤ Hannan, M., "The Dynamics of Ethnic Boundaries in Modern States", *National Development and the World System: Educational, Economic, and Political Change, 1950 - 1970*, Ed. by Meyer, J. and Michael T. Hannan, Chicago: University of Chicago Press, 1979, p. 31.

⑥ Smith, A., *The Ethnic Revival*, CUP Archive, 1981, p. 126.

第二章 印尼族群动员方式选择的既有解释

联邦主义将族群企业家安排在各级官僚体系中。他们被授予资源和权力，依据国家意志使用族群动员工具。① 另一些族群企业家往往在社会转型期间自觉产生。资源动员理论往往夸大族群精英的个体影响力和动员能力，尤其是提供动员资源的能力。

在族群竞争视角下，"精英煽动"（provokasi）是解释 1998 年前后印尼族群暴力和 2003 年后非暴力族群动员的重要理论。1998—2003 年的大范围族群暴力被归咎于依托苏哈托政权的国家精英的煽动。② 他们通过流氓团伙组织（preman）煽动暴乱，③ 增强人民对公共安全产品的需求，从而巩固军人的政治地位，④ 以期恢复原来的精英统治规则。然而学界普遍认为这种阴谋论的说法缺乏充分的实证证据，或精英的作用被夸大了，如阿拉贡指出，没有确凿的证据证实中苏拉威西和马鲁古的族群冲突背后有国家精英煽动。⑤ 也有学者指出地方精英是为了争夺地方分权制度下的新资源而煽动族群暴力。1999 年地方分权法通过后，地方精英面对民主选举的压力和不确定性，先发制人进行族群动员打击异己，如阿拉贡对中苏拉威西波索族群暴力的分析，⑥ 冯·克林肯对马鲁古⑦和加里曼丹族群冲突⑧的分析。

地方精英也采用制度内方式进行族群动员以争夺新的政治资源。在印

---

① Roeder, R., "Soviet Federalism and Ethnic Mobilization", *World Politics*, Vol. 43, No. 2, 1991, pp. 196 – 232.
② Hefner, R., *Civil Islam and Democratization in Indonesia*, NJ: Princeton University Press, 2000, p. 167.
③ 见 Barker, J., "State of Fear: Controlling the Criminal Contagion in Suharto's New Order", *Indonesia*, Vol. 66, 1998, pp. 7 – 43. Ryter, L., "Pemuda Pancasila: The Last Loyalist Freemen of Suharto's Order?" *Indonesia*, Vol. 66, 1998, pp. 45 – 73.
④ 梁孙逸：《后苏哈托时代的印尼军人政治》，《东南亚研究》2010 年第 5 期；Harwell, E., *The Unnatural History of Culture: Ethnicity, Tradition and Territorial Conflicts in West Kalimantan, Indonesia, 1800 – 1997*, Dissertation, Yale University, 2000.
⑤ Aragon, L., "Communal Violence in Poso, Central Sulawesi: Where People Eat Fish and Fish Eat People", *Indonesia*, Vol. 72, 2001, pp. 45 – 79.
⑥ Aragon, L., "Communal Violence in Poso, Central Sulawesi: Where People Eat Fish and Fish Eat People", *Indonesia*, Vol. 72, 2001, pp. 45 – 79.
⑦ Van Klinken, G., "The Maluku Wars: Bringing Society Back In", *Indonesia*, Vol. 71, 2001, pp. 1 – 26.
⑧ Van Klinken, G., "Indonesia's New Ethnic Elites", *Indonesia: In Search of Transition*, Ed. by Nordholt, H. and Irwan Abdullah, Yogyakarta: Pustaka Pelajar, 2002, pp. 67 – 105.

印度尼西亚族群动员的政治逻辑(1998—2017)

尼尚未建立起完善的民主制度时，制度的不确定性和地方分权下更多的庇护资源刺激了旧制度下的地方精英采取先发制人的手段争夺优势地位。①例如，中央政府支持新行政区分立的政策在大部分情况下成为地方精英竞争资源的手段。②建立新行政区活动中的族群动员必须依靠族群企业家的资源和领导。地方精英（传统贵族和商业新贵）③和年轻一代的族群投机者的作用尤为重要。也有研究指出，地方精英和国家精英的联盟是在地方分权制度下资源竞争型族群动员的必要条件。木村惠人等人指出，从地方到国家的族群企业家合谋批准建立新自治区，④地方精英得以瓜分地方政府的权力和职位，国家精英则巩固了在地方的政治根基。印尼民主制度建立起来后，地方选举中的族群动员成为竞争性族群动员的一种方式。在断裂型多族群国家，族群性政党竞争往往加剧族群冲突，⑤但印尼不存在族群—地方政党（亚齐省除外），选举中的族群动员大体属于制度内、非暴力的动员。

族群竞争视角与反应性动员视角初看上去有一些相似之处。的确，印尼的一些族群动员案例中既有反应性动员的因素，也有竞争性动员的因素，如亚齐分离运动既反映了内部殖民政策下亚齐民众的相对剥夺感，也不能排除艾伦油气田的经济利益对地方精英的诱惑。同样，一些新自治区的建立既体现了被边缘的族群谋发展的需求，也反映了精英对权力和资源的渴望。既有研究表明，当族群被排除在国家政治以外且其聚居区内有丰富的石油资源时，即同时具备反应性动员和竞争性动员特征时，发生族群

---

① Horowitz, D., *Ethnic Groups in Conflict*, Berkeley, California: Univ of California Press, 1985; Sjaf, S., *Politik Etnik: Dinamika Lokal di Kendari*, Jakarta: Yayasan Pustaka Obor Indonesia, 2014.

② 新自治区分立的案例大部分体现了族群竞争，是地方精英为了竞争资源领导的族群动员，少部分案例符合反应性族群动员理论，即族群中的大多数人为了摆脱被边缘化的地位而进行的动员，也有极少的案例兼具两种理论视角，见 Roth, D., "Gubernur Banyak, Provinsi Tak Ada: Berebut Provinsi Di Daerah Luwu – Tana Toraja Di Sulawesi Selatan", *Politik Lokal Di Indonesia*, Ed. by Nordholt, H. and Gerry Van Klinken, Jakarta: KITLV, 2007, pp. 154 – 188.

③ Magenda, B., "The Surviving Aristocracy in Indonesia: Politics in Three Provinces of the Outer Islands", Ph. D. dissertation, Ithaca: Cornell University, 1989, pp. 50 – 55.

④ Kimura, E., *Political Change and Territoriality in Indonesia: Provincial Proliferation*, Oxon: Routledge, 2013; Vel, J., "Campaigning for a New District in West Sumba", *Renegotiating Boundaries: Local Politics in Post – Suharto Indonesia*, Ed. by Nordholt, H. and Gerry van Klinken, Leiden: KITLV Press, 2007, pp. 91 – 119.

⑤ 左宏愿：《选举民主与族群冲突：断裂型多族群国家的民主化困局》，《民族研究》2015年第2期。

武装冲突的可能性会增加。①

尽管两种视角同时出现的情况很多，但是反应性视角和竞争性视角也有明显差异：前者是"穷则思变"，后者则是"贪则思变"；前者多反映普通民众的集体意识，后者则多反映精英意识；前者多发生在贫困的乡村边缘地带，后者多发生在经济和政治资源丰富的地区；前者存在既有的、较为清晰的族群群体边界，后者常伴随族群的再发现甚至重构。印尼民主改革前后的族群动员同时具有反应性动员和竞争性动员特征的情况较多，而新秩序前期和中期（20世纪60年代末至80年代）的族群动员较多属于反应性族群动员，如外岛少数族群反对政府和经济寡头非法征用民俗地的动员活动，反映了在贫困的少数族群社会中，国家的族群歧视性政策剥夺了少数族群的共有财产权利，民众利用既有的族群身份进行动员争取合法权利。

族群竞争视角对解释国家政权重构基本完成后的印尼族群动员具有参考意义。从经验事实上看，该时期的印尼族群动员更偏向采用制度内方式。然而，由于该视角强调精英集团在动员中的角色，精英集团对动员方式的选择有较强的话语权，精英集团的目标、性质和资源与动员方式之间的关系还尚待深入分析。另外，精英的暗箱操作还会产生"伪动员"，即看似许多民众支持，而实际上是临时雇佣的"群众"来表演民意。伪动员在印尼的政治生态中极为常见，也是在研究印尼当代族群动员时需要仔细甄别的。

第四节 政治过程视角

政治过程视角强调宏观政治情境和制度环境对族群动员方式的塑造作用。② 此视角源于20世纪70—80年代，将社会运动看作政治的、连续的发展过程，核心论点是政治制度的变化或不稳定提供"政治机遇"，使族

---

① Asal, Victor, et al., "Political Exclusion, Oil, and Ethnic Armed Conflict", *Journal of Conflict Resolution*, Vol. 60, No. 8, 2016, pp. 1343–1367.

② Vermeersch, P., *The Romani Movement: Minority Politics and Ethnic Mobilization in Contemporary Central Europe*, New York: Berghahn books, 2006, p. 31.

印度尼西亚族群动员的政治逻辑(1998—2017)

群政治活动更活跃。[1]

表 2.1　　　　　　族群动员方式选择的四种理论视角

视角	族群动员的原因	族群动员的产生条件	族群性在动员中的作用	族群动员的方式	局限性
文化主义	维护族群文化	族群被边缘化或隔离；族群文化保存完好	族群文化是动员的基本特征	发生在经济发展落后的地区；族群文化特征明显	文化概念不清晰；无法解释族群身份转换；无法解释现代化社会中的族群动员
反应视角	经济地位不平等；导致相对剥夺感	不平等；不平等被感知；沟通顺畅；族群与不平等边界重合	成员识别的符号	发生在依赖性产业为主的地区；政治性和目的性明确；有社会动员	不能解释族群动员的时机
竞争视角	对资源和权力的贪婪	新资源引入分配；族群隔离状态被打破	最广泛的族群类别成为成员识别的符号	发生在现代化程度高的地区，城市比农村更激烈；城市中以组织为核心，农村以精英为核心	夸大族群领袖的个人作用
政治过程视角	不明确	急剧的制度转型	成员识别的符号	具体国家的制度和政治情境决定动员形态	无法解释为什么以族群作为召集动员的符号

资料来源：作者自制。

政治过程视角的一般性结论是，当威权政府向民主制度转型时容易产生族群动员，开放的民主空间被反民主的精英占领，用于煽动族群情绪，阻碍真民主的实现，相关案例如塞尔维亚。[2] 急剧的制度转型也可能形成

---

[1] Barany, Z., "Ethnic Mobilization Without Prerequisites: The East European Gypsies", *World Politics*, Vol. 54, No. 3, 2002, pp. 280 – 281.

[2] Snyder, J., *From Voting to Violence: Democratization and Nationalist Conflict*, NY: W. W. Norton Company, 2000, p. 80.

第二章　印尼族群动员方式选择的既有解释

国内无政府状态，引发族群间的安全困境，从而引发族群暴力。[①] 麦克亚当的经典案例分析解释了1930—1970年美国黑人社会运动方式受政治情境影响而发生变化的过程，[②] 此后的研究多是在麦克亚当的基础上深化，而几乎没有来自视角内部的根本性挑战。[③]

政治过程视角受到两方面的批评。第一，对案例的时空特征和背景的特殊性依赖程度高。因为政治机遇由三个元素构成：正式制度、非正式制度，以及对挑战者的主要应对策略、对抗挑战者的政治力量组合。具体国家的制度和政治情境决定动员者采用的策略、目标和行动顺序，[④] 制度和政治情境如何发挥作用也取决于动员的类型。对特定背景的高依赖性难以形成跨国比较研究或产生有普遍性的结论。第二，政治过程视角弱化了族群动员的原因，难以解释为什么人们以族群作为动员的理由。政治过程视角更善于解释为什么发生族群动员和何时发生族群动员，但是对族群动员采用的策略和方法的解释能力较弱。

政治过程视角对"紧要关头"（critical juncture）的研究是解释印尼民主转型前后族群暴力的重要理论。"紧要关头"指在一段时间前后产生的一系列具有国别特殊性、会产生长远影响的重大变化。[⑤] 这个概念与政治运动理论中的"时机条件"（conjunctural conditions）有相似之处，后者透过现代化危机、突发的经济危机和暴力机构暂时失灵解释暴力的产生。印尼在1997—1998年遭遇亚洲金融危机后不久，苏哈托控制33年的威权政府倒台，印尼开启民主化进程。1998—2004年前后的政权转型时期被认为是典型的"紧要关头"。伯特兰德提出，在印尼国家民族主义模型下长期积累的族群问题在金融危机、民主转型冲击下形成的"紧要关头"，释放

[①] 王凯、唐世平：《安全困境与族群冲突——基于"机制＋因素"的分析框架》，《国际政治科学》2013年第3期。

[②] McAdam, D., *Political Process and the Development of Black Insurgency, 1930 - 1970*, Chicago: University of Chicago Press, 1982.

[③] Meyer, D. and Debra C. Minkoff, "Operationalizing Political Opportunity", Annual Meeting of the American Sociological Association, Toronto, Ontario, August, 1997.

[④] Kriesi, H. et al., "New Social Movements and Political Opportunities in Western Europe", *European Journal of Political Research*, Vol. 22, No. 2, 1992, p. 220.

[⑤] Collier, R. and David Collier, "Critical Junctures and Historical Legacies", *Shaping the Political Arena: Critical Junctures, the Labor Movement, and Regime Dynamics in Latin America*, Ed. by Collier, R. and David Collier, NJ: Princeton UP, 1991, p. 29.

了族群暴力,当族群与国家订立了新制度框架,则族群暴力结束。① 冯·克林肯②和戴维森③也同意"紧要关头"是激发族群暴力的导火索,但他们仅侧重于"紧要关头"的一方面影响,即苏哈托下台后军队和警察的机构改革暂时削弱了安全机构的镇压能力,或者安全机构因为从暴力中有利可图而有意延续暴力活动。④

综上,政治过程视角强调剧烈的政治变革作为背景,如威权政体的衰落、政变,往往与强暴力、失序的族群动员相联系,⑤ 因而能较好地阐释印尼民主转型前后的族群动员,而该理论不善于解释制度重建之后的族群动员方式选择。

第五节 综合视角

上述四种视角对族群动员方式选择的解释各有优势和缺陷,在对国别和个案的研究中,有的学者尝试综合上述理论视角形成适用于个案的理论。

综合了文化主义理论和反应性动员视角的有马健雄对拉祜族的研究。他提出移民的竞争和"改土归流"对拉祜族社会的巨大影响,拉祜族利用佛教运动提升族群认同和凝聚力,在此基础上构建了军事组织能力。⑥

综合资源动员理论和政治过程视角的有巴兰尼⑦的研究,他将族群动员看作受到政治环境和制度限制的动员者的理性决策过程。提出成功的族

---

① Bertrand, J., *Nationalism and Ethnic Conflict in Indonesia*, Cambridge: Cambridge University Press, 2004.

② Van Klinken, G., *Communal Violence and Democratization in Indonesia: Small Town Wars*, London: Routledge, 2007.

③ Davidson, J., *From Rebellion to Riots: Collective Violence on Indonesian Borneo*, Madison, Wisconsin: University of Wisconsin Press, 2008.

④ Sangaji, A., "Aparat Keamanan dan Kekerasan Regional Poso", *Politik Lokal Di Indonesia*, Ed. by Nordholt, H. and Gerry Van Klinken, Jakarta: KITLV, 2007, pp. 339-374.

⑤ 包刚升:《21 世纪的族群政治:议题、理论与制度》,《世界民族》2017 年第 5 期。

⑥ 马健雄:《宗教运动与社会动员:木嘎拉祜族神话、历史记忆与族群身份认同》,《思想战线》2007 年第 1 期。

⑦ Barany, Z., "Ethnic Mobilization Without Prerequisites: The East European Gypsies", *World Politics*, Vol. 54, No. 3, 2002, pp. 277-307.

第二章　印尼族群动员方式选择的既有解释

群动员需要具备八项先决条件,按照重要层次由高到低包括:政治机遇,族群身份和身份构建,领导力,组织能力,意识形态、资历和活动项目,物质资源,沟通,象征符号。

结合族群竞争和政治过程视角的有路德①对苏联解体前的族群动员的研究,他指出族群动员的类型决定族群动员的方式,而激励和制度变革会改变族群动员的类型。他将族群动员分为两类,原生主义(primordialism)的族群动员是为了彰显族群身份,加强族群团结,因此多采取抗议等形式的自发集体行动。工具主义(instrumentalism)族群动员借用族群的名义,目的是实现特定的社会经济目标,因此多选择能直接达成目标的动员方式。他指出苏联在晚期对族群企业家的激励条件和制度限制变化时,族群企业家为了争取自身利益、提高与国家的议价权,不再走制度默许的工具主义动员路线,转而支持制度禁止的原生主义族群动员。这种解释的缺陷在于在当代族群动员运动中,原生主义和工具主义两种目标往往兼而有之,难以清晰区分。另外,这个逻辑的适用前提是一部分人垄断动员资源,他们有能力随时调整动员性质,改变动员方式。

结合了族群竞争和文化主义视角的有雷金②对威尔士族群动员的实证研究。文化主义视角和政治过程视角的结合在赫奇特的研究中有所体现。他认为族群动员源于现代化程度的分化,但是族群动员并不是立即产生的,而可能潜伏数十年,在特定的政治和经济条件下才发生。③

也有一些学者使用综合视角分析印尼的族群动员。伯特兰德④融合了反应性族群动员和政治过程视角,提出了一种历史制度主义的解释,即族群怨愤在遇到制度飓变的"紧要关头"时被激化升级为族群暴力。他提出"紧要关头"是指20世纪90年代中期起对"民族国家模式"的重新定义,包括伊斯兰教在政治制度中的作用、中央和地方政府间的关系、族群在国家机构中的代表权重以及对印尼民族定义的重新商榷。族群怨愤植根于苏

---

① Roeder, R., "Soviet Federalism and Ethnic Mobilization", *World Politics*, Vol. 43, No. 2, 1991, pp. 196 – 232.
② Ragin, C., "Ethnic Political Mobilization: the Welsh Case", *American Sociological Review*, Vol. 44, No. 4, 1979, pp. 619 – 635.
③ Hechter, M., *Internal Colonialism: The Celtic Fringe in British National Development*, California: University of California Press, 1975, p. 298.
④ Bertrand, J., *Nationalism and Ethnic Conflict in Indonesia*, Cambridge: Cambridge University Press, 2004.

哈托时期的"民族国家模式"(national model),该模式在客观上形成了对现代化水平较低的少数族群的歧视性政策,使他们被视为异类,在经济和政治中处于劣势地位,长此以往积聚了集体怨愤,如"对达雅克人的压制、发展的威胁、政治边缘化和对达雅克文化的不尊重使西加里曼丹的达雅克人跨越了从前的边界团结了起来"。①

上文中提到的冯·克林肯融合了国家整合理论和政治过程视角,提出国家整合程度越高,在遇到突发政治危机时,越容易产生族群暴力动员。②

除了上述四种理论视角和综合视角之外,还有研究分析了某些特定的变量或机制对族群动员方式选择的作用。这些变量或机制可以分为三类:社会—经济因素、族群政治—历史因素和动员资源。首先,在社会—经济因素中,族群人口分布对族群动员方式有直接影响。族群构成越复杂的地区发生冲突的可能性越大,③ 但类似族群人口构成这样的结构性因素对理论和机制的提炼意义不大。

其次,族群的政治—历史因素是动员的一种资源,精英通过其操纵族群议题的范围影响族群动员的组织规模。为了改变语言、教育、歧视等国家政策,族群组织可以在全国建立最广泛的族群联合体,而针对地区性族群问题,小规模的族群组织更有利于寻求草根支持。④ 此外,族群动员的先例也会影响此后族群动员的行动模式。⑤ 戴维森提出在历史上发生过族群暴力的地区在"紧要关头"时更容易重现族群暴力。他认为1996—1997年加里曼丹岛的达雅克族和马都拉族的族群暴力是此前二十余年小规模族群冲突的延续。不久后在同样地点发生的马来族和马都拉族的冲突也

---

① Bamba, J., "The Role of Adat in the Dayak and Madurese War", Paper to INFID conference, Bonn, Germany, 1998, p. 4.

② Van Klinken, G., "Indonesia's New Ethnic Elites", *Indonesia: In Search of Transition*, Ed. by Nordholt, H. and Irwan Abdullah, Yogyakarta: Pustaka Pelajar, 2002, pp. 67 – 105.

③ Fearon, J. and David D. Laitin, "Ethnicity, Insurgency, and Civil War", *American Political Science Review*, Vol. 97, No. 1, 2003, pp. 75 – 90; Vanhanen, T., "Domestic Ethnic Conflict and Ethnic Nepotism: A Comparative Analysis", *Journal of Peace Research*, Vol. 36, No. 1, 1999, pp. 55 – 73; Sambanis, N., "Do Ethnic and Non – ethnic Civil Wars Have the Same Causes? A Theoretical and Empirical Inquiry (part 1)", *Journal of Conflict Resolution*, Vol. 45, No. 3, 2001, pp. 259 – 282.

④ Nagel, J. and Susan Olzak, "Ethnic Mobilization in New and Old States: An Extension of the Competition Model", *Social Problems*, Vol. 30, No. 2, 1982, p. 133.

⑤ 唐世平提出族群动员的先例是一种中介性政治进程,作为中介机制塑造族群战争的具体特征。见唐世平《族群战争的爆发——一个广义理论》,《国际安全研究》2018年第4期。

效仿了前者的暴力模式。①

最后,动员资源的种类和数量不仅对动员的规模和持续时间至关重要,而且可能改变族群动员的目标和方式。战略资源丰富的地区经常与族群自治运动和分离运动有联系。地方精英企图独吞财富的"贪婪论"、中央从地方手中强夺资源的"愤懑论",以及因中央和地方的收益分配不均导致的相对剥夺感从不同角度解释了族群动员现象。外部力量的加入往往为族群动员增添合法性、物质支持和知识支持。超国家组织为族群分离主义提供资金和军事支持,②为族群自决提供合法性的平台。③

第六节 理论评述和未来研究方向

从以上的文献评述可以看出,既有文献没有圆满回答改革时期印尼族群动员方式选择的问题。原因如下:第一,聚焦族群动员方式的研究成果少。虽然对改革时期印尼族群动员的研究数量很多,但是除了对族群间暴力的产生条件有较多的研究以外,对非暴力族群动员方式的研究凤毛麟角。即使在研究族群暴力的文献中,也罕有研究回答为什么族群动员采用某种暴力方式而不是其他暴力方式。④

第二,四种理论传统存在内生缺陷。文化主义、反应性和竞争性视角的共同思路是从单一的集体诉求角度分析族群动员的形成和发展,然而印尼族群动员的动机往往是多重且复杂的,换句话说,"目的—行动"的逻辑框架解释力弱。而政治过程的逻辑框架是"条件—行动",较少考虑集体行动参与者纷繁复杂的动机,更多考虑动员的条件是否具备,即如果存在条件,族群动员就可能发生。政治过程视角对印尼族群动员

---

① Davidson, J., *From Rebellion to Riots: Collective Violence on Indonesian Borneo*, Madison, Wisconsin: University of Wisconsin Press, 2008.
② Nagel, J. and Susan Olzak, "Ethnic Mobilization in New and Old States: An Extension of the Competition Model", *Social Problems*, Vol. 30, No. 2, 1982, p. 137.
③ Scheinman, L., "The Interfaces of Regionalism in Western Europe: Brussels and the Peripheries", *Ethnic Conflict in the Western World*, Ed. by Esman, M., Ithaca, NY: Cornell University Press, 1977, pp. 65 – 80.
④ Bertrand, J., *Nationalism and Ethnic Conflict in Indonesia*, Cambridge: Cambridge University Press, 2004, p. 14.

的解释力稍强，也是近期许多较成功的案例研究借鉴的理论视角。政治过程视角长于对单一案例的路径分析，揭示族群动员如何一步步发生和发展，但是不足以胜任一个国家内部地区间的案例比较研究，无法解释为什么在制度初始条件相似的情况下，不同地区的族群动员选择不同的动员方式。

第三，案例比较的意识淡薄，缺乏机制提炼和变量转化的努力。在方法上，对近期族群动员的相关研究仍拘泥在对个案的描述性研究框架下，对相似的现象缺乏归纳和比较，理论化程度低，尤其没有处理好"地方情境"概念的机制提炼和变量转化。在既往研究中，学者无一不认为地方特殊性或地方情境对族群动员有重要影响，塑造了族群动员的动机、行动者特征和动员条件。尽管研究对个案的"地方情境"都有详细的深描，却往往陷入"垃圾桶深描"的陷阱中，即堆砌各个方面的细节，不能从细节中提炼出真正起作用的变量，缺乏机制提炼的努力。另外，即使研究者指出案例中"地方情境"的某些因素对于塑造动员方式有重要作用，也往往缺乏比较的意识，没有继续研究该因素是不是在其他地区的案例中也起作用，换句话说，缺乏将"专有名称"置换为"变量"的尝试。[1]

第四，案例选择偏差。忽视失败的或中途停止的族群动员，导致案例选择偏差和过程追踪不完整的方法疏漏。研究者往往只关注成功动员并实现既定目标的族群动员案例的完整过程，而不关注动员中途停止的案例。如果认为动员结果是干扰变量的话，这种情况意味着所有案例的该干扰变量只有一种取值，故该变量没有得到控制。

基于上述分析，笔者认为未来对印尼族群动员方式的研究方向将是搭建基于制度条件变量和地方情境变量的逻辑框架。制度条件变量主要指国家层次和地方层次的制度条件和变化提供的行动背景和机遇。制度条件变量在很大程度上塑造了动员方式的"抗争戏码"，帮助研究者了解某一个时期动员方式的普遍性特征，以及在制度变化时，动员方式变化的可选范围。地方情境变量主要指发生争端的族群群体的相关特征。针对不同的议题，地方情境变量的操作化有差异，例如针对民俗地争议，地方情境需要

---

[1] Teune, H. and Adam Przeworski, *The Logic of Comparative Social Inquiry*, New York: Wiley-Interscience, 1970.

第二章 印尼族群动员方式选择的既有解释

将不同族群的土地习惯法差异纳入其中,针对选举中的族群动员,地方情境需要将不同族群的社会网络动员方式的差异纳入考虑范围内。在控制了制度条件变量的前提下,地方情境变量能帮助研究者比较不同地区、不同族群在处理相似问题时采用方式的差异。在实证过程中,要注意在案例选择中控制相关变量,避免案例选择出现偏差。

第三章

解释族群动员方式选择的理论框架

任何集体行动都不是在真空中产生的,动员策略的制定者必须在外部限制因素和动员能力之间揣度衡量。在面对使用制度内还是制度外动员方式的选择时,一方面,政治空间的变化会限定可选动员方式的范围,影响族群对前景的判断,从而促使动员者调整动员方式;另一方面,族群凝聚力是动员能力最重要的内核,影响动员计划的执行进程,决定动员能否按照既定方式进行。

第一节 族群的概念

族群(ethnicity)概念具有很强的复杂性和流动性,马克斯·韦伯等人甚至认为族群在严格意义上不能成为可被分析的概念。[1] 然而现实中大量群体间冲突以族群作为动员的依据,说明这个概念在社会、经济和政治生活中承载着实在的功能。

族群曾被视为建立在文化、种族、语言等先赋差异基础上,而近年来政治学和人类学对族群概念的认识越来越趋同,倾向于挖掘族群概念背后的建构过程。目前对族群概念的认识有三种视角。先赋论或本质主义(essentialist approach)认为族群是一种与生俱来的成员资格,具有很强的稳定性。霍洛维茨[2]认为族群主要通过颜色(发色、肤色等)、语言和宗教作区

---

[1] Weber, M., *Economy and Society: An Outline of Interpretive Sociology*, Vol. 1, Univ of California Press, 1978, p. 395.

[2] Horowitz, D., *Ethnic Groups in Conflict*, Berkeley, California: University of California Press, 1985.

分，也考虑部族、种族、国籍和种姓等先赋特征。[1] 族群的政治性来源于族群文化本身的特性。先赋论的缺陷在于认为先赋因素可以自动转化为对族群的主观认同，而忽略了后天经历对人的影响。有族群资格而没有族群认同的问题在移民群体中较为突出，就使族群资格成为一个没有政治性的概念。

建构论认为族群不一定具有先赋性，一个群体只要有共享的主观认同，"建立在共同祖先神话和独特性概念上的共享群体亲密感和归属感"，[2] 就可以建构成为一个族群。建构论视角下的族群概念稳定性最低。附带现象论（epiphenomenalism）、工具—建构主义（instrumentalist - constructivist approach）与建构论的观点基本相通。典型的建构论如马克思主义理论，认为族群只是阶级斗争的面具，族群间斗争关系掩盖了阶级斗争的本质。但是建构论没有解释为什么通过"族群"的概念而不是其他属性进行政治动员。

先赋—建构论，又称为归属论（ascriptive approach）或有制度回馈效应（institutional feedback effect）的结构主义，[3] 是上述两种视角的折中。先赋—建构论认为族群是在特定的政治、经济和社会现实需求下，建立在某些经过选择的先赋特征上的社会建构。与建构论的差异在于，政治行动者不能随心所欲地支配和操纵政治认同的建构过程，因为文化、历史和族群界限作为外在的、独立的变量对政治身份的构建有限制作用。正如韦伯所言，"族群成员身份并不能直接构成群体，而只能促进群体的形成，尤其在政治领域中"。[4]

以先赋属性为基础，族群意识、真实或存在于想象中的家园、共同历史等建构因素丰富了族群定义的完整性。[5] 先赋因素为族群的构建界定了

---

[1] Chandra, K., "What is an Ethnic Party?" *Party Politics*, Vol. 17, No. 2, 2011, pp. 151 - 169.

[2] Szayne, T., *Identifying Potential Ethnic Conflict: Application of a Process Model*, Santa Monica, CA: Rand Corp, 2000, p. 14.

[3] Cederman, L., "Nationalism and Bounded Integration: What it Would Take to Construct a European Demos", *European Journal of International Relations*, Vol. 7, No. 2, 2001, pp. 139 - 174.

[4] Weber, M., *Economy and Society: An Outline of Interpretive Sociology*, Vol. 1, University of California Press, 1978, p. 389.

[5] Fearon, J., "Ethnic and Cultural Diversity by Country", *Journal of Economic Growth*, Vol. 8, No. 2, 2003, pp. 195 - 222.

印度尼西亚族群动员的政治逻辑(1998—2017)

可能性范围;建构通过有意识地甄选历史、集体记忆等区分"我者"和"他者"。族群不仅可以通过甄选先赋特征建构,也可以根据政治或社会特征建构,如根据职业划分族群。①

然而现在,分辨族群认同是源自先赋因素还是源自建构因素已经不再是研究者关心的焦点了,② 族群的关系性已经变成族群概念的核心,如对族群身份的认知如何塑造社会关系,如何通过建构族群之间的差异发起族群动员等。当代政治学研究大多在先赋—建构论框架下研究族群问题,本书也在此框架下理解族群的政治性来源。

族群动员是一种基于族群身份认同组织集体行动的过程。③ 本书所指的族群动员可以放在塔罗的社会运动的概念下理解。塔罗认为社会运动是以共同目标和社会团结为基础的,在与对手和权威之间持续不断的交锋中展开的集体挑战。一切社会运动皆是有关政治的活动。本书所指的"族群动员"有三个主要特征:(1)目标和行动是公开和直接的。动员者向权威或对手提出公然的、直接的请求,他们的反抗行动也是直接的、可见的挑战,而不是秘密的行动;(2)行动者围绕某些族群身份(如肤色、语言、习俗)组织起来,④ 基于族群的集体认同和团结感得以维持;(3)族群动员是一种持续反复的、希望产生一些变化的政治过程,而不是偶然的、非理性的集体行为。

格拉底什⑤依据动员的目标将族群动员分为三种类型:(1)政治目标,寻求政治资源、政治地位甚至夺取国家政权的政治动员;(2)地区化目标,例如地方分权、权力下放(devolution)、自治(autonomy)或分离(seccesion);(3)平等权利的目标,例如寻求完善公民权、财产权、文化权等,以消除法律和政策中的族群歧视和不平等的现象。

---

① Olzak, S., "Contemporary Ethnic Mobilization", *Annual Review of Sociology*, Vol. 9, No. 1, 1983, pp. 355 - 356.

② Hale, H., "Explaining Ethnicity", *Comparative Political Studies*, Vol. 37, No. 4, 2004, p. 461.

③ Olzak, S. "Contemporary Ethnic Mobilization", *Annual Review of Sociology*, Vol. 9, No. 1, 1983, p. 355.

④ Olzak, S., "Contemporary Ethnic Mobilization", pp. 355 - 356.

⑤ Gladdish, K. R., "The Political Dynamics of Cultural Minorities", Ed. by Alcock, Antony, E. and Taylor, Brian, K. and Welton, John, M., *The Future of Cultural Minorities*, London: Macmillan Education UK, 1979, pp. 161 - 176.

第二节 族群动员方式的类型

关于族群动员方式已有一些分类的方法。它们参考了社会运动和政治运动对动员方式的分类，如在研究中常见的和平/暴力动员、市民运动/议会活动，以及按照动员目的分类的独立运动/平权运动等。其中一种分类法将动员方式分为制度内/制度外方式。在社会运动早期文献中已经提出制度内/制度外的分类方式。塔罗对社会运动的较早定义，即"与精英、反对者和权威持续互动中的、基于共同目的的集体挑战"，其意涵是社会运动包含制度内和制度外（extra - institutional）的活动。[1] 麦克亚当和斯诺[2]也提出社会运动至少包含以下元素：集体行动、为了实现改变的目标、某种程度的组织、在时间上的持续性、正式制度以外的行动或至少是制度外（如街头抗议）和制度内方式（如政治游说）的结合。

族群动员的制度内方式与一般的政治运动方式并无不同，都是指在国家制度的框架中行动的方式。王金涛和陈琪在论述"社会动员"时，定义其是"指向特定目标的制度内政治行为"，[3] 也应用了制度内方式的概念。与之相对的，族群动员的制度外方式来源于狭义的社会运动方式所指的"别种手段"（by other means），[4] 即在正常的民主议程和行政流程以外采取行动，其行动目标是影响决策集团，改变不利于动员行动者所代表集体的政策，并"建立新的生活秩序"。[5]

关于制度内/制度外边界的定义，要回溯到对"制度"的概念定义中

---

[1] Meyer, D., "Social Movements and Public Policy: Eggs, Chicken, and Theory", working paper, Center for the Study of Democracy, 2003, p. 6.
[2] McAdam, D. and David A. Snow, *Social Movements: Readings on Their Emergence, Mobilization, and Dynamics*, Los Angeles: Roxbury Pub Co., 1997, p. xviii.
[3] 王金涛、陈琪：《软动员：国家治理现代化视阈下的社会动员转型》，《新视野》2017年第1期。
[4] Wilson, J., *Introduction to Social Movements*, New York: Basic Books, 1973, p. 8.
[5] Blumer, H., "Collective Behavior", *Principles of Sociology*, Ed. by Lee, A. New York: Barnes & Noble, 1969, pp. 98 - 99.

去。霍尔[1]将制度定义为"在多种政策和经济单位中,使个体间关系结构化的正式规定、遵行的程序和标准",这是一个比较模糊的定义。此后不久,诺斯[2]提出了一个被广泛应用的"制度"定义,即制度包括正式约束(formal constraints)、非正式约束和实施机制。正式约束是人们有意识创造的、成文的规则,其创造与社会的现代化相关,由等级制和复杂的社会组织保障实施,如宪法、法律和产权等,[3] 而非正式约束是指不可主动选择的、不受时间限制的、经常通过口口相传承载和传承的排他性约束,如教规、禁忌、习俗、传统和行为惯例等。

本书中的制度指诺斯定义的正式约束,制度内方式相应地指被正式约束允许的族群动员方式。在印尼的语境下,正式约束具体是指用某种形式确定下来的宪法和法律法规(见表3.1)及从中衍生的政策、实施办法等。

表3.1　　　　印尼法律种类和等级排序(自2011年)

等级	种类
1	1945年宪法
2	人民协商代表大会决议
3	国会通过的法律或替代法律的政府规定
4	政府规定和政府实施规定
5	总统条例
6	省级规定
7	市/县级规定
8	部级指令、高等法院决议、印尼央行指令和其他政府机构的指令

资料来源:2011年关于立法的第12号法律第7章。

判定族群动员方式属于制度内还是制度外有两个维度。第一个维度是动员的目标是否合法。在印尼法律中,一些行动目标通过肯定的语句作为

---

[1] Hall, P., *Governing the Economy: The Politics of State Intervention in Britain and France*, Oxford: Oxford University Press, p. 16.

[2] North, D., *Institutions, Institutional Change and Economic Performance*, Cambridge: Cambridge University Press, 1990, pp. 1 - 35.

[3] North, D., "Formal Constraints", *Institutions, Institutional Change and Economic Performance*, Cambridge University Press, 1990, pp. 46 - 53.

第三章 解释族群动员方式选择的理论框架

公民义务提出,没有履行就被视为违法,如《2013年关于社会组织的第17号法律》第21条要求社会组织"有义务维护统一的印尼共和国的民族统一和完整"。另一些行动目标通过否定语句作为禁令提出,执行此禁令被视为违法,如《2013年关于社会组织的第17号法律》第52条提出,由外国人建立的社会组织"禁止妨碍统一的印尼共和国的稳定和完整"。由此可知,不论印尼国民还是外国人在印尼境内建立的社会组织,如果其目标为分裂印尼共和国,则被判定为非法组织,以分裂为目标的政治动员行动属于制度外动员方式。

第二个维度是动员的执行途径是否符合一般性法律原则。对他人使用暴力、挑起社会冲突、损害社会秩序一般情况下被禁止。禁止暴力和冲突出现在许多具体的律令中,如《2012年关于解决社会冲突的第78号法律》《2004年关于消除家庭暴力的第23号法律》等,因此暴力和冲突被定义为不被制度允许的执行方式。依据上述两个判定的维度,只有当动员目标和动员的执行途径两个维度同时都在制度范围之内被允许,这种动员方式才能被称为制度内动员方式。

印尼的制度内动员方式与其他民主国家相比有相似性,也有独特性。与其他民主国家相似的是,印尼允许遵照本国法律进行的游说、请愿、游行、示威、罢工、诉讼等,这些方式以及它们组合形成模块化的动员方式,均属于制度内动员方式。这些动员方式又可以分类为议会过程和议会外过程,后者一般指市民运动。

此外,1999年地方分权相关法律通过后,印尼发展出了一些特殊的制度内动员方式,往往与议会过程相关。实际上,这些方式并不是专门为了解决族群问题设计的,只是因为民主化和地方分权的制度变迁在政治文化和激励机制方面有利于族群实现集体目标,使族群动员借用了这些新方式,包括以下几类:

第一,建立新行政区(pemekaran daerah)。1999—2003年,印尼在"大爆炸"似的地方分权中产生了两百余个新的省和县(市)级行政单位。新建行政区的初衷是将政治、行政和财政权力下放给地方,激活地方潜力以促进地方经济发展,加速基础设施和公共服务设施建设,使群众更容易获得公共服务。然而,这一政策被族群团体利用,成为争取族群集体权利的手段。一些本土族群提出他们遭遇外来族群的生存竞争,令他们产生相对剥夺感,或者追随国际上流行的"原住民主权"(indigenous sovereignty)的政治话语,以此作为新建行政区并实现族群自治的公开理由。通过族群动员实现新建行政区的典型案例有哥伦塔罗省的分立。① 另一些地区隐蔽地使用族群认同进行社会动员,获得群众对新建自治区提案的支持。族群动员在爪哇以外的新建行政区动员中的影响非常广泛。

第二,恢复民俗村。2010 年以来,地方自治改革从县级渗透到更基层的行政单位,尤其是 2014 年新农村法的通过强化了村级单位的民主权利和财政独立性。在中央政府提出深化村级自治的背景下,一些少数族群废弃了"行政村"(desa 或 desa dinas)体制,恢复了使用族群传统治理模式的"民俗村"(desa adat)。"行政村"是一种以爪哇村庄为样板的基层治理单位,于 20 世纪 70 年代在全国普及,长期以来深受少数族群的诟病,因为它与某些少数族群的传统基层治理模式不能调和。恢复民俗村在初期是地方社群的自发行动,宪法法院的若干判例②认定"民俗村"的存在合法,此后在 2014 年新农村法中正式被认定成为与"行政村"平行的村级治理机构。民俗村在加里曼丹的达雅克族、巴布亚各部落族群、西苏门答腊的米南加保族和巴厘岛的巴厘族中推动得较快。

第三,族群分离主义与特殊地方自治方案。印尼政府以给予更广泛自治权和额外的财政补贴为条件交换族群分离组织放弃武装和分裂活动。尽管学界对地方自治究竟会解决族群分离问题还是会形成激励从而加剧分离运动尚未有一致的答案,③ 但印尼政府使用特殊地方自治方式在 2005 年成功促成亚齐独立运动(GAM)结束分离活动,在国内外获得一致肯定。亚齐自治省享有除了外交、国家安全、货币和防务领域以外最大程度的自治

---

① 详见木村惠人对哥伦塔罗省分立的案例分析,Kimura, E., *Political Change and Territoriality in Indonesia: Provincial Proliferation*, Oxon: Routledge, 2013.

② 宪法法院关于民俗村的相关判例如:(1) Putusan Nomor 010/PUU - I/2003 perihal Pengujian Undang - Undang Nomor 11 Tahun 2003 tentang Perubahan Atas Undang - Undang Nomor 53 Tahun 1999 tentang Pembentukan Kabupaten Pelalawan, Kabupaten Rokan Hulu, Kabupaten Rokan Hilir, Kabupaten Siak, Kabupaten Karimun, Kabupaten Natuna, Kabupaten Kuantan Singingi, dan Kota Batam;(2) Putusan Nomor 31/PUU - V/2007 perihal Pengujian Undang - Undang Nomor 31 Tahun 2007 tentang Pembentukan Kota Tual Di Provinsi Maluku;(3) Putusan Nomor 6/PUU - VI/2008 perihal Pengujian Undang - Undang Nomor 51 Tahun 1999 tentang Pembentukan Kabupaten Buol, Kabupaten Morowali, dan Kabupaten Banggai Kepulauan;(4) Putusan Nomor 35/PUU - X/2012 tentang Pengujian Undang - Undang Nomor 41 Tahun 1999 tentang Kehutanan.

③ Cornell, S., "Autonomy as a Source of Conflict: Caucasian Conflicts in Theoretical Perspective", *World Politics*, Vol. 54, No. 2, 2002, pp. 245 - 276.

第三章 解释族群动员方式选择的理论框架

权,包括可以建立地方政党,这在印尼其他地区是禁止的。一些学者和印尼政府人士提倡使用同样方式解决巴布亚分离问题。[1]

与制度内动员方式相对的概念是制度外动员方式,是指行动目标或执行途径被正式制度禁止或正式制度中没有界定清晰从而引起争议的方式。在社会运动文献中,制度外动员方式几乎可以与"非传统的抗议行动和抗争戏码"画等号,[2] 具有"混沌、无序,走向和后果都充满不确定性,与制度化行为的井然有序和较好的可预测性形成鲜明对比"的特征。[3]

制度外动员方式通常伴随政治暴力行动。多娜泰拉·德拉波尔塔[4]指出政治暴力是展示武力的行动,如抢夺财产、导致财产受到破坏的无组织的暴乱、敌对团体成员之间的暴力对抗、与警察的冲突、有目的的对人身进行的暴力袭击、组织不顾及个人的社会或政治身份而施加的肆意暴力攻击、武装夺取某场所和武装挟持个人。她提出一种区分暴力的类型学,按暴力强度和组织程度将暴力活动分为自发暴力(低强度、无组织)、准军事化暴力(低强度、有组织)、自主暴力(高强度、组织松散)和秘密暴力(高强度、有组织)。

为了便于分析,本书按照暴力程度将制度外动员中的政治暴力分为"无暴力或低暴力"和"高暴力"的制度外方式。低暴力是指持续性低、暴力强度低的活动,如工人在无组织状态下破坏公共或私人财产的行为、社群在协商解决矛盾的过程中出现的暴力升级、分散的族群组织对国家强制性机构的袭击等。之所以将"无暴力与低暴力"划分为一类,是因为在很多情况下无暴力动员会伴随着有意或无意的暴力升级,例如在抗议活动中,抗议者经常故意挑衅警察,迫使警察先施加暴力,引发与示威者的冲突。这样经媒体曝光后,被暴力相向、被贴上弱者标签的抗议者将得到社会同情。故而无暴力与低暴力的区分比较困难,而且时常没有必要。高暴力则与前两者不同,是指有目的性地对警察、军队或冲突对象群体进行的

---

[1] Hillman, B., "Ethnic Politics and Local Political Parties in Indonesia", *Asian Ethnicity*, Vol. 13, No. 4, 2012, pp. 419–440.

[2] Della Porta, D., Hanspeter Kriesi and Dieter Rucht, *Social Movements in a Globalizing World*, London: Palgrave Macmillan, 1999, p. 13.

[3] 冯仕政:《西方社会运动理论研究》,人民大学出版社2013年版,第13页。

[4] [意] 多娜泰拉·德拉波尔塔:《社会运动、政治暴力和国家》,上海人民出版社2012年版,第4—5页。

人身伤害，是一种连续性的、暴力强度高的甚至是准军事的暴力活动，如亚齐独立运动领导的游击战、达雅克族和马来族对马都拉族的族群战争。

第三节 理论框架

在既有文献中，解释印尼族群动员的占优视角是政治过程视角，具体来说是研究1998年之后威权政治制度的崩溃和民主制度的建立对族群动员的影响。的确，印尼的民主化和地方分权改革中的政治契约重建为解决族群矛盾提供了多种方式。在一些案例中，族群通过制度内动员方式达成了目标，而另一些族群继续沿袭威权政府时期的制度外动员方式。这说明制度重建的单一变量不足以解释族群为什么选择不同的动员方式。这种解释的缺陷在于缺少对族群动员行动者本身情况的把握。

大卫·S.迈耶针对政治过程分析的方法提出，"如果我们想理解行动者做出的决定，我们不仅需要分析挑战者群体可获得的资源，而且还要分析他们可声索的空间"。[1] 如果说制度的变迁限定了"可声索的空间"，那么行动者本身的特质和能力则决定了他们"可获得的资源"的上限。

基于这个判断，本书提出用"族群动员目标是否冲击政府执政目标"和"族群凝聚力"共同解释族群动员采用不同方式的原因（见图3.1）。"族群动员目标是否冲击政府执政目标"决定了族群动员的政治空间大小（中介变量）。"族群凝聚力"来自历史、文化、种族等先赋特征和后天建构的职业、社会分层等社会结构特征，影响了族群集体行动的能力，包括获得信息的能力、决策的能力和执行的能力。

族群凝聚力和政治空间共同决定族群动员采用的方式，可分为四种情况讨论。当政治空间大且族群凝聚力强时，族群选择制度内方式动员；当政治空间小、族群凝聚力弱时，族群采用无暴力或低暴力的制度外方式动员；当政治空间大、族群凝聚力弱时，族群选择制度内方式动员；当政治空间小、族群凝聚力强时，族群采用高暴力的制度外方式动员。

---

[1] Meyer, D., "Tending the Vineyard: Cultivating Political Process Research", *Sociological Forum*, Vol. 14, No. 1, 1999, p. 82.

第三章　解释族群动员方式选择的理论框架

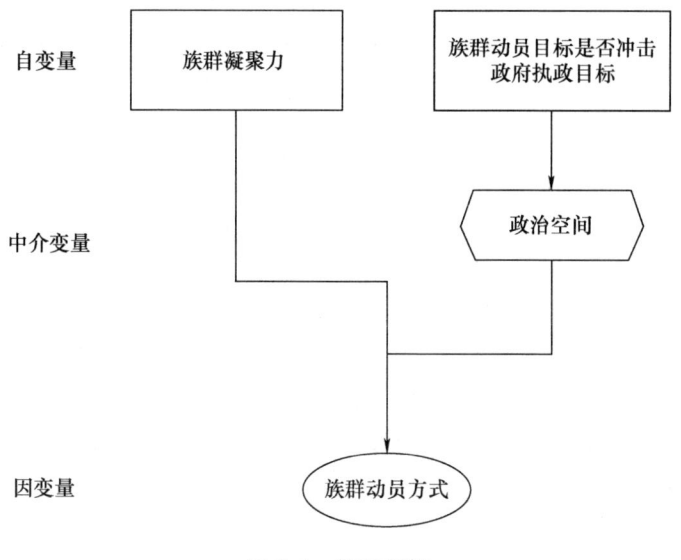

图 3.1　解释逻辑

一　族群凝聚力

（一）族群凝聚力的概念

族群凝聚力（ethnic solidarity）包含两个基本构成元素，即与族群成员资格相关的特殊目标，以及族群成员为了实现上述目标存在的某种程度的意识形态和组织。[1] 族群凝聚力在提供族群动员的合法性、鼓舞群体情感、招募族群组织成员、扩大族群动员的资源方面起到作用，因此影响族群可以选择的动员方式的范围。

本书采用先赋—建构论视角对族群的概念进行定义，意味着族群凝聚力有两个来源：一是来自先赋特征，即族群的共同历史、文化、语言、习俗、禁忌等可传承的、不容易变化的天然禀赋，是形成共同目标、集体意识和动员行动的前提条件。二是后天建构的共同特征，在现代化理论中，族群凝聚力的增强来源于两种结构因素：社会结构的外部特征（如劳动力、竞争等现象在文化上的分界）和政府对族群的官方认可。[2] 对于后天

---

[1] Nielsen, F., "Toward a Theory of Ethnic Solidarity in Modern Societies", *American Sociological Review*, 1985, p.136.

[2] Nielsen, F., "Toward a Theory of Ethnic Solidarity in Modern Societies", *American Sociological Review*, 1985, p.136.

建构的共同特征，反应性族群动员模型提出当族群人口的边界与特定职业和社会阶层的边界重合时，族群凝聚力较高。[1] 竞争性族群动员模型指出族群之间对工作和物质回报的竞争使族群凝聚力增强。政府在人口普查中的族群分类是一种国家整合的行为，会影响或重塑族群的身份认同。同时，国家影响不同族群的政策也是基于官方族群分类实行的，当政策非中立时，会增强获益和（或）非获益族群的群体意识。[2] 建构的共同特征可以人为增强族群凝聚力，但不是形成族群凝聚力的必要前提条件。

（二）族群凝聚力的操作化

既往研究中，根据研究主题的差异，族群凝聚力的操作化和测量方式包括与其他族群通婚的比例、族群组织网络互动的紧密程度，以及与社会主体族群有差异的族群文化行动等。[3] 本书对族群凝聚力的操作化从概念的两个基本元素出发，可以得出判断族群凝聚力高低的操作化方式。

族群凝聚力高需满足以下两个条件：第一，存在族群共同目标以及对应的族群叙事。共同目标可以是政治的、经济的、社会的，支持这个目标的族群叙事是一套关于族群渊源和共同历史的、经过筛选的说法，蕴含的内容用于界定成员的特殊性，唤起共同的精神、情感或培养相似的行为方式。认同族群目标和叙事是界定族群成员资格的必要条件，以保证在动员中联结成员的纽带是族群身份而不是职业、阶层、爱好或其他因素。

第二，存在统一的族群组织或族群组织的联盟，因为统一的组织是族群目标能被策划和执行的前提条件。族群组织是指使用族群符号作为组织章程的基本元素，声称为了达到族群共同目标而组织和活动的集体。广义的族群组织包括社会组织和族群政党。在印尼除了亚齐特区以外，其他地区禁止成立地方性的族群政党。统一的族群组织是指某一个族群组织或几个族群组织形成的联盟。统一的族群组织应在族群目标、族群叙事、动员策略等重要问题上意见一致，在族群成员中具有足够的影响力并拥有政治代表权，即被授权代表该族群全体成员发表意见和做决定。

---

[1] Hechter, M., "The Political Economy of Ethnic Change", *American Journal of Sociology*, Vol. 79, No. 5, 1974, p. 1154.

[2] Nagel, J., "Constructing Ethnicity: Creating and Recreating Ethnic Identity and Culture", *Social Problems*, Vol. 41, No. 1, 1994, p. 157.

[3] Olzak, S., "Contemporary Ethnic Mobilization", *Annual Review of Sociology*, Vol. 9, No. 1, 1983, p. 357.

第三章　解释族群动员方式选择的理论框架

在印尼语境下，两个标准可以帮助判定存在统一的族群组织。第一个标准是可以观察到有某个族群组织或族群组织联盟代表族群发声。这既包括已注册的合法社会组织，如在民俗领袖领导下的民俗机构（lembaga adat），也包括有明确领导结构的未经注册的传统族群组织，如在北苏门答腊省巴达克族中，以氏族村庄为单位的非正式组织是动员的基本单位。在偶发的族群动员中，动员过程往往被突然事件激发，动员者没有立即可用的组织用于集结参与者。他们往往使用家庭、宗族等固有的社会联系快速完成动员。在地理范围更小的地区，人员甚至能自然而然地聚合。正如霍洛维茨所言，族群被血缘关系凝聚在一起，其利用政治结构的效率可以达到最大化。[①] 第二个判断标准是族群中不存在势均力敌的异见团体，不存在若干族群组织争夺族群的话语权和政治代表权的现象。

族群凝聚力与因变量（族群动员方式）不存在线性相关关系。族群凝聚力高既有利于采用制度内的方式，也有利于采用制度外的方式。有利于采用制度内动员方式的因素包括：（1）聚众实体化。族群是一种有共同旨趣、地理上毗邻且存在面对面互动的聚众（crowd）。对于族群动员针对的对象，不论是政府、企业还是其他族群，都无法与聚众这种松散的集合交流和协商，而需要存在族群的某种具象化实体，才能直接商议或谈判。（2）政治授权明确。统一的族群组织享有对整个族群的政治代表权，做出的决定对族群全体成员有效。相反，如果没有统一的族群组织，或多个族群组织竞争政治代表权，或组织间存在异见无法达成共识，则不存在一个有权代表族群与他者协商和决策的主体。制度内动员方式起作用的途径是宣传、沟通、协商和妥协，而不是暴力和强制力，因此统一的族群组织在采用制度内方式动员中具有不可替代的意义。（3）降低族群内暴力的可能性。统一的族群组织意味着不存在严重的内部分裂，这会减小族群内部争斗和使用暴力的可能性。

统一的族群组织也有不利于制度内动员方式的因素存在。动员采用的方式将在很大程度上取决于组织的决策结构。族群如果处于某个族群组织的领导下，权力集中在单一领袖或少数几个精英手中，则决策过程受到的监督不足，决策结果的不透明性和不确定性更强。具有决策权的少数精英

---

① Horowitz, D., *Ethnic Groups in Conflict*, Berkeley, California: University of California Press, 1985, Chap. 1.

的利益可能与族群大多数人产生差异。少数精英可能为了维护自身权力，或实现理想主义的目标，或为了得到赦免，而拒绝对族群大部分成员最有利的解决方案。另外，有统一组织的族群的宣传和动员能力会大幅增强。宣传能力的提高伴随着更多人参与到动员中来，被唤起的集体情绪可能使组织被迫提升动员目标，如从平等权利提升到更大的自主权再升级为要求民族独立。此外，相比分散的动员组织，统一的族群组织能带来更多动员资源，可能支持更持久、更暴力的准军事抗争。

二 政府执政目标和政治空间

解释族群动员方式的另一个自变量是"族群动员的目标是否冲击政府执政目标"。本书提出，印尼的政府执政目标是在不断修订中的变量，而族群动员目标是否冲击当前政府的执政目标是政府调整留给族群动员政治空间的依据，进而通过政治空间这个中介变量对族群动员方式产生影响。

（一）政府执政目标

印尼在1998年进入民主改革时期之后，精英和市民社会很快达成共识，将印尼改造成为一个包容的多元民主政体。1998—2004年，印尼基本搭建起了一套依民主原则制定规则的制度。在这套制度下，印尼的政治体制和各行各业的规则循序渐进地更新和完善。威权政府下的大多数遗留问题都得以在新制度下重新讨论进而制定新的规则，族群政策也不例外。有关族群的共同诉求和平等权利的议题在改革时期获得了前所未有的讨论空间，政治空间甚至比民主巩固时期（2004年苏西洛执政以后）更广阔。

然而，针对族群动员的政治空间并不是一成不变的，政治空间的扩大和缩小也需要一定的时间和过程，是什么因素影响了政治空间的变化呢？在政治机遇文献中，静态政治结构和动态同盟分析是研究政治机遇的两种主要路径，但是这两种路径都不适宜解释印尼的情况。[1] 印尼的民主化初期是一个政治协议推翻和重建的过程，尚未形成稳定的静态政治结构。在权力结构不稳定的情况下，政党联盟也是瞬息万变，对具体的政策缺乏直接的影响力。静态政治结构和动态同盟分析对于剧变中的印尼都不是最合适的分析理论框架。

转型中的印尼族群政策既有民主化的共性，也体现了印尼国情的特殊

---

[1] 静态政治结构和动态同盟分析的介绍见下一部分"政治空间的概念"。

第三章　解释族群动员方式选择的理论框架

性。在印尼政治体制向更民主和更开放的新制度转型的阶段，族群政策调整的基本趋势是消除歧视和不平等，族群动员的政治空间扩大，这是民主改革的共性。然而，印尼也有地理、历史和现状的特殊性，限制了族群政策调整的限度和速度。当族群动员的目标冲击了当时的政府执政目标时，制度留给族群动员的政治空间才会缩小。

印尼中央政府的执政目标一般在国家建设规划中有所规定（见表3.2）。在苏哈托时期，依据"四五宪法"第三条，国家规划由人协（MPR）制定，每五年更新一次，称为"国家总体方针"（GBHN）。苏哈托政府最后一次更新国家建设规划是在1993年颁布的《国家总体方针》（编号Ⅱ/MPR/1993）中称国家建设目标是"基于四五宪法实现社会公正和物质、精神的共同繁荣，维护统一的印尼共和国的独立、主权、团结和人民主权，在独立、友好、有序与和平的世界环境中实现民族生存环境的安全、和平、有序和活力"。[①] 可以从中提炼出政府执政目标的关键点，即繁荣、公正、主权、团结与和平。经济发展仍然是最关键的国家利益。

1999—2004年，政府执政目标的重点逐渐转移到维护团结统一、民主、法治和恢复经济方面。哈比比任总统期间，人协颁布了《国民生活安全化与正常化的建设改革关键点作为国家总体方针的人协决议》（编号Ⅹ/MPR/1998），指出"应对危机、实现彻底的改革，目标是建设民主的、令人尊重的国家制度，建设法治系统，实现有序的社会秩序"。可以从中提炼出政府执政目标的关键点，即民主、法治和社会稳定。1999年进行民主改革后第一次选举后，新组建的人协制定了《国家总体方针1999—2004》（编号Ⅳ/MPR/1999），指出愿景和目标是"实现民主和社会公正，保护基本人权，实现法治的最高地位"，与哈比比时期的政府执政目标差别不大。

瓦希德政府在2000年11月签发了《2000年第25号关于国家建设项目（2000—2004年）的法律》，指出国家建设的重点任务是：（1）建设民主政治制度，维护团结和统一；（2）实现法治和政府的善治；（3）加快恢复经济，基于人民经济系统实现公正和可持续发展；（4）提升人民的社会福利，提升宗教生活的质量，保护文化；（5）加快地区发展。即民主、团结统一、法治、恢复经济是排在前四位的核心目标。值得注意的是，

---

① 见《国家总体方针》（编号Ⅱ/MPR/1993）第二章B条目。

印度尼西亚族群动员的政治逻辑(1998—2017)

"维护团结统一"的优先级被提升到第二位。

表 3.2　　　　　　　　印尼历届政府定义的政府执政目标

政府	政府执政目标内容	时间范围	参考依据
苏哈托	繁荣、公正、主权、团结	1993—1998	《国家总体方针》（Ⅱ/MPR/1993）
哈比比	民主、法治、社会稳定	1998—2004	《国民生活安全化与正常化的建设改革关键点作为国家总体方针的人协决议》（X/MPR/1998）
瓦希德	民主、团结统一、法治、恢复经济	2000—2004	《2000年第25号关于国家建设项目（2000—2004年）的法律》
梅加瓦蒂	团结统一、法治、民主、恢复经济	2001—2020	《关于印尼未来愿景的人协决议》（Ⅶ/MPR/2001）
苏西洛	自立、进步、公正、繁荣	2005—2025	《国家长期建设规划2005—2025》（2007年第17号法律）
佐科	国家权威、经济薄弱环节、社会宽容	2015—2019	《国家中期建设规划2015—2019》（2015年第2号总统规定）

资料来源：作者自制。

梅加瓦蒂在2001年7月继任总统后，同年11月人协颁布了《关于印尼未来愿景的人协决议》（编号Ⅶ/MPR/2001）指出印尼在2020年以前面对七项挑战，即（1）维护民族团结和国家统一；（2）公正的法律系统；（3）民主的政治系统；（4）公正和高产的经济系统；（5）有文化的社会生活；（6）高质量的人力资源；（7）全球化。并提出"信仰、人道主义、团结、民主、公正、繁荣、进步、自立、良好和清廉的国家治理"作为2020年印尼将实现的愿景，则团结统一、法治、民主、恢复经济成为新政府的执政目标。值得注意的是，团结统一的优先级被提升到第一位。

自2004年苏西洛上台后，印尼进入了较长时间的民主巩固时期，国家建设目标向经济发展和社会公正方面调整。2004年第25号法律取消了定期颁布《国家总体方针》的制度，取而代之的是《国家长期建设规划》（RPJPN）。2007年印尼颁布了《国家长期建设规划2005—2025》（2007

年第17号法律），指出国家建设的愿景是：自立、进步、公正和繁荣，具体提出了8项任务，即（1）实现社会的高尚、道德、伦理、文化和信仰；（2）提升民族竞争力；（3）实现基于法治的民主制度；（4）实现印尼的安定、和平和团结；（5）实现更平均和公正的发展；（6）实现环境保护和可持续发展；（7）基于国家利益使印尼成为自立、进步、强盛的群岛国家；（8）使印尼在国际舞台上发挥积极作用。

2014年佐科当选总统后，在2015年颁布了《国家中期建设规划2015—2019》（2015年第2号总统规定）。规划中再次确认了《国家长期建设规划2005—2025》提出的"自立、进步、公正和繁荣"四项长期基本目标，又着重指出了当前面对的三项挑战，即树立国家权威、发展经济薄弱环节、促进社会宽容。

（二）政治空间的概念

政治空间是政治过程视角中的"政治机遇"概念的延伸。政治机遇是政治过程视角的核心概念，在既有文献中，其定义和操作化可分两方面讨论：一方面，静态政治机遇反映了比较稳定的政治结构为社会运动提供的动员方式选择。托克维尔指出美国有"弱政府、强社会"的特点，因此社会运动的方式多是自下而上、持续和平的抗议活动，而法国有"强政府、弱社会"的特点，常出现极端暴力的抗争活动。这个判断被不断提炼后形成一种政治机遇的结构化推论：结构化的政治机遇是指在一个制度内分享政治权力的人数多少。权力越分散，社会运动影响制度的可能性越大，因此地方分权和政治功能的分权都有利于从市民抗争走向政治决策，会促进使用和平抗争的方式。[1] 其他静态政治机遇的操作化方式包括国家的相对权力大小、官僚系统的效率、司法部门的独立性、政治文化[2]等。

另一方面，动态政治机遇指政治系统中同盟结构和反对结构的势力变

---

[1] Della Porta, D., "Political Opportunity/Political Opportunity Structure", The Wiley - Blackwell Encyclopedia of Social and Political Movements (2013), URL：https://onlinelibrary.wiley.com/doi/full/10.1002/9780470674871.wbespm159.

[2] 例如，曾经长期处在威权主义制度下的新民主政体对抗争行动有恐惧感，且军队和警察对抗争行动的反应沿袭威权主义制度下的镇压方式，见 Della Porta, D. and Herbert Reiter, *Policing Protest*: *The Control of Mass Demonstrations in Western Democracies*, Vol. 6, University of Minnesota Press, 1998.

印度尼西亚族群动员的政治逻辑(1998—2017)

化形成的行动空间,① 表现为政府机构、党派、利益集团、市民社会、社会运动组织在选举和决策博弈中展现出来的权力变化。麦克亚当将动态政治机遇定义为"政府的开口",并提出一种操作化方式,包括政策变化、政治人物态度软化和在政府中同盟数量的增加。② 其他研究提出不同的操作化方式,如能影响对手能力和策略的政策、③ 是否有潜在的盟友、处在权力中心的对手的实力和稳定性④等。

政治机遇的理论有定义过于宽泛的缺陷。随着政治过程方法成为社会运动研究的占优理论框架,对政治机遇的定义被批评为过于宽泛,在各研究之间缺乏一致性和可比较性,"可以解释一切,但一切都解释不清楚"。⑤出现这种批评的原因有两方面。一方面,研究对象的问题领域差异巨大,例如,针对要求政府提升少数族群教育权利的平权运动与要求脱离民族国家的族群分离运动,政治领域塑造的政治机遇的范围必然有很大差异。脱离具体问题的类型、泛泛而谈概念的定义不利于理论的深化;另一方面,塑造政治机遇的政治制度各有不同,因此不同的国家或同一国家的不同时期影响政治机遇的变量也有所不同,形成跨政体比较和跨时间比较的障碍。在使用政治机遇概念的时候需要对上述两个方面进行控制和清晰界定。

本书基于政治机遇的概念提出"政治空间"的解释变量。政治空间被定义为政治系统在某时期为族群动员提供的允许度。"政治系统"指与族群动员目标相关的决策和执行机构,包括各级政府和议会、司法机构和国家强制机构(军队和警察)。"允许度"既指允许在社会上公开讨论族群

---

① Della Porta, D. and Dieter Rucht, "Left-libertarian Movements in Context: a Comparison of Italy and West Germany", Ed. by J. Craig Jenkins and Bert Klandermans, *The Politics of Social Protest: Comparative Perspectives on States and Social Movements*, Minneapolis: University Of Minnesota Press, 1995, p. 229.

② McAdam, D., *Political Process and the Development of Black Insurgency, 1930 – 1970*, Chicago: University of Chicago Press, 1982.

③ Kriesi, H. et al., "New Social Movements and Political Opportunities in Western Europe", *European Journal of Political Research*, Vol. 22, No. 2, 1992, p. 220.

④ Tarrow, S., *Democracy and Disorder: Social Conflict, Political Protest and Democracy in Italy, 1965 – 1975*, New York: Oxford University Press, 1989.

⑤ McAdam, D., "Conceptual Origins, Current Problems, Future Directions", Ed. by McAdam, D., John D. McCarthy and Mayer N. Zald, *Comparative Perspectives on Social Movements: Political Opportunities, Mobilizing Structures, and Cultural Framings*, Cambridge: Cambridge University Press, 1996, pp. 23 – 40.

目标的议题的限度，也指可以组织集体动员的行动的限度。"某时期"在本书中特指印尼从 1998 年民主化至 2017 年这段时间。在某些章节也会分析从 1945 年印尼共和国成立到 1998 年之间的案例，尤其对苏哈托执政时期的情况着墨较多，为的是与 1998 年以后的情况形成案例对比。

（三）政治空间的操作化

对政治空间操作化有两种困难，即不一致性和不确定性。不一致性是指因塑造政治空间的主体多样，发出的政治空间信号时而不一致。在印尼民主建构时期（1999—2004 年），印尼军队尚未完成职业化改革，军人还承担独立的政治和经济角色，其利益与政府有差异，其行动时而与国家政策不一致，因此在这一时期面对民俗地运动和族群分离主义运动时，军队塑造的行动空间与政府主导的议题空间时而出现背离。例如，在 2000 年前后东帝汶刚脱离印尼时，印尼社会和政府对族群分离运动的议题空间扩展，然而同时亚齐驻军大肆搜捕动员领袖、镇压和平的抗议活动，造成议题空间与行动空间逆行。

然而，族群必须接受不一致的信号并抽象成为对政治空间大小的判断，才能以此为基础制订行动计划，因此必须在不一致的信号中寻找更强的信号，而表达"禁止"的信号比表达"允许"的信号更强。在本书中，当政治系统针对族群动员目标发出明确的禁止信号时，则认为政治空间小。

政治空间操作化的第二个困难是缺少信号（不确定性），即政治系统在某段时期内针对某族群的动员行动没有给出明确的反馈信号。然而族群需要大量信息以经常更新对政策空间的判断，因此必须扩大参照范围。判定政治空间大小有两个参考系：一是针对自身的参考系，即政治系统中相关部门针对本族群动员制定的政策或行动方案，或有决定权的领袖在公开场合的表态。当政策与表态相悖的时候，以实际执行的政策为准。二是他者参考系，即在相似的族群问题上对其他案例的处置先例，如法庭判决、政府是否满足了其他族群的同类要求、强制部门是否镇压了其他的族群行动等。当自身参考系缺乏信息时，他者参考系会影响族群对政治空间的判断。当自身参考系与他者参考系的信号有矛盾时，前者的优先度高于后者。结合上文对信号不一致的处理方法，本书判断政治空间大小的方式是：在自身和他者参考系中均没有出现禁止信号，则判定政治空间大。当自身或他者参考系出现禁止信号时，则判定政治空间小。

印度尼西亚族群动员的政治逻辑(1998—2017)

关于政治空间与因变量（族群动员方式）的关系，可参考对政治机遇与动员方式关系的既有结论。一般结论是当政治机遇扩大时，动员活动会更活跃，但制度外动员减少。结构性政治机遇扩大支持这个结论，例如高效的官僚机构和独立的司法机构有利于将社会运动导向制度内轨道。动态政治机遇扩大也支持这个结论，例如迈耶发现在反对核武器的社会运动中，动态政治机遇扩大有助于减少制度外动员方式，[①] 史密斯对中美洲反对美国干预的市民运动的研究也发现了相似的现象。[②]

（四）政府执政目标塑造政治空间

族群动员目标是否冲击政府执政目标决定了族群动员的政治空间的大小，可分为三种情况。第一，当族群动员的目标不违背政府执政目标时，制度给予的政治空间默认为较大。第二，当族群动员危害政府执政目标时，政治空间缩小。第三，在少数情况下，国家和社会需要通过广泛的讨论来确定族群动员目标是否危害政府执政目标，会出现一段时间内政治空间信号不明确的情况。这种情况下，一种解决方式是以其他相似目标的动员活动的政治空间作为参考系，确定政治空间的大小，但是更需要具体案例具体分析。

具体来讲，在苏哈托执政晚期（20世纪90年代），由于冷战的结束，印尼与中国恢复外交关系，反共和国家的外部安全威胁不再是印尼政府关注的焦点，而经济整体增速或"繁荣"成为政权合法性的首要来源[③]和政府执政目标。保持经济增速对族群动员政治空间的直接影响是中央政府不惜牺牲少数族群的人权和所有权支持经济建设，表现为侵犯少数族群集体所有的土地权利，支持林业部和企业兼并民俗地，支持发展种植园、木材、纸浆等需要大规模土地的产业。同样，政府不惜牺牲地方利益，掠夺亚齐、巴布亚等地方的自然资源，仅返还给地方极少的自然资源收入，忽视爪哇以外地区的发展需求。同时，中央政府加强亚齐和巴布亚的军事力

[①] Meyer, D., *A Winter of Discontent: The Nuclear Freeze and American Politics*, New York: Praeger Publishers, 1990.

[②] Smith, C., *Resisting Reagan: The US Central America Peace Movement*, Chicago: University of Chicago Press, 1996.

[③] Dieleman, M. and Sachs, W. M., "Coevolution of Institutions and Corporations in Emerging Economies: How the Salim Group Morphed into an Institution of Suharto's Crony Regime", *Journal of Management Studies*, Vol. 45, No. 7, 2008, pp. 1274–1300.

量，镇压地方的反抗行动，而这种态度反而令地方的族群抗争层出不穷。

在哈比比时期，建设民主和法治制度、迅速恢复社会秩序是政府执政目标。哈比比开始族群和解的政治过程：他强调华族应划归为原住民，1999年4月国会通过了消除一切形式歧视的国际公约草案。[①] 在西方国家和国际组织的监督下，印尼政府加强了对军队和警察的管控，限制他们继续侵犯人权。在建设民主制度的过程中，政府支持言论自由和结社自由，拓展了所有类别的族群动员的整体政治空间。这一阶段族群动员的规模更大，但没有变得更暴力。

瓦希德在1999年10月继任总统，他延续了哈比比时期对政府的执政目标，将族群和解、地方与中央和解视为恢复社会秩序的最主要手段，继续削弱军队对社会矛盾的干预，希望通过社会的广泛辩论以及地方与中央的持续沟通促进族群矛盾和解。他在促进印尼社会与华族和解的过程中做出巨大努力，允许华人庆祝春节、解除了华文禁令、[②] 恢复了孔教地位。面对亚齐、巴布亚、廖内等地的（准）分离主义情绪，瓦希德表示同情和理解，并愿意通过协商的方式满足地方分权的要求。然而瓦希德的努力方向随着国会对他的执政能力不信任而中断。

在瓦希德执政后期，因他的执政风格过于具有个人色彩而不被接受，国会开始不信任他并逐渐剥夺了他的权力，副总统梅加瓦蒂的意见变得更有分量。2000年11月，国会颁布了《2000年第25号关于国家建设项目（2000—2004年）的法律》，在民主改革时期首次在国家规划中强调主权完整和民族统一是政府的执政目标。在国会的压力下，政府收紧对亚齐和巴布亚独立运动的政策，加剧了两地的本地族群与强制机构、外来族群的冲突。梅加瓦蒂延续了国会对政府执政目标的定义，并将团结统一在政府执政目标中的位置提升到首位，因此不惜对族群独立运动执行铁腕政策，她下令对亚齐独立运动进行严厉的军事镇压，亚齐的制度外暴力动员达到顶峰。

苏西洛任总统后仍然延续梅加瓦蒂时期定义的民族团结作为政府的执政目标，然而由于军事镇压的高昂成本，不得不采取其他方式，以广泛的

[①] 杨阳：《二战后印尼政府的华人政策与华人参政》，《东南学术》2003年第2期。
[②] 李皖南、温北炎：《试析后苏哈托时代印尼对华政策的变化》，《东南亚研究》2009年第3期。

自治权换取亚齐独立组织放弃斗争，保全了民族团结和主权完整。对巴布亚的政策异曲同工，即拒绝巴布亚公投和脱离印尼，使用经济援助的方式通过较长时间解决巴布亚问题，这一政策一直延续至佐科时期。随着民族团结问题基本得到解决，2007年苏西洛政府重新定义政府长期执政目标，将自立和进步提升为最重要的方面，关注点转移到寻找一种健康、可持续的国家发展方略，随即在2008年暂停批准消耗大量财政资源的新建自治区政策，族群地区自治的政治空间因此缩小，引起了一些族群的不满和短暂的不稳定。

三　族群凝聚力、政治空间与动员方式的选择

本书提出的核心解释逻辑是族群凝聚力和族群动员目标是否冲击政府执政目标（或政治空间大小）共同决定族群动员的方式。族群凝聚力的高低和政治空间的大小结合形成四种情况，分别对应四种假设（见图3.2）。

假设一：当族群动员目标不冲击政府执政目标且族群凝聚力强时，族群动员更可能采用制度内方式。

当族群动员目标不冲击政府执政目标时，动员的政治空间较大，族群的意愿容易通过多种制度允许的渠道表达并与制度达成适应，即使用现存的制度渠道达成族群目标。凝聚力强的族群更易通过制度内方式实现动员，因为具有族群全体成员授予的政治代表权，在与决策者或其他动员对象协商时能做出有效决定并执行。此外，凝聚力强的族群较容易克服集体行动困境，减少内部分歧和由此产生的内部暴力行为。

本书有三个案例符合假设一的情况：（1）2004年年末，亚齐独立运动有放弃独立、与政府和解的意愿。苏西洛上台后主动与亚齐独立运动谈判，且国会做出允许在亚齐地区成立地方政党的关键性让步，亚齐独立运动代表全体亚齐人签订了《赫尔辛基协定》，结束了族群分离运动（见第5章）。（2）1999—2003年中央政府致力于深化地方自治，制定了宽松的新建自治省/县的审批制度。北苏门答腊省的少数民族帕帕克族利用中央支持新建自治区的制度机遇快速实现了新县分立（见第8章）。（3）约在2003年前后，受到全球和国内土著权利（Indigenous rights）思潮的影响，中央政府有意解决苏哈托时期遗留下来的原住民族群的民俗地被非法侵占的问题。在非政府组织的帮助下，北苏门答腊省的多巴—巴达克族建立了以氏族村落为基础的动员联盟，使用和平的市民运动方式推动出台地方民

第三章 解释族群动员方式选择的理论框架

	族群凝聚力强	族群凝聚力弱
动员目标不冲击政府执政目标	制度内方式 案例： 1.亚齐接受特殊自治，结束分离运动（2005年） 2.新建帕帕克县（2001—2003） 3.多巴湖民俗地运动（2003年以后）	制度内方式 案例： 1.新建塔帕努里省（2002—2007） 2.巴布亚分离运动（1999—2000）
动员目标冲击政府执政目标	高暴力制度外方式 案例： 1.亚齐独立运动在亚齐全省的高暴力武装动员（1999—2004）	无暴力或低暴力制度外方式 案例： 1.亚齐独立运动的低程度武装动员（1976—1998） 2.塔帕努里省筹建委员会暴力袭击省议会和议长（2007—2009） 3.多巴湖民俗地运动（20世纪80年代末—2003年） 4.巴布亚分离运动（1963—1998）（2000年8月以后）

图3.2 理论框架和对应案例

俗地保护规定（见第7章）。

假设二：当族群动员目标不冲击政府执政目标而族群凝聚力弱时，族群动员总体上更倾向于采用制度内方式，也有可能出现低暴力方式。

当族群动员目标不冲击政府执政目标时，动员政治空间大，因此采用制度内动员的成本较低，族群中的大部分群体或组织会主张通过制度内方式动员，但因族群凝聚力低，很难协调全体成员形成集体行动，因此可能产生内部矛盾从而不能实现成功的制度内动员，也不能完全避免某些成员采用制度外方式动员，出现低程度暴力情况。

本书中有两个案例符合假设二的情况：（1）2002—2007年中央政府有支持建立自治省/县的政策环境，北苏门答腊省的多巴—巴达克族希望联合其他巴达克族亚族群一起恢复殖民时期的自治省——塔帕努里省。多巴—巴达克族精英使用社会组织、游说精英的方式动员其他巴达克族亚族群所在县（市）加入塔帕努里省。然而因巴达克族的族群凝聚力低，各亚族群之间有竞争和敌对的关系，多巴—巴达克族建立新省的动议没有获得其他亚族群的支持（见第8章）。(2) 哈比比和瓦希德执政前期，政府、国会和巴布亚地区集中讨论巴布亚族群运动的性质和对策。在政策尚未明确的时候，哈比比和瓦希德代表的中央政府对巴布亚民众的遭遇表现出同情，并主动与巴布亚各界代表接触并对他们扩大地方政治权利的要求表示支持。巴布亚族群组织和精英认为中央政府传达了政治空间扩大的信号。尽管巴布亚各政治组织在动员目标和政治代表权问题上不能达成一致，但是大部分巴布亚人认为应与政府保持沟通、走非暴力路径。这一时期的武装动员很少（见第6章）。

假设三：当族群动员目标冲击政府执政目标且族群凝聚力强时，族群动员倾向于采取高暴力制度外方式。

族群动员目标冲击政府执政目标导致的政治空间压缩使族群可以选择的动员方式有限，被迫使用制度外方式的可能性较大。族群凝聚力强会带来更多的成员和支持者，也会增强组织能力、增加物质资源，甚至提升动员目标，有可能使制度外动员方式升级成高暴力方式。

本书有一个案例符合这种情况：1999—2004年，亚齐陆军镇压亚齐市民抗争活动，切断了市民社会通过民主与和平的方式抗争的道路，对市民运动的镇压只为亚齐人民留下了制度外动员的选择。亚齐独立运动组织作为唯一一个具有活动力的族群组织在民众中的支持度快速增长，武装动员水平大幅提升，甚至一度接管了部分地区的政府职能（见第5章）。

假设四：当族群动员目标冲击政府执政目标且族群凝聚力弱时，族群动员倾向于采用无暴力或低暴力制度外方式。

族群动员目标冲击政府执政目标导致政治空间缩小，使族群被迫选择制度外动员方式，但因凝聚力低和组织程度低，难以实施持续的高暴力动员。有武装基础的组织进行分散的低暴力活动。无组织基础的群体在面对外部压力或暴力的时候采用应激性暴力动员。

本书中有四个案例符合假设四：(1) 1998年以前，亚齐独立运动冲击了中央政府的经济和安全利益，政府对其实施过两次军事围剿，组织几乎被剿灭。同时，大部分亚齐民众不认同该组织的分离主义要求，族群凝聚力低。亚齐独立运动获得的本地支持不足，只能靠国外支援勉强维持低

第三章 解释族群动员方式选择的理论框架

强度的军事活动（见第 5 章）。

（2）2008 年前后，大量新建自治区产生的财政压力令中央财政难以承受，中央政府和国会达成统一意见，决定暂停审批新自治区。面对政治空间的突然压缩，多巴—巴达克族精英要求北苏门答腊省议会立即审批通过新建塔帕努里省的申请，他们组织多巴—巴达克族大学生和行动分子攻击了省议会并导致苏北省议长死亡（见第 8 章）。

（3）2003 年以前，地方政府、军队与私人企业勾结并获得多巴湖周边大量的民俗地。在新秩序时期，军队镇压多巴—巴达克族平民声索土地的活动，民众的动员方式表现为应激性的低度暴力。在民主改革初期，虽然中央政府出台了原则上支持土著族群恢复民俗地权益的国家政策，但地方没有出台相应的返还民俗地权益的地方条例，因此地方警署仍然使用镇压的方式应对族群动员，动员的政治空间仍然有限，族群动员方式从和平的示威和请愿被迫退回低暴力动员（见第 7 章）。

（4）1963—1998 年，巴布亚独立组织的抗争方式是零散的武装反抗和分散的国际化，如袭击军警哨岗、绑架从而引起国际关注，破坏国企或国际公司的财产等。相似的情况在 2000 年以后重现，这是因为中央政府不再考虑与巴布亚重新商定特殊自治法的条款，并通过外交手段打击巴布亚分离运动的国际化行为，巴布亚要实现独立目标的政治空间很小，一度销声匿迹的武装动员在近些年有抬头的趋势（见第 6 章）。

综上所述，当族群动员目标不触及政府执政目标时，动员的政治空间较大，这有利于抑制制度外动员方式，使动员向制度内轨道转变。而族群凝聚力是一把"双刃剑"：政治空间大时，凝聚力强的族群更有可能通过制度内、和平的方式解决族群问题，但当政治空间小时，凝聚力强的族群也更容易使暴力升级。

本书的理论框架一半源于政治过程视角，强调动员者采用的方式受决策空间的限制。这个理论框架也回应了对政治过程视角的一般性批判，即政治过程视角有消除族群本体性的倾向，认为族群认同在动员中不起实质作用，而只用于定义动员者的成员资格。本书通过增加"族群凝聚力"变量回应了这种批判。通过分析族群凝聚力弱的若干案例，说明族群不是被任意建构的、空洞的类别符号，族群的集体历史（见新建帕帕克县案例）、宗教信仰（见新建塔帕努里省案例）、土地制度（见多巴湖民俗地运动案例）等族群认同的先赋元素影响族群凝聚力，从而作用于其动员能力，进

印度尼西亚族群动员的政治逻辑(1998—2017)

一步限定了可以选择的动员方式范围。本书的理论框架打破了使用政治过程视角分析印尼族群动员的既往研究的时间局限。既往研究过于关注"紧要关头"或社会契约突然断裂时（1998—2004年民主转型时期）的政治机遇。本书将研究时间向后延伸到2017年，也考察在民主制度基本建构完成后的渐进性制度演变为族群动员提供的政治机遇。

需要说明的是，自变量政府执政目标可能与因变量族群动员方式之间存在一定的内生性问题，出现自变量和因变量二者互为因果的现象。[①] 本书的研究假设意味着政府执政目标可能受到族群动员方式影响，或者二者存在相互影响、循环因果的关系。笔者承认内生性问题可能在一定程度上存在，表现为暴力族群动员刺激国家重新定义其核心利益，继而影响族群动员空间，具体逻辑是：第一，暴力的制度外族群动员方式导致社会秩序不稳定，冲击了哈比比和瓦希德时期恢复社会秩序的政府执政目标，导致梅加瓦蒂支持军队对暴力族群动员进行打击，使动员的政治空间缩小。第二，暴力的制度外动员方式对恢复社会秩序形成障碍，间接阻碍印尼得到国外经济援助和经济秩序的恢复，[②] 冲击了瓦希德时期经济运行正常化的政府执政目标，进而使梅加瓦蒂接任后政府给予族群动员的空间缩小。

然而，之所以说"内生性问题可能在一定程度上存在"，是因为暴力的制度外族群动员不是阻碍社会秩序和经济秩序恢复的唯一原因。在1990—2003年，集体暴力事件在印尼14个省发生了3608起，导致10758人死亡，而同时期的族群—社区暴力发生了599起，导致9612人死亡，[③]可见族群动员不是社会秩序不稳定的唯一原因，不是导致政府执政目标变化的唯一变量。其他影响政府执政目标的重要变量涉及国家政治制度的调整、央地关系、军队与政府的关系等。例如，瓦希德曾主张实行联邦制，以国防部部长为代表的反对者认为联邦制将导致印尼地方的分离主义倾向增长，军队将乘虚而入推翻政权，而当时确实经常有军队计划推翻新政府

---

① King, G., Robert O. Keohane and Sidney Verba, eds, *Designing Social Inquiry: Scientific Inference in Qualitative Research*, Princeton: Princeton University Press, 1994, p. 185.
② 李凌：《印度尼西亚的经济形势和民族团结和解》，《世界经济与政治》2000年第4期。
③ Varshney, A., Rizal Panggabean and Mohammad Zulfan Tadjoeddin, *Patterns of Collective Violence in Indonesia (1990-2003)*, UNSFIR Working Paper-04/03, 2003, p. 36.

的消息传出。① 最终我们看到的结果是梅加瓦蒂继任后将团结统一提升到政府执政目标的首位。因此，族群的暴力动员可能是政府执政目标变化的原因之一，但不是唯一的因素，也很可能不是最重要的因素。

---

① 李凌：《印度尼西亚的经济形势和民族团结和解》，《世界经济与政治》2000 年第 4 期。

第四章

印尼的族群政治

民主化后在印尼复兴的族群动员是在历史的底色上重新描绘的图案。在近期的族群动员过程中,族群成员往往引述族群历史和共同经历作为动员的合法性来源,因此有必要简要梳理印尼族群的概念、结构和族群政治的历史。

第一节 印尼的族群结构

族群起源于传统社会中人们的聚居地、语言、文化的一致性。进入现代社会后,族群的分类添加了经济、历史、政治、宗教等非传统的元素,使族群的划分层次更复杂。在印尼,至少还有政治、国家、宗教、氏族四重因素使族群类型进一步分化。本节以当前北苏门答腊省的族群结构为例说明上述四重因素如何进一步对族群进行细分(见图4.1)。理解印尼的族群结构是理解行动者进行族群身份转化(identity shift)以便于在动员中联合或排斥特定参与者的前提。

印尼只有一个"民族",即印尼民族(bangsa Indonesia)。这是一个超越所有印尼族群(suku bangsa)的被政治建构的概念,成形于20世纪初反殖民的民族主义运动。1928年10月28日在第二届全国青年大会上,与会者宣读了"青年誓言",第二句称"我们印度尼西亚儿女,只承认一个民族,印度尼西亚民族"。1945年印尼独立后,"印度尼西亚民族"的概念在"四五宪法"中得到认可。

在印尼民族的概念之下,族群细分的第一个层次是殖民时代族群政策遗留的政治分隔。荷兰殖民者曾将印尼居民分为三个政治等级:欧洲人为

第四章 印尼的族群政治

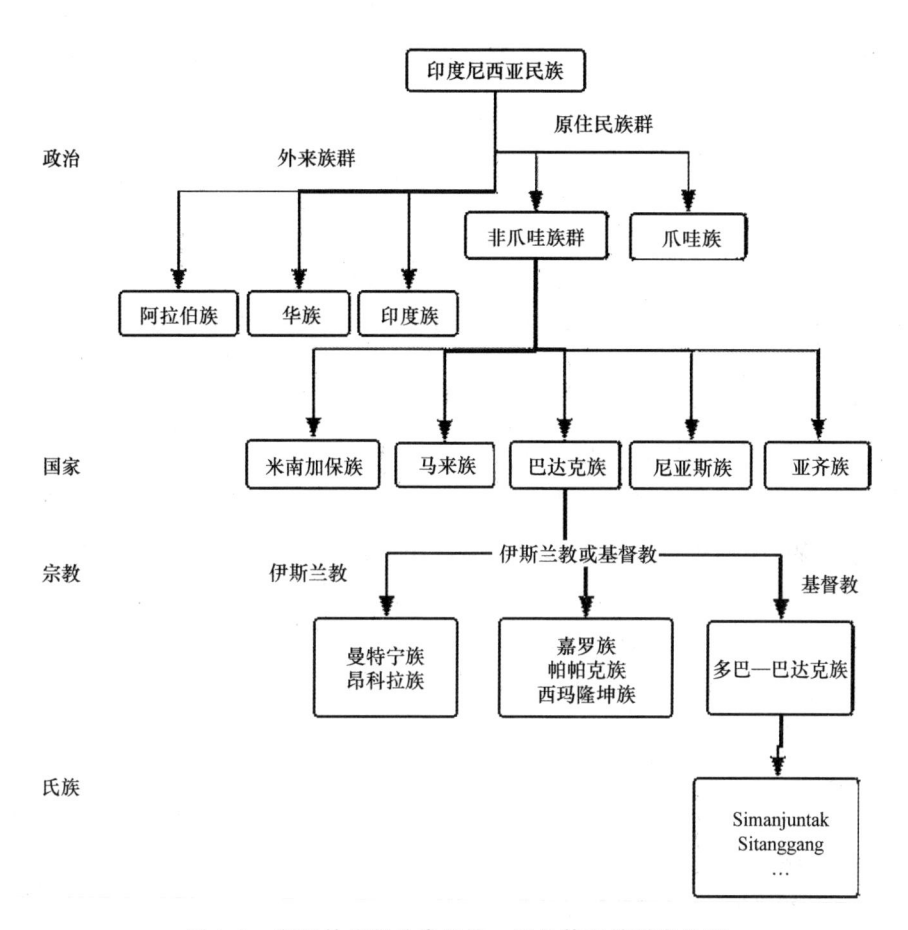

图4.1 印尼的族群分类结构：以北苏门答腊省为例

一等，华人、印度人等东方外国人（Vreemde Oosterlingen）为二等，原住民族群（Inlanders）等级最低。这样的分类是为了明确各个等级的政治、经济和法律权利，从而便于"分而治之"。原住民族群可以使用各自的民俗法，而其他族群适用普通法。其后果之一是族群之间缺乏平等权利，如19世纪80年代到20世纪40年代初的荷属婆罗洲，只有马来、达雅克等原住民族群有权拥有土地，而华族等"外来东方人"则没有土地所有权。①

---

① Peluso, N. and Emily Harwell, "Territory, Custom, and the Cultural Politics of Ethnic War in West Kalimantan, Indonesia", *Violent Environments*, Ed. by Peluso, N. and Michael Watts, Ithaca: Cornell UP, 2001.

印度尼西亚族群动员的政治逻辑(1998—2017)

这种族群分类的安排便于殖民者挑拨离间，使殖民地社会难以凝聚到一起。

外来族群和原住民族群在印尼建国后有融合的趋势，但族群分隔的影响并没有完全消失。建国后第一位总统苏加诺曾极力反对族群的内外二分法，主张族群融合。一些外来族群渐渐被吸纳为原住民族群，如土生阿拉伯人（Arab peranakan）在印尼民族主义发展初期被视为外来族群，但是由于他们信仰伊斯兰教，比较容易与印尼的穆斯林原住民族群融合，因此逐渐不再被视为外来者。①

然而，华族的外来族群身份却增强了。1965年"九·三零"运动之后，许多华人受到清洗印尼共产党运动的牵连，不幸殒命。苏哈托掌权之后，华人在政治上受到系统性歧视。政府对华社推行文化上的全面同化政策，不允许华人庆祝春节、元宵节等民族节日，华语学校被强令关闭，禁止出版华语报纸和书刊，在公共场合不得使用华语，华人必须使用印尼语名字。苏哈托政府宣扬国家经济命脉被少数华人把持的不实论调。在政府的煽动和引导下，原住民和华人之间的矛盾越来越深，为1998年排华事件埋下祸根。

民主化之后，历任总统逐步更正了对外来族群的歧视性政策。② 哈比比签署了1998年第26号总统指示，取消了"原住民"（pribumi）和"非原住民"（non-pribumi）的说法。瓦希德取消了1967年苏哈托颁布的第14号关于华族宗教信仰和习俗的总统指示。苏西洛政府在2008年发布了关于消除人种和族群歧视的第40号法律等。至此，在法理上，外来族群和原住民族群的划分在民主化后的印尼社会中不复存在。然而，在当今印尼的政治舞台和社会生活中，将族群划分为"原生"和"外来"的心态仍然广泛存在，例如2017年上任的雅加达省长阿尼斯·拉希德·巴斯威丹（Anies Rasyid Baswedan）在公开演讲中使用了"原住民"一词，遭到社会各界的批评。③

---

① 戴万平：《印尼族群政治研究：宗教，地域与种族》，博士学位论文，高雄：中山大学中山学术研究所，2003年。
② 印尼历届政府对华人政策详见唐慧《印度尼西亚历届政府华侨华人政策的形成与演变》，世界知识出版社2006年版。
③ BBC Indonesia, Mengapa Istilah "Pribumi" Dalam Pidato Anies Baswedan Memicu Kontroversi? (2017-10-17), url: http://www.bbc.com/indonesia/trensosial-41648172.

第四章　印尼的族群政治

继殖民者对族群进行了政治划分之后，印尼建国后的政治生态又对原住民族群进行了二次划分。爪哇族是印尼第一大族群，也是印尼最有政治影响力的族群。在2010年人口普查中，爪哇族占全国人口的40.22%。自印尼建国以来，爪哇族就掌握了国家的政治命脉。2004年以来实行"一人一票"总统直选，拥有庞大选民基础的爪哇族的政治影响力更为巩固。至今，除了临时接替辞职的苏哈托任总统的哈比比以外，其他印尼历届总统都是爪哇人，甚至在印尼政坛已经形成了不成文的规则——各政党推选的总统候选人一定是爪哇族。爪哇族在政治上的强势地位也反映在国家建设规划中，佐科·维多多之前的历任印尼总统都将爪哇作为发展中心，而忽视外岛发展。

爪哇族在政治和经济中的垄断地位时常令外岛感到不满。在外岛分离主义运动中，以反抗爪哇族统治为名的族群动员屡见不鲜。亚齐独立运动的灵魂人物哈桑·迪罗在著作中将印尼政府称为"爪哇印尼"，[1] 使分离运动的性质成为反抗爪哇族群对亚齐族群压迫的"反内部殖民"运动。[2] 相对爪哇族的优势地位，部分发展水平落后的少数族群被剥夺了成为地方领导人、公务员、军人和警察的工作机会，[3] 经济和社会发展水平远远落后于爪哇族。

族群划分的第二个层次源自国家整合的过程，特别指统计机构为了便于统计和管理族群，在综合了历史、文化、语言等因素的基础上对族群进行识别和认定的过程。人口普查对于民族建构的作用最早出现在本尼迪克特·安德森的论述中，他将人口普查、地图和博物馆并称为三种创造"共同的想象"的机制。[4] 斯科特也指出人口普查是国家将人口标准化、合法化以便于监控和管理的方法。[5]

---

[1] Di Tiro, H., *Masa Depan Politik Dunia Melayu*, Unpublished Manuscript, 1984, p. 1.

[2] Aspinall, E., *Islam and Nation: Separatist Rebellion in Aceh, Indonesia*, Stanford: Stanford University Press, 2009, Chap. 1.

[3] Peluso, N. and Emily Harwell, "Territory, Custom, and the Cultural Politics of Ethnic War in West Kalimantan, Indonesia", *Violent Environments*, Ed. by Peluso N. and Michael Watts. Ithaca: Cornell UP, 2001, p. 93.

[4] Anderson, B., *Imagined Communities: Reflections on the Origin and Spread of Nationalism*, London and NY: Verso, 1991. pp. 163 - 164.

[5] Scott, J., "State Simplification", *Contemporary Political Philosophy: an Anthology*, Ed. by Goodin, R. and Philip Pettit, Oxford, UK: Blackwell, 1997, pp. 26 - 54.

印度尼西亚族群动员的政治逻辑(1998—2017)

　　印尼建国后的人口普查对族群类型的认定基于荷兰殖民政府的分类方式并沿用至今。这种分类法只考虑了语言、习俗、地理等因素的联系和区别，而忽略了族群的主观认同和情感认同。例如，从1930年荷兰殖民政府举行的第一次全国人口普查开始，统计局根据历史渊源和相似的家族结构将北苏门答腊省的帕帕克、多巴、嘉罗、曼特宁、昂科拉和西玛隆坤族识别为巴达克族的亚族群，[①] 然而现实中只有多巴族自认为是巴达克族，其他五个群体均不承认是巴达克族的亚族群，而自称是独立的族群。在2000年和2010年人口普查中，统计局意识到长期沿用的族群分类方式不妥，首次采用了"自我识别"（self-identification）的方法：请受访者填写族群，而不是勾选备选答案。然而在数据分析过程中为了便于整合全国数据，仍然将以上六个族群编码为巴达克族。其他国家机构至今也沿用巴达克族的六个亚族群的分类。

　　族群分类的第三个层次来源于宗教差异。一些族群与所信仰的宗教有大体的对应关系。例如在苏门答腊岛上，爪哇族、马来族、米南加保族、曼特宁族和昂科拉族的绝大多数人信仰伊斯兰教，巴达克族的亚族群多巴族大多信仰基督新教。也有一些族群与宗教没有一一对应关系，如华族大部分人信仰基督教、佛教或孔教，巴达克亚族群嘉罗族、帕帕克族和西玛隆坤族中的一部分人信伊斯兰教、一部分人信基督教，信仰新教的人所占比例比信仰天主教的大。

　　族群分类的最后一个层次是氏族（clan）。巴达克族、安汶族、尼亚斯族等族群都保留父系氏族社会的痕迹，族人拥有姓氏。巴达克族只有几百万人口，不仅延续了姓氏，还保留了整个族群的清晰族谱。哪个姓氏属于哪一支亚族群，祖先是谁，家乡在哪里，全都记录得清清楚楚。姓氏作为明显的家族标志能直接展现出血缘关系，帮助总人口很少的巴达克族避免近亲结婚的风险。姓氏也能让身在异乡的族人一眼识别出同胞，更容易建立起亲近的成员关系。基于同姓氏的亲族和与其他姓氏之间缔结的婚姻关系形成扩大化的家庭，一个家庭即为一个小村落。在族群高度单一的地区，氏族村庄常成为政治动员的基本单位。人们在地方选举中也倾向于投票给自己家族和同姓氏的候选人。

[①] Suryadinata, L., Evi Nurvidya Arifin, and Aris Ananta, *Indonesia's Population: Ethnicity and Religion in a Changing Political Landscape*, Singapore: Institute of Southeast Asian Studies, 2003, p. 48.

政治、国家、宗教和氏族的维度将印尼族群细分成了多种层次。复杂的层次分化正是利用"身份转化"（identity-shifting）策略进行族群政治动员的基础。动员者根据实际需要选择不同层次的族群分类，目的是联合或排斥某些族群。如通过宗教的纽带，爪哇族可以和曼特宁族和昂科拉族联合，而同样作为巴达克亚族群，曼特宁族和多巴族可能因宗教信仰不同而不联合。再如，加里曼丹的达雅克族与华族都作为少数族群在新秩序时期受到国家的政治歧视，相似的政治境遇作为纽带将两个族群的命运联系在一起。达雅克族在1998年排华暴乱期间没有受到挑唆危害华族，而是保护华族。正是因为印尼族群分类层次的多重性，才使得族群间有可能出现复杂的联合和排斥关系。

第二节 印尼族群政治简史

族群是一个基于"他者"的身份识别概念。某群体开始与"他者"群体交往，主动识别两者差异，就是划分族群界限的开始。或者虽然两个群体未曾交往，而是由第三方指出二者的差异，也会形成族群的区分概念。印尼的情况更偏向后者，即西方殖民者（第三方）与各土著群体接触，对后者进行差异识别和归类，在国家行政系统中形成族群划分法，此后国家定义的族群分类法或多或少地影响了原住民群体的族群认同。

族群划分是荷兰殖民者使用"分而治之"（devide et impera）策略管理原住民的基础。在殖民制度构建和疆域拓展期，殖民政府在反抗情绪不强烈的地区使用本地代理人对族群群体实行间接管理，形成了管理成本很低又有效的行政体系。荷兰政府几乎不插手原住民社群的社会生活和社会生活管理规则。殖民者在1848年确立了尊重本地族群习惯法的原则并设立土著法院，虽然原则上刑法仍适用于当地族群。与之相反，华人等属于非原住民族群的"东方侨民"则适用与欧洲人一样的民法，政府还专门针对华人群体制定了规则，如1870年的农业法规定非原住民不能拥有农业土地，华人必须在特定的区域活动，如果到其他地方，需要申请旅行许可。[1] 可见，族群识别对

---

[1] 戴万平：《印尼族群政治研究：宗教，地域与种族》，博士学位论文，高雄：中山大学中山学术研究所，2003年。

印度尼西亚族群动员的政治逻辑(1998—2017)

殖民者而言是一个非常重要的工具性概念。

20世纪以前，族群只存在于殖民者的行政体系中，原住民群体对官方的族群归类并不了解也不认同，他们通过地域、王国和宗教来区分彼此。20世纪以前的反殖民斗争往往以地域、王国或宗教为动员凝聚力，如北苏门答腊省的巴达克战争、马鲁古的帕迪穆拉战争、班加尔战争，还有坚持时间最久的反抗殖民战争——亚齐战争。这些古代的反殖民战争历史在现当代被重新挖掘出来，成为族群叙事的建构和提升族群凝聚力的素材。

20世纪早期的反殖民抗争是基于地区情感的区域性运动，这与之前的农民、乌里玛或传统王公领导的抗荷斗争在思想上并没有什么不同。这种族群性和地区性从20世纪第一个十年出现的民间社团的名字就可以看出——"爪哇青年会""苏门答腊青年同盟""安汶青年会"等。1908年5月20日成立的印尼本土第一个有组织、有领导、有纲领的政治组织"至善社"关心的只是维护爪哇文化和鼓励爪哇人创业。这时期还没有提出印尼民族的概念。

20世纪20—40年代是超越地区身份认同的"印尼民族"概念的形成时期。同在殖民政府管理下的共同命运、除了农民以外的原住民官僚阶层、小资产阶级等新社会阶层的形成、出版业的发展和通用语的传播、初期工业化和城市化带来的族际交流等元素催生了"想象的共同体"，成为"印度尼西亚民族"觉醒的前提条件。印度尼西亚这个产生于19世纪的地理名词在1922年首次被用于政治语境中，哈达在这一年将东印度群岛协会更名为印度尼西亚协会（PI）。1928年10月，印尼民族的概念在巴达维亚举行的青年代表大会中正式形成，会上通过了著名的《青年宣言》，即"一个国家，印度尼西亚；一个民族，印度尼西亚；一种语言，印度尼西亚语"。在提出印尼民族概念之后，一部分反殖民抗争开始以印尼民族作为召集的口号，这种口号在青年抗争运动中使用较多。印尼民族主义得到以印尼中华党（PTI）为代表的一部分华人的支持，但是主要的民族主义团体，如"印尼国民党""新印尼国民党""大印尼党"等都排除非原住民入会，[①] 与华人的合作仅限于与印尼中华党等土生华人组织之间的合作，

---

① Suryadinata, L., *Pribumi Indonesians, the Chinese Minority and China*, Singapore: Heinemann Asia, 1992, pp. 12 - 13.

而不允许华人以个人身份加入民族主义政党。①

与民族主义发展同期,伊斯兰建国运动是另一种反殖民的实践方案,在他们的政治动员方案中排斥非穆斯林群体。1905年在梭罗建立的伊斯兰贸易联盟(SDI)的初期目标是联合穆斯林商人,与华商等被殖民政府允许进入印尼市场的外商竞争。1912年,伊斯兰贸易联盟修改宪章,修改组织名称为伊斯兰联盟(SI),关注的问题不再局限于经济领域,而开始利用宗教进行反殖民社会动员。伊斯兰贸易联盟的初期成员主要是爪哇和马都拉的穆斯林商人,在修改宪章后也对其他地区的穆斯林敞开大门。伊斯兰联盟提出全体荷属东印度的穆斯林是一个民族(bangsa),排斥异教徒,其动员活动经常针对华人等非穆斯林群体。1918年10月31日在中爪哇库杜斯(Kudus)爆发了穆斯林与华人之间关于商业利益的纠纷,在骚乱中许多华人遭到冲击。②

其他的社会元素没有提出全国范围的政治议程。地方的反抗活动仍然延续地方性的老路径。土著新教教徒与殖民主义抗争的方式是从西方教会中分立出独立的、属于某族群信徒的教会,而没有出现要求建立统一的印尼新教会的社会运动。③ 从1928年到1945年独立,民族主义和地方主义同时存在和发展,但显然地方主义没有新生的民族主义发展势头猛烈。

印尼共和国宣布独立后不久遭到荷兰殖民者的反攻。在荷兰的策划下,族群被塑造成为被当地群体清晰感知的概念和动员凝聚力。1945年8月17日,苏加诺宣布印尼共和国独立,标志着民族主义的初步胜利。荷兰反攻回印尼,为了阻挠其形成统一的民族国家,在地方刻意培植族群和地方主义以实现联邦制,对抗统一的印尼共和国。荷兰殖民政府通过加强族群分隔,使族群人口的地理分布边界变成行政分界的方式来塑造联邦制。殖民者建立的西爪哇的帕孙丹州(Pasundan)、马都拉州(Madura)、大达雅克州都是以族群命名的。④ 殖民者在当地培养官员和警察,灌输自

---

① 戴万平:《印尼族群政治研究:宗教,地域与种族》,博士学位论文,高雄:中山大学中山学术研究所,2003年。

② 戴万平:《印尼族群政治研究:宗教,地域与种族》。

③ Simatupang, T., "Cara Berpikir dan Berdiplomasi Orang Batak", *Pemikiran Tentang Batak*, Ed. by Simanjuntak, B. Medan: Pusat Dokumentasi dan Pengkajian Kebudayaan Batak, Universitas HKBP Nommensen, 2011, p. 199.

④ Bertrand, J., *Nationalism and Ethnic Conflict in Indonesia*, Cambridge: Cambridge University Press, 2004, p. 32.

印度尼西亚族群动员的政治逻辑(1998—2017)

治理念,扶植族群政治组织,向族群精英许诺高官厚禄,教唆当地人对抗印尼共和国。

荷兰将族群自治意识成功植入当地社群,20世纪50年代的地方分离运动和叛乱使印尼共和国的统一陷入困境。1950年在荷兰撤出印尼后,大部分曾在荷兰控制下的州同意加入印尼共和国,但安汶和南马鲁古不同意加入。这两地是荷兰人最早占领的殖民地,大部分居民信仰基督教,许多殖民政府的雇佣兵是来自安汶的基督徒。安汶和南马鲁古的反叛行动被印尼国民军在几个月内镇压。坚持时间较长的反叛行动是1948年发起于西爪哇的伊斯兰教国运动。虽然这个行动是为了实现伊斯兰建国目标,但一些参与者的动机具有地方主义色彩,如亚齐、苏门答腊和苏拉威西,他们加入反叛队伍的原因包括中央政府的集权、汇率政策对出口的损害、中央和地方收入分配失调。加里曼丹的达雅克族也趁机进行地方叛乱,要求建立中加里曼丹省。50年代中期,外岛的军官成为地方分离主义的中流砥柱,因为他们不满将军官调离家乡任职的政策,这将切断他们进行走私贸易的渠道。

地区主义和族群主义也体现在1955年大选中。1955年选举是印尼建国后首次立法选举,也是1998年民主化之前唯一一次民主的选举。在这次选举中,族群认同、地方认同和政党偏好之间具有明显的关联。马斯友美党在苏门答腊宣传时,攻击印尼国民党(PNI)是爪哇政党,印尼国民党也攻击马斯友美党是苏门答腊政党。从得票结果也可得出相似的结论:在得票领先的四大政党中,印尼国民党、印尼共产党、伊斯兰教士联合会在爪哇得到的选票分别占其全部得票的82.6%、89%和85.5%,而马斯友美党在爪哇仅得到其全部得票的5.1%。[①]

在中央与地方利益不一致、矛盾尖锐化的背景下,尤其因为地方反叛行动的刺激,中央和地方之间的紧张关系在印尼共和国成立之后一直存在,这体现了爪哇与地方政治文化之间的矛盾:爪哇族偏好建立权力集中的政体,而有长期自治历史的某些外岛地方倾向分权。[②] 针对这一问题的

---

① 戴万平:《印尼族群政治研究:宗教,地域与种族》,博士学位论文,高雄:中山大学中山学术研究所,2003年。

② Kahin, A., *Rebellion to Integration: West Sumatra and the Indonesian Polity, 1926 - 1998*, Amsterdam: Amsterdam University Press, 1999, p. 17.

第四章 印尼的族群政治

纷争导致代表爪哇文化的总统苏加诺与米南加保族的副总统哈达之间的矛盾公开化，作为外岛利益代表的哈达在1956年辞职。此后，中央政府开始收缩权力，打压族群和地方主义。从20世纪50年代中期，苏加诺判断议会民主制度不适合印尼，逐步代之以称为"有领导的民主"（1959—1966）的制度，加强了总统的权力。此前，苏加诺曾允许存在族群政党，如在加里曼丹有达雅克党。然而在50年代后期，苏加诺意识到族群政党的存在会煽动地方主义情绪、危害国家统一，遂下令取缔地方性政党。

苏哈托时期（1968—1998）的族群政策"既无迹可寻又随处可见"。[①] 族群"无处可寻"是因为政府刻意忽视族群问题。所谓族群政策，只是建立国家机构、巩固政权、发展经济等更宏大的计划中的政策副产品。苏哈托政府只颁布了少量针对华族的族群政策，除此以外，他没有特别针对某些族群颁布过政策。苏哈托弘扬民族政策，即以"建国五基"为基础塑造统一的印尼民族，试图抹平族群多样性。这是因为50年代的族群和地方叛乱使苏哈托政府认为族群政治是一种对社会安全和政治稳定有潜在危害的元素，少数族群的文化、宗教、习惯法等因此被冷落，甚至受到压制。

苏哈托政府抑制族群政治的主要手段是通过军队进行武力镇压和发展庇护制度。军区制和军人的"双重职能"令军队对地方基层社会的安全负有直接责任，陆军的武装力量保障族群政治不能浮出水面。有关族群、宗教、种族和社群（在印尼语中简称为SARA）的话题不允许在媒体和社会中公开讨论，这一禁忌至今仍影响着印尼社会。军队还利用手中的资源换取族群精英的忠诚，以维护政治稳定。

在军人政权对社会安全的严格管控下，地方社会自发的族群动员十分罕见。东帝汶、亚齐和伊里安查亚[②]的族群动员是屈指可数的几个案例。1975年印尼入侵东帝汶，此后东帝汶一直受到印尼陆军的严密管制，但当地族群组织民兵，坚持反抗并争取将东帝汶主权问题国际化。1976年，亚齐独立运动组织成立，在1976—1977年、1989—1990年发起了两次武装反抗行动。巴布亚在1969年通过被印尼政府操纵的联合国公投被纳入印尼，以巴布亚独立组织（OPM）为代表的多个小型组织开始进行分离活

[①] Van Klinken, G., "Ethnicity in Indonesia", *Ethnicity in Asia*, Ed. by Mackerras, C., Routledge Curzon, 2003, p. 64.

[②] 伊里安查亚是苏哈托时期对巴布亚的旧称。

动。但这三个地区被视为边缘抗争,没有波及其他地区或给政权稳定性带来重大影响。此外,其他的重要族群动员案件则是苏哈托政权煽动的结果,如 1968 年达雅克族对华族的屠杀。

族群问题"随处可见"是因为苏哈托对不利于其国家发展规划的族群采取刻意忽视和抑制政策,长此以往在少数族群中催生了不满情绪。因为反共、稳定和经济发展是苏哈托政权的三个合法性来源,而中央政府认为少数族群的某些属性对社会稳定和经济发展有害。其一,少数族群的传统社会管理制度容易催生地方主义,不利于国家机构加强对基层社会管控的目标。于是中央政府颁布了 1979 年第 5 号关于村级政府管理的法律,在全国取消传统社会制度管理的民俗村,推行以爪哇村为模板的基层行政单位(desa),[1] 使米南加保族的那加里(Nagari)、亚齐族的干篷(Gampong)、巴达克族的胡塔(Huta)、帕帕克族的库塔(Kuta)等以各自民俗法为基础的基层社会组织都被爪哇村取代。

其二,一些生产水平和教育水平低的少数族群被认为阻碍了现代化进程,他们的文化被官方话语塑造成为"落后的"或"孤立的"文化,如达雅克族文化在政府宣传中成为猎头、巫术、嗜血和万物有灵论的代名词。在学校中,达雅克族的孩子们被灌输了他们的文化和社会传统不值得传承的思想。[2] 达雅克族、巴达克族等族群的轮种制度被政府认为是原始的、土地使用效率低的耕作方式,因此被暂时空置以恢复肥力的土地往往被政府当作无主土地收归国有,改造成利润丰厚的种植园或发展采矿、木材加工等产业。

在系统性的歧视政策下,少数族群的政治和社会地位受到威胁。少数族群在参军、招录公务员、推举议会代表、委任地方长官等共享国家权力、参与制度建设的活动中受到日常的歧视,向高社会阶层流动的渠道狭窄。因此,虽然族群歧视没有以政策的形式呈现,但是对所谓落后族群的歧视行为在政治和经济生活中随处可见,形成了具有普遍意义的社会现实。长期压抑的族群不满情绪成为改革时期族群动员的主要原因。

---

[1] 许利平:《印尼的地方自治:实践与挑战》,《东南亚研究》2010 年第 5 期。
[2] Peluso, N. and Emily Harwell, "Territory, Custom, and the Cultural Politics of Ethnic War in West Kalimantan, Indonesia", *Violent Environments*, Ed. by Peluso, N. and Michael Watts, Ithaca: Cornell UP, 2001, p. 94.

第四章　印尼的族群政治

在所有少数族群中，华族是遭到系统性政治和社会歧视的特例。苏哈托政府对华族实施全面强制性同化政策，通过1966年6月颁布的《关于解决华人问题的基本政策的第37号法令》和1967年颁布的《关于华人宗教信仰和风俗习惯的第14号法令》禁止华人使用华语、举行华人宗教和风俗仪式等文化活动。① 苏哈托政府针对华族设置特殊的歧视政策是因为：一方面，印尼精英对华族的政治忠诚持怀疑态度，认为华族仍然效忠中国，尤其是在印尼建国后刚刚将国籍转变成印尼的华族，被认为支持中国和印尼共产党，是国家的安全隐患。1969年苏哈托政府单方面废除《关于双重国籍的条约》、为华人入籍印尼设置障碍体现了印尼政府对华族的不信任；另一方面，印尼精英认为华人垄断了国家经济。1967年苏哈托在接见记者时公开宣称华人占印尼总人口的3%，却掌握了印尼全国资本的70%。② 这种根深蒂固的偏见和政治宣传使得经济危机到来之时，华族往往成为经济不景气和危害社会公正的替罪羊。在苏哈托执政时期，华人多次遭到暴力攻击。在1965年政变后的印尼共产党大清洗、1974年万隆暴动和1980年的三宝垄暴动中，华人都是首当其冲的受害者。20世纪80—90年代中期由于经济发展情况较好，华人与原住民族群之间关系比较和平。然而从90年代中期到民主转型期间，排华活动卷土重来。1994年北苏门答腊省发生了棉兰暴动，1996年在西爪哇打横（Tasikmalaya）发生穆斯林青年围攻华人教堂的暴动，1998年棉兰、雅加达等城市发生了严重的排华暴乱。据统计，在民主转型时期，印尼发生了大大小小二十多次排华活动。③

20世纪80年代中后期，苏哈托与军队之间的关系出现裂痕，前者对军队的管控能力下降。80年代末期，在亚齐、巴布亚、东帝汶和马鲁古这四个传统的族群分离运动地区，武装反抗活动的趋势加强。90年代中期，小型的族群暴力开始零星出现在全国各地。1995—1996年，爪哇岛上的西都博多（Situbondo）等地开始发生针对非穆斯林宗教活动地点和私有财产的暴力活动。1998年前后，族群暴力一时间出现在全国各地，以加里曼

---

① 汤平山：《从同化政策到多元文化政策——谈印尼政府华侨华人政策的变化》，《当代亚太》2001年第6期。
② 杨阳：《二战后印尼政府的华人政策与华人参政》，《东南学术》2003年第2期。
③ 戴万平：《印尼族群政治研究：宗教、地域与种族》，博士学位论文，高雄：中山大学中山学术研究所，2003年。

印度尼西亚族群动员的政治逻辑(1998—2017)

丹、马鲁古、苏拉威西等少数族群人数较多的外岛最严重。在加里曼丹岛，1996—1997年和2001年分别爆发了达雅克人和马都拉人、马来人和马都拉人的族群暴乱。在马鲁古，1999—2003年的族群冲突升级成为基督徒和穆斯林的宗教战争。① 在苏拉威西，从1998年起基督徒和穆斯林之间发生过若干次暴力冲突。② 同时期，东帝汶、亚齐和巴布亚的独立运动进一步升级。1997—2002年，印尼全境至少一万人死于族群冲突。③ 2003年前后，随着新政治秩序的建立和政府加强对军队和警察的控制，族群暴力案件快速减少。

在新的民主制度下，印尼政府取消了歧视性的族群政策，支持言论自由和结社自由，并通过支持地方自治使族群获得较大的发展空间。族群政治的压力通过新开辟的渠道释放，如地方选举、影响地方议会立法、新建自治区、恢复民俗村等，在外岛形成了一股族群政治和地区主义的复兴趋势。虽然在地方选举等特定时期的族群动员会引发社会安全隐患，但基本上族群动员是和平的。因为财政分权的基本单位落在县级自治区而不是省级，且如非有特殊规定禁止建立地方性族群政党，在民主化后也未出现新的族群分离活动，而原有的分离主义运动只剩下巴布亚没有被完全解决。1999年，东帝汶通过公投脱离印尼。2005年亚齐独立运动组织与印尼政府达成特殊地方自治的协议，不再继续进行分离运动。巴布亚分离主义问题尚未得到解决，但社会秩序基本恢复。

---

① Duncan, C., *Violence and Vengeance: Religious Conflict and its Aftermath in Eastern Indonesia*, Singapore: NUS Press, 2014.
② International Crisis Group, "Indonesia: Violence and Radical Muslims", *ICG Report*, 10 Oct., 2001.
③ Bertrand, J., *Nationalism and Ethnic Conflict in Indonesia*, Cambridge: Cambridge University Press, 2004, p.1.

第五章

亚齐分离主义运动的族群动员[①]

印尼族群分离运动的产生原因与殖民历史的遗留问题有关，但更准确的说法是"二战"后新建立的印度尼西亚共和国在快速现代化过程中产生的新问题。[②] 在威权政府的镇压下，族群分离运动多以低暴力反抗的形式出现。1999年印尼实施地方分权以后，随着地方中心主义的复兴，亚齐、巴布亚、巴厘、马鲁古、廖内等地区的族群分离主义势力有抬头的趋势。[③] 亚齐是其中最特殊的案例，因为其组织程度和武装暴力程度最高，但在2005年亚齐独立运动与政府达成协议，成为唯一一个使用特殊地方自治方式和平解决分离问题的案例。亚齐分离主义动员的方式从低暴力制度外动员转变为高暴力制度外动员，最终以制度内方式和平谢幕，在这一系列转变中，政治空间和族群凝聚力的变化如何塑造了亚齐分离运动的动员方式？

第一节 亚齐分离主义运动的背景

一 亚齐族群身份的产生

亚齐地处苏门答腊岛最北部，是伊斯兰教最早传入印尼的入口之一，

[①] 第五章和第六章部分内容以"分权与族群分离主义：基于印尼的分析"为题目发表在《国际政治科学》2019年第4期。

[②] 张洁：《民族分离与国家认同——关于印尼亚齐民族问题的个案研究》，社会科学文献出版社2012年版。

[③] Gayatri, I., "Nationalism, Democratisation and Primordial Sentiment in Indonesia: Problems of Ethnicity versus Indonesian-ness (the cases of Aceh, Riau, Papua and Bali)", *Journal of Indonesian Social, Sciences and Humanities*, Vol. 3, 2011, pp. 189–203.

印度尼西亚族群动员的政治逻辑（1998—2017）

被称为"麦加走廊"。① 亚齐人在反对荷兰殖民者的斗争中初步产生了通过宗教联结的地区群体意识。在殖民者进入亚齐之时，亚齐社会存在政教合一的苏丹王国，② 世俗地方领主乌略巴朗掌控贸易，宗教长老伊玛目在基层社会管理中起到一定作用，主要涉及信仰和教育领域。③ 1874 年荷兰占领亚齐首府后，宗教长老乌里玛领导了以圣战为名的反殖民运动，使伊斯兰教在亚齐扎根更深。1912 年前后，亚齐在死亡了十万人之后终不敌殖民者，成为荷兰在东印度群岛最后一片被征服的领土。1937 年，乌里玛以"全亚齐伊斯兰学者联盟"（PUSA）为中心兴起了宗教复兴和宗教改革运动，进一步加深了对基层村庄的社会影响力。

在苏加诺、哈达等民族主义者领导的印尼独立运动中，民族主义者坚持马克思主义、伊斯兰教和民族主义三种意识形态可以融合。民族主义者建构的"印尼民族"的概念被亚齐乌里玛阶层接受。1945 年 8 月苏加诺宣布印尼独立，"全亚齐伊斯兰学者联盟"在 10 月 15 日便宣布承认印度尼西亚共和国。亚齐宗教领袖还号召当地人民慷慨解囊，捐赠 50 公斤黄金购买两架飞机赠予共和国政府。1946 年，伊斯兰势力打败了殖民者代理人乌略巴朗阶层，后者遭到监禁或杀害，④ 伊斯兰教势力在亚齐建立了政教合一的政权。直到印尼独立初期，在亚齐尚未产生族群意识，而只出现了以伊斯兰教为基础的地区群体认同。

亚齐在 20 世纪 50 年代的伊斯兰教国地方叛乱中形成了初步的族群概念。1953 年，"全亚齐伊斯兰学者联盟"宣布加入西爪哇的伊斯兰教国运

---

① 许利平：《东南亚伊斯兰极端主义势力及其影响》，《当代亚太》2004 年第 5 期。

② 亚齐地区最早的伊斯兰王国是 9 世纪建立的别里剌（Perlak），该地是一个与印度和阿拉伯商人有贸易往来的海港。该国情况在《爪哇史颂》《马可波罗行记》《元史·世祖本纪》《成宗本纪》《南海志》等文献中均有记载，见荣陈佳、谢方、陆峻岭《古代南海地名汇释》，中华书局 1986 年版，第 1019 页。11—16 世纪统治亚齐地区的是强大的伊斯兰国家须文答剌—巴赛王国（Samudra-Pase），从阿拉伯旅人的游记中发现当时王宫的仪式仍受印度文化影响很大。15 世纪前后，另一个伊斯兰王朝满剌加（马六甲）王国取代了须文答剌—巴赛。1511 年满剌加王朝覆灭，阿里·慕哈耶特·沙（Ali Mughayat Syah）在 1514 年登基成为苏丹，将国名改为亚齐苏丹国（Aceh Darussalam）。1607—1636 年，亚齐在苏丹伊斯坎达·慕达（1607—1636）的治理下达到鼎盛，控制了马六甲海峡两岸的大部分地区。

③ Thaib, L., *Acheh's Case: A Historical Study of the National Movement for the Independence of Acheh-Sumatra*, University of Malaya Press, 2002, pp. 37-44.

④ Thaib, L., *Acheh's Case: A Historical Study of the National Movement for the Independence of Acheh-Sumatra*, pp. 185-193.

第五章 亚齐分离主义运动的族群动员

动。地方叛乱有三方面原因：第一，亚齐的宗教精英不满印尼共和国成为世俗国家。他们反对"潘查希拉"中允许多种宗教信仰存在的"信仰神道"原则，希望在宪法中确立针对穆斯林实施伊斯兰教法的原则。他们更恐惧世俗的共和国对亚齐现有政体和社会风貌有威胁。正如他们担心的，其他族群的移民进入亚齐后，其行为不符合伊斯兰教法的要求，对亚齐社会的道德面貌产生了负面影响。

第二，中央政府背弃了亚齐自治的要求。1949 年在短暂的联邦制下，亚齐成为一个半自治体，"全亚齐伊斯兰学者联盟"领袖达乌德·贝鲁（Teungku Daud Beureueh）被选为省长。1950 年印尼联邦制破产，统一的印尼共和国以节省经费为由按 1948 年的计划将亚齐地区纳入北苏门答腊省，使亚齐失去了半自治权，且从政府文官岗位上撤换掉了许多宗教领袖。亚齐提出本地区在印尼独立斗争中做出了重大贡献，希望维持相对独立的政教合一政体并成立特殊自治省。实际上，亚齐建省的要求在 1949 年 12 月曾被沙弗鲁丁掌握的临时政府代表机构同意，但荷兰第二次警卫行动的危机解除后，恢复了政权的中央政府却拒绝了亚齐建省的要求，亚齐认为中央政府背弃承诺。

第三，中央政府对财政收入分割不公平。1951 年 11 月起，中央政府剥夺了地方的特殊外汇交易协议，使亚齐与新加坡、马来西亚的贸易额一落千丈。[1] 中央政府还统一管理和分配贸易税，为国家赚得大额贸易税的亚齐没有得到转移支付的优惠政策。基于上述三点原因，达乌德·贝鲁在 1953 年宣布参与伊斯兰教国运动并开始武装斗争。中央政府做出妥协，在 1956 年将亚齐划分出北苏门答腊省并单独建立亚齐省。1959 年，中央政府同意亚齐成立在教育、民俗法和宗教方面享有一定自治权的特别行政省。直到 1962 年年末，叛乱才平息。

20 世纪 50 年代的地方叛乱凸显了亚齐的宗教和社会制度与共和国建国原则以及其他地区情况的差异。亚齐人开始将爪哇人、巴达克人等其他族群作为"他者"群体，地区和宗教差异使亚齐族群的概念凸显出来。凯尔认为 50 年代叛乱中形成的亚齐地方性认同在 70 年代被亚齐独立运动重

---

[1] 张洁：《民族分离与国家认同——关于印尼亚齐民族问题的个案研究》，社会科学文献出版社 2012 年版。

拾并发展成为分离运动的思想基础。[①]

20世纪70年代中期哈桑·迪罗创建的亚齐独立运动组织在50年代分离思想的基础上首次完整塑造了亚齐族群概念，并提出脱离印尼共和国、建立独立的民族国家的要求。由于新秩序政府对基层社会和伊斯兰教的严厉管控，乌里玛的政治势力已经衰落，无力领导抗争运动。取而代之的是知识分子领导的以亚齐族群认同为基础的反抗活动。

二 亚齐独立运动产生的原因

亚齐独立运动从建立初期就提出将亚齐从印尼共和国中独立出来的要求，有如下几个原因：

（1）中央和地方收入分配问题。1971年在亚齐发现了油气田，六年后艾伦（Arun）液化天然气工厂开始运营，其收入在1981年达到印尼油气出口总收入的82%，国家财政收入的70%。[②] 然而中央政府实施掠夺性政策，亚齐仅得到有限的转移支付款。1979—1997年，亚齐液化天然气收入45223448美元，但亚齐仅得到其中的0.05%。[③]

（2）本地人与移民的工作机会竞争。苏哈托的国内移民政策鼓励爪哇人和巴厘人迁徙到人口稀少的地区定居，亚齐成为移民目的地之一。移民依法获得政府拨给的土地和安置费，抢占了亚齐本地人的自然资源。另外，亚齐液化天然气工业区的新增就业机会吸引了大量移民，却没有优先解决本地人的失业问题。

（3）经济和社会发展不均衡。亚齐社会整体发展水平落后。北亚齐县是工业集中地区，却有全国最多的贫困村。[④] 油气工业区内的现代化设施和较高的生活水平与周边地区的贫困落后形成鲜明对比，催生了本地人的嫉妒和不满情绪。

（4）对地方主义的抑制。因亚齐有重要的油气资源，中央政府从1974

[①] Kell, T., *The Roots of Acehnese Rebellion, 1989–1992*, Singapore: Equinox Publishing, 2010.

[②] 张洁：《民族分离与国家认同——关于印尼亚齐民族问题的个案研究》，社会科学文献出版社2012年版。

[③] 胡文秀、孟东伟：《发展中国家国内武装冲突终止的条件分析——以印尼亚齐问题的解决为例》，《东南亚研究》2010年第1期。

[④] 刘青云：《印尼"亚齐解放运动"之研究——政治与宗教之分离意识》，硕士学位论文，淡江大学东南亚研究所，2005年。

年起在亚齐安置常驻军，加强社会管理。中央政府委任政治和文化上信得过的外地官员成为亚齐省长和县长，抑制亚齐地方主义发展。

第二节 政治空间小、凝聚力弱：低暴力制度外动员（1976—1998）

1976年成立的亚齐独立运动组织以族群认同为分离运动的动员基础，在1999年以前其思想基础和独立目标没有在亚齐民众中引起共鸣，因此族群凝聚力较低。在苏哈托执政期间，亚齐独立运动组织遭到军队的严厉镇压，组织曾经两次险些覆灭。在狭窄的政治空间中，动员能力很低的行动者们只能进行低强度的暴力活动。

一 政治空间小

在苏哈托统治时期，亚齐分离运动的政治空间很小。因为经济发展是苏哈托政权合法性的最主要来源，而亚齐的油气资源在20世纪70年代成为印尼的主要外汇来源，因此亚齐的安全直接关系到政权稳定和政府执政目标，因此亚齐独立运动在成立之初很快就遭到镇压。

军队对亚齐分离运动实施了两次军事打击，对亚齐的镇压力度远高于对巴布亚分离主义的镇压力度。1977—1982年的军事打击使组织残余成员从城市逃往山区躲避，核心成员流亡国外。1989—1990年第二次军事打击，印尼军队在亚齐设立"军事行动区"（Daerah Operasi Militer），针对反叛组织实施"红网"（Jaring Merah）行动，增调一万五千名士兵进驻，在一年之内基本剿灭了分离组织的残余势力。此后直到1998年，军事行动扩展到为亚齐独立运动提供物资的平民，在平民中营造恐怖气氛。[1] 此外，军队在亚齐进行非法活动、发展军队的经济利益，在镇压反叛活动中侵犯人权。[2] 在亚齐设立军事行动区（1989—1998）期间，印尼军队犯下了严

---

[1] Kell, T., *The Roots of Acehnese Rebellion, 1989–1992*, Ithaca, NY: Cornell Modern Indonesia Project: Southeast Asia Program, Cornell University, 1995, p.74.

[2] Barron, P. and Samuel Clark, *Decentralizing Inequality? Center–periphery Relations, Local Governance, and Conflict in Aceh*, Conflict Prevention & Reconstruction, Social Development Department, The World Bank, 2006.

重的人权罪行，造成10000—26000人死亡，15万—20万人流离失所。①

二 族群凝聚力弱

这个阶段亚齐独立运动凝聚力弱，主要原因是亚齐民众不接受组织的独立目标，次要原因是组织遭到政府持续的军事打击。哈桑·迪罗建立了动员组织——亚齐独立运动并建构了族群认同的叙事，但组织在1979年第一次军事打击后几乎解体，组织在普通民众中的影响力十分有限。在1989—1990年第二次武装斗争失败后，虽然有更多的精英、知识分子和各界群众开始同情亚齐独立运动和其支持者被军队迫害的遭遇，但亚齐独立运动追求独立的政治目标仍没有得到全民接受。亚齐独立运动还不能算是一个能代表全体亚齐人的统一的族群组织。

亚齐独立运动的创始人哈桑·迪罗完成了亚齐分离主义运动的理论塑造。1930年9月4日，他生于一个抗荷英雄后裔的家庭中，属于伊斯兰教学者乌里玛阶层。哈桑曾参与1953年亚齐地方叛乱，当时任"伊斯兰教国运动"在联合国的大使。此后他在美国攻读法学博士学位。1976年他回到亚齐建立了"亚齐独立运动"组织。1979年后他到瑞典流亡直到2010年去世。他撰写了《马来世界政治前景》②和《自由的代价：未完成的日记》③等著作，梳理了亚齐本地人的共同历史和社会经验，将在社会中已存在的地区归属感和群体认同感建构成为"亚齐民族"的概念，否认了印尼共和国政府对亚齐的控制权，为分离运动提供了理论基础。

他的理论建构主要包括以下两方面内容：一方面，将印尼共和国政府定义为爪哇人的政府，否认其对亚齐统治的正当性。哈桑·迪罗否认印尼共和国政府，进而谴责爪哇族对其他族群实行内部殖民，包括输送爪哇移民到其他族群的土地上，剥夺当地人的控制权，剥削外岛的自然资源等。

另一方面，建构亚齐民族概念，阐述建立亚齐民族民主国家的合法性。亚齐民族是通过血缘、宗教和族群定义的。一个真正的亚齐人是其家

---

① *Accountability for Human Rights Violations in Aceh*, Human Rights Watch, Vol. 14, No. 1, Mar. 2002, url: https://www.hrw.org/reports/2002/aceh/index.

② Di Tiro, T., *Masa Depan Politik Dunia Melayu*, Kementerian Penerangan Negara Atjeh Sumatra, 1984.

③ Di Tiro, T., *The Price of Freedom: The Unfinished Diary of Tengku Hasan di Tiro*, National Liberation Front of Acheh Sumatra, 1984.

第五章 亚齐分离主义运动的族群动员

庭在亚齐生活了几代,必须是穆斯林,且是亚齐九个族群之一。[①] 他指出在殖民者到来以前,亚齐已经是独立的民族并建立了国家,[②] 因此殖民者应将亚齐主权还给苏丹,而不是印尼共和国。他重述亚齐在反殖民斗争中的英勇抗争史,强调亚齐对共和国独立的贡献,借此谴责"爪哇外来政权"剥夺亚齐自治权的背信弃义。强调与殖民者的抗争史也有唤起民众的英勇精神以抗争爪哇政府之意图。

在哈桑·迪罗的理论建构中,亚齐民族的概念首次成为社会动员的基础,宗教不再是优先的动员手段,这一点与亚齐在历史上的所有社会动员都不同。1979年,亚齐独立运动的早期成员法乌兹·哈斯比(Fauzi Hasbi)曾劝说哈桑·迪罗在社会动员中加入更多伊斯兰元素,哈桑·迪罗拒绝了他的建议。[③] 金斯贝利从亚齐政治传统角度指出,从苏丹伊斯坎达·慕达(1607—1636)时期起,亚齐苏丹王国在社会治理中展现出原始的民主政治形态,宗教和世俗精英各司其职、相互牵制,政治生活不依赖严格的层级系统,与阿拉伯世界政教合一的苏丹王国有区别。[④] 张洁、莫里斯等学者从功能主义角度指出,亚齐独立运动在20世纪80年代以前的宣传材料中很少出现宗教的内容,宣传的重心是亚齐民族、国内殖民论和民族边缘论。宗教内容是在80年代以后添加的,以便团结亚齐的乌里玛和虔诚的宗教信众。不以宗教为动员基础,在印尼民主化后还有争取西方国家支持的意图。[⑤] 无论真正原因是族群的政治传统还是功能主义考量,亚齐独立运动没有在初期依赖宗教进行动员,因此没能获得大量乌里玛和群众的参与。

"亚齐独立运动"在新秩序时期没有发展成为具有唯一政治代表权的

[①] 亚齐九个族群即 Aceh、Alas、Gayo、Singkil、Tamiang、Kluet、Anek Jamee、Bulolehee 和 Simeuleu,见 Schulze, K., "The Free Aceh Movement (GAM): Anatomy of a Separatist Organization", *East West Center Policy Studies*, Vol. 2, 2004.

[②] Aspinall, E., *Islam and Nation: Separatist Rebellion in Aceh, Indonesia*, Stanford: Stanford University Press, 2009.

[③] 1984年,乌兹·哈斯比与哈桑·迪罗产生路线分歧,离开了亚齐独立运动并建立了亚齐圣战者阵线,见 Kingsbury, D., "The Free Aceh Movement: Islam and Democratisation", *Journal of Contemporary Asia*, Vol. 37, No. 2, 2007, p. 172.

[④] Kingsbury, D., "The Free Aceh Movement: Islam and Democratisation".

[⑤] 在苏哈托时期,亚齐独立运动的军事行动针对西方殖民主义对印尼自然资源的剥削和对苏哈托独裁政权的支持,因此屡次攻击美国在亚齐的液化天然气工厂。

印度尼西亚族群动员的政治逻辑(1998—2017)

统一的族群组织有两个原因。第一，该组织曾经两次遭到军事清缴，险些覆灭。1976—1979年第一次武装斗争后，其核心成员流亡到国外、被监禁或被杀死，普通成员转入地下活动。组织开始与利比亚军事训练营合作，与菲律宾南部摩洛游击队也有合作关系。[1] 20世纪80年代末，亚齐独立运动在大亚齐、比地亚、北亚齐和东亚齐巩固了指挥结构。从利比亚归来的人员在亚齐又招募和培训了数百名成员，大部分是失业和低学历的农村青年男性。[2] 1990年，印尼军队针对反叛组织实施"红网"（Jaring Merah）行动，亚齐独立运动再次受到致命打击。几乎所有领导层成员都躲到马来西亚避难，核心领导结构才没有受到重创，但在亚齐本地的武装指挥部被摧毁。

地理条件是该组织得以存活的重要条件。亚齐山地地形条件适宜游击战和躲藏，军队难以完全剿灭反叛组织，也有利于组织开展游击战。这个先天的优势条件使亚齐独立运动在多次军事行动中免于被斩草除根。例如，1990年10月，经过三个月的大规模镇压后，印尼军队仅仅控制了部分县和城市的市区。[3] 即使在2003年经历了印尼历史上最大规模的军事行动，亚齐独立运动组织仍然没有被完全剿灭。

第二，亚齐独立运动的分离主义和建国目标在当地群众中缺乏共鸣，这是该组织不能成为唯一有政治代表权的统一族群组织的最主要原因。该组织初期的核心成员是70名医生、学者、工程师等知识分子。他们提出的亚齐民族主义概念不被当地民众接受。直到两次叛乱和清缴后，亚齐独立运动的群众根基才有所扩展。这是因为印尼军队的"休克疗法"[4]在亚齐社会中引起广泛的恐惧和愤怒，使更多的人对亚齐独立运动产生同情，亚齐独立运动新招募的成员很多源自在冲突中失去亲人的家庭。

尽管群众基础有所扩展，但在1989年第二次武装叛乱后，大部分亚齐人仍未能接受亚齐独立运动的独立建国的目标。地方宗教精英乌里玛对

---

[1] 武文侠：《印度尼西亚的民族分离主义运动》，《世界民族》2005年第2期。
[2] Barber, R., *Aceh, the Untold Story: An Introduction to the Human Rights Crisis in Aceh*, Bangkok: SCHRA, 2000, pp. 30-31.
[3] 张洁：《民族分离与国家认同——关于印尼亚齐民族问题的个案研究》，社会科学文献出版社2012年版。
[4] 指1989—1998年印尼军队在亚齐设立军事行动区期间对亚齐独立运动组织成员和普通民众进行的镇压和人权侵害。

第五章　亚齐分离主义运动的族群动员

亚齐独立运动持中立和同情态度，认为军队的残酷镇压不人道，希望通过斡旋使双方和解，但是乌里玛不认同亚齐独立运动脱离印尼共和国的政治主张。在第二次武装运动中，亚齐独立运动提出建立以伊斯兰教为基础的国家，吸引了一些乌里玛的支持。然而在苏哈托政权对伊斯兰教的严格管控下，乌里玛的政治势力式微，影响力和动员能力有限。部分知识分子、退休公务员、退伍老兵甚至政府公务员和某些军人也同情亚齐独立运动，但他们也不同意亚齐分离出印尼共和国，而希望实现类似联邦制的地方自治。亚齐独立运动的支持群体数量少，这是他们两次武装斗争都被迅速镇压下去的主要原因。

三　低暴力制度外动员

20世纪70—90年代，亚齐独立运动遭到军队的强力镇压，其政治目标在亚齐社会中没有获得广泛支持，政治空间小且族群凝聚力低。这一时期，亚齐独立运动的动员方式是少部分初期成员领导的武装斗争。

实际上，组织的初期成员全部是知识分子，没有进行武装斗争的准备，他们仅打算进行一些政治宣传活动。然而在1977年中期，政治宣传活动败露，大批成员被军队逮捕，大约二百人的组织被迫转入山地并开始零星的武装暴力、散发传单等活动。他们的武装素质和装备水平很低，在初期只有通过袭击本地安保机构才能抢到武器装备，后来逐渐通过与泰国、缅甸和柬埔寨进行走私活动获得武器。[①] 到1982年，叛乱基本被印尼国民军镇压，创始人哈桑·迪罗流亡到瑞典，一部分成员藏匿在亚齐偏远山区。

亚齐独立运动核心成员流亡国外后开始寻求国外支持。创始人哈桑·迪罗担任了非政府组织"反帝国主义、种族主义、犹太复国主义和法西斯主义委员会"主席。得益于哈桑·迪罗等流亡领导人的努力，组织获得利比亚帮助，在1986—1990年前后派遣约500人[②]到利比亚接受军事训练。[③] 亚齐独立运动还在马来西亚建立了分部，由马来半岛的亚齐同乡提供资金

[①] 武文侠：《印度尼西亚的民族分离主义运动》，《世界民族》2005年第2期。
[②] 这一数字来源于巴布亚独立组织，有向上虚报的可能性。
[③] Kingsbury, D., *Peace in Aceh: A Personal Account of the Helsinki Peace Process*, Jakarta: Equinox Publishing, 2006, p. 9.

支持和避难所。国外的支援为垂死的亚齐独立运动组织打了一剂强心针。

1989年年初，亚齐独立运动恢复武装活动，并将油气工业区的政府组织和安保队伍作为主要进攻对象。虽然通过利比亚的军事训练形成了亚齐独立运动军队（AGAM），武装水平有所提升并招募了更多成员，但动员组织面对正规军队仍不堪一击。1989年中央政府宣布亚齐成为军管区，经过一年的军事打击，在1990年印尼军宣布亚齐独立运动被剿灭。亚齐独立运动残余势力再次撤离到山区躲避。五千余人逃到马来西亚，成立了"独立亚齐办事处"。① 亚齐的军管状态一直维持到苏哈托下台。

第三节 政治空间小、凝聚力强：高暴力制度外动员（1999—2004）

一 政治空间小

1998—1999年，曾有一个短暂的政治空间大、族群凝聚力弱的时期。1998年苏哈托下台后，人协在同年签署的《国民生活安全化与正常化的建设改革关键点作为国家总体方针的人协决议》（X/MPR/1998）中规定当前国家的目标是"应对危机、实现彻底的改革，目标是建设民主的、令人尊重的国家制度、建设法治系统，实现有序的社会秩序"，则建设民主、法治的制度和恢复社会秩序是最重要的目标。为了恢复亚齐的正常社会秩序，哈比比政府于8月7日取消了亚齐的军事戒严并从亚齐撤回陆军特种部队（Kopassus）。军方首领维兰托向亚齐人民道歉。② 在哈比比政府给东帝汶公决独立的权利后，亚齐认为这是一个政治空间扩大的信号，因此也立即要求举行公投。

市民运动成为推动公投的主要动员方式。亚齐人民自发成立了许多非政府组织，如亚齐公决信息中心（SIRA）、亚齐非政府组织联盟（KNGO-HA）、印尼环境论坛（WALHI），更激进的组织如亚齐人民民主抵抗前线（FPDRA）、人民团结学生运动（SMUR）等。1999年11月8日，亚齐地方精英、政府公务员和民众共计150万人在首府班达亚齐集会，要求举行

---

① 马燕冰：《印尼亚齐问题的由来及其发展前景》，《国际资料信息》2000年第4期。
② 马燕冰：《印尼亚齐问题的由来及其发展前景》。

第五章 亚齐分离主义运动的族群动员

全民公决。次年 12 月再次举行了一场 40 万人的示威活动。这一时期亚齐的市民运动达到了顶峰。但是亚齐各市民组织就公投的内容没有达成一致意见，有的要求投票决定离开印尼共和国，也有的要求投票实行联邦体制。

然而政治空间扩大的机遇昙花一现，军队首先开始镇压动员活动。印尼军队不愿放弃其在亚齐的既得利益，更不能接受印尼共和国领土继东帝汶后再次被分割。亚齐驻军私自在 1999 年 1 月发起"权威行动"（Operasi Wibawa），杀害平民。① 军队增强了在亚齐的军事存在，在 2001 年以前，派驻亚齐的军队增加到了约三万人。② 军队迅速摧毁了市民运动组织。在 1999 年 11 月示威举行以前，军队威胁示威者并实施了数次暗杀以阻止示威进行，针对非政府组织成员实施大规模抓捕。许多行动者被拘捕、失踪或遇害，市民组织的动员能力遭到致命打击。

中央政府迫于军队和国会的压力对亚齐分离主义的态度开始强硬。瓦希德在 1999—2000 年曾多次表达对亚齐遭遇的同情并支持亚齐进行公决以获得更大的自治权，并在新政府中设立地方自治国务部长，宣称将逐步走向联邦制，③ 但被人协主席莱斯，国会议长、内政部、外交部等部委以及国会否决，④ 而后迫于军队和其他政治势力的压力甚至拒绝讨论联邦制。瓦希德无力彻查军队在亚齐犯下的人权罪行，令亚齐民众失望。瓦希德执政后期，他与军队关系已经处于破裂的边缘，国会也对他处理国内分离势力的怀柔政策不满，担忧军队乘虚而入和其他地区也反抗中央政府，⑤ 逼迫瓦希德做出妥协。2000 年 5 月，亚齐独立运动与瓦希德政府在日内瓦签署三个月停火协议，并于 9 月延长至 12 月 15 日，但双方都没有按规定执行约定，冲突时有发生。2001 年 1 月再次和谈，结果是同意亚齐独立运动采取和平方式表达政治意愿。这种乐观的趋势却在三个月后被打破，瓦希德在军方压力下亲自下令对亚齐实施军事行动。

---

① Tapol, A Reign of Terror in Aceh, No. 157, *TAPOL*: *The Indonesia Human Rights Campaigns*, Apr. 2000, url: http://vuir.vu.edu.au/25978/1/TAPOL157_compressed.pdf.

② Kingsbury, D., "The Free Aceh Movement: Islam and Democratisation", *Journal of Contemporary Asia*, Vol. 37, No. 2, 2007, p. 171.

③ 马燕冰:《印尼亚齐问题的由来及其发展前景》,《国际资料信息》2000 年第 4 期。

④ 梁敏和:《印尼亚齐问题发展趋势》,《当代亚太》2001 年第 7 期。

⑤ 马燕冰:《印尼亚齐问题的由来及其发展前景》。

印度尼西亚族群动员的政治逻辑（1998—2017）

梅加瓦蒂的政策看似对亚齐做出了一定妥协，实则没有触及问题本质。在双方不能达成一致之后，政府对亚齐实施严酷的军事镇压。2001年8月梅加瓦蒂成为总统后，立即颁布了第18号亚齐自治邦法令，重新分配中央和亚齐的自然资源收入比例，给予亚齐宗教和教育领域的自治权，在亚齐实行地方民主选举，并从2002年1月1日起在亚齐实行伊斯兰法。亚齐独立运动和亚齐民众认为这项法令没有触及问题核心，拒绝接受雅加达的安排，所以这项法律从来没有真正实施过。①

亚齐拒绝2001年地方自治法令的原因有三方面。第一，当时亚齐独立运动对亚齐地区的控制力达到成立以来的巅峰，又获得市民社会的委托和实质性授权代表亚齐人抗争，在国际上获得支持和同情，仍具备争取独立的资本。

第二，更重要的原因是雅加达提出的方案缺乏与亚齐人民的民主商议，是单方面的一厢情愿。其解决方案又充满形式主义色彩，当时亚齐问题已经不似20世纪70年代仅仅有关自然资源收入分配和社会管理权那么简单了，反而这两个问题已经退居次要地位，更尖锐的问题是如何保障亚齐未来的民主政治权利、人权和社会安全，而雅加达在特殊自治法案中没有针对上述问题提出解决方案。

第三，亚齐独立运动反对雅加达强制要求在亚齐实施伊斯兰教法。亚齐独立运动提出，该组织斗争的目标是民族独立而不是宗教问题，雅加达的做法是为了将亚齐独立运动宣传成为一个宗教极端组织。亚齐独立运动在马来西亚的领导人穆罕默德·努尔·居里（Muhammad Nur Djuli）说，"即使亚齐人民接受伊斯兰法，也应该是亚齐人民通过公开投票决定的"。②不属于亚齐独立运动成员的乌里玛虽然欢迎在亚齐实施伊斯兰法，但他们不接受与雅加达合作的宗教组织强加的教法规定，因为与亚齐的风俗习惯有所不同。印尼现代派穆斯林尊崇的保守教法与长久以来在亚齐施行的教法有差异，如在离婚的问题上，在保守教法中，丈夫三次口头要求离婚即完成离婚仪式，而在亚齐不能这样做。简言之，亚齐各界要求的不仅仅是自治，而是在广泛协商基础上的充分自治。

---

① Schulze, K., "The Free Aceh Movement (GAM): Anatomy of a Separatist Organization", *East West Center Policy Studies*, Vol. 2, 2004, p. 55.

② Kingsbury, D., "The Free Aceh Movement: Islam and Democratisation", *Journal of Contemporary Asia*, Vol. 37, No. 2, 2007, p. 166.

第五章　亚齐分离主义运动的族群动员

地方自治法案宣告失败后，梅加瓦蒂政府与亚齐独立运动协商停火也失败，于是转向军事打击。2002年4月，中央政府与亚齐独立运动谈判并在12月签订和平协定（CoHA）。2003年1月，印尼政府按约定解除亚齐独立运动的武装，却造成双方流血冲突。5月双方的东京和谈亦告失败。梅加瓦蒂在2003年5月19日下令进行印尼历史上最大规模的军事行动，向亚齐输送约六万名士兵和民兵，并在亚齐实行一年的军事戒严。[①] 据估计，1998—2002年每年在亚齐有一千多人被杀，而在2003年5月开始大规模军事行动后的一年内，约有两千人死于军事行动中。[②] 在2003—2004年的军事戒严时期，亚齐独立运动的战斗能力被严重削弱。据统计，亚齐独立运动成员有1963名死亡，2100名被抓捕，1276名投降。军队使用坚壁清野战术，使反抗组织得不到人员和物资的补给。[③] 军事戒严期间，国外非政府组织和国外媒体禁止进入亚齐。信息渠道不流畅使组织损失了大量媒体和国外组织的关注，使亚齐处于被孤立状态。在2004年5月军事戒严期之后，驻军的数量没有减少，军事行动仍然继续。

其他国家对印尼在2003—2004年的军事行动采取默许的态度，减轻了印尼政府压缩亚齐动员空间的压力。西方国家不希望在此地再出现一个伊斯兰国。东盟国家担心亚齐独立会引发多米诺效应，使本地区民族问题爆发。[④] 美国在亚齐有直接投资，利益相关。瓦希德访美期间，克林顿政府向其保证支持印尼领土完整。2001年瓦希德出访中东，中东国家也做出同样表态。[⑤] 日本也对瓦希德做出了不支持亚齐独立的保证。[⑥]

二　族群凝聚力强

在"改革时期"（Reformasi）的初期，市民社会组织分散，族群凝聚

---

① 2003年5月19日，梅加瓦蒂宣布在亚齐进行为时六个月的军事戒严，11月期满时，政府将军事戒严期延长了六个月。

② Amnesty International, Indonesia: Human Rights Sacrificed to Security in NAD (Aceh), *Amnesty International Report*, Nov. 2004, url: https://reliefweb.int/report/indonesia/indonesia-human-rights-sacrificed-security-nad-aceh.

③ 张洁：《民族分离与国家认同——关于印尼亚齐民族问题的个案研究》，社会科学文献出版社2012年版。

④ 高金明：《印尼亚齐民族分离运动的原因及特点探讨（1966—2003）》，《东南亚研究》2005年第2期。

⑤ 梁敏和：《印尼亚齐问题发展趋势》，《当代亚太》2001年第7期。

⑥ 马燕冰：《印尼亚齐问题的由来及其发展前景》，《国际资料信息》2000年第4期。

印度尼西亚族群动员的政治逻辑(1998—2017)

力弱。一些政治精英和学生组织没有立即接受民族独立的目标，他们认为联邦制和地区自治是更好的方式，而比较激进的组织坚持公投脱离印尼。这些组织虽然一起参加游行示威的活动，但是他们之间存在政治目标不统一的问题。然而在矛盾尚未爆发出来的时候，这些市民组织就遭到了军队的打击。

在与印尼政府的交涉中，亚齐人认为政府没有回应他们的政治诉求的诚意，而且亚齐平民仍在经历接连不断的军事镇压。亚齐人民逐渐达成从印尼共和国中分离的共识，参与亚齐独立运动的成员数量也迅速增加。到瓦希德执政后期，随着其他本地抗争势力被削弱，亚齐独立运动的武装反抗、与政府谈判和在国际上发声等行动愈发获得本地社会的关注和支持，亚齐独立运动在实际意义上获得了全体亚齐民众的政治授权。与瓦希德和梅加瓦蒂政府的谈判确立了亚齐独立运动作为与印尼共和国对等的、代表亚齐的谈判主体。亚齐独立运动还扫清了内部的派系分歧，成了统一的族群组织。

军队犯下的罪行令亚齐人极为愤怒，他们寄希望于新的民主政府。苏哈托下台后，亚齐学生建立的亚齐人权联盟（Koalisi NGO HAM Aceh）公开了大量亚齐人权案件却久久得不到中央政府的回应。学生在失望的情绪下，其政治诉求从地方自治，变为实行联邦制，再到要求公决独立。[1] 宗教精英也开始支持独立诉求。1999年9月，亚齐乌里玛委员会下达了支持亚齐公决的决议。亚齐各界的政治诉求与亚齐独立运动渐趋一致。但此时，市民组织还不能完全认同亚齐独立运动的武装动员方式，亚齐独立运动较封闭的组织结构也阻碍了市民组织与亚齐独立运动的合作。[2] 公众认为非暴力的市民运动更有希望达成独立目标。

在军人实施对市民组织的打击后，许多市民领袖被折磨、拘捕或杀害。截至2002年，市民运动已经基本被扑灭，亚齐人只能将希望寄托在仅存的亚齐独立运动组织身上，"作为一个建立于普通民众的善意期待之

---

[1] Aspinall, E., "The 1999 General Election in Aceh", *Pemilu*: *The 1999 Indonesian Election*, Ed. by Susan Blackburn, Victor: Monash Asia Institute, 1999, pp. 29 – 42.

[2] Barber, R., *Aceh, the Untold Story*: *An Introduction to the Human Rights Crisis in Aceh*, Bangkok: SCHRA, 2000, p. 63.

上的游击队组织，亚齐独立运动获得了某种合法性而不被视为压迫组织"。①亚齐人民在事实上赋予了亚齐独立运动代表亚齐的合法性。瓦希德政府邀请亚齐独立运动和谈进一步确立了亚齐独立运动作为印尼政府对等主体的地位。

面对向政府妥协还是坚持独立的岔路，亚齐独立运动内部出现了意见分歧，但及时扫清了内部分歧。1987年，亚齐独立运动分化出了一个少数派系，即流亡在马来西亚的胡赛尼·哈桑（Husaini Hasan）建立的"亚齐独立运动管理委员会"（MP-GAM），但组织分裂未被公开。作为组织头号人物的哈桑·迪罗派主张用武力对抗中央政府。1999年，哈桑·迪罗身体状况恶化，组织出现了领导权继承问题，长期以来的分裂才被公开。当时，"亚齐独立运动管理委员会"由秘书长丹·祖法力（Teungku Don Zulfari）领导。祖法力从1981年起在马来西亚流亡。2000年6月，祖法力在与瓦希德总统通电话后不久在马来西亚被暗杀。"亚齐独立运动管理委员会"认为是哈桑·迪罗派系所为，亚齐独立运动将责任推给印尼军方。无论究竟是谁所为，此后"亚齐独立运动管理委员会"销声匿迹，②以创始人哈桑·迪罗为首领的亚齐独立运动流亡政府巩固了领导权。

三 高暴力制度外动员

苏哈托下台后，亚齐独立运动恢复了针对政府机关和军队的武装斗争，其势力迅速扩展，鼎盛时期控制了亚齐几乎一半地区，在控制区内代替政府机构实现社会治理。在此期间，亚齐独立运动虽然开始与政府对话并签署了停火协议，但这仅是为了吸引国际注意力并为军事化提供时间机遇，亚齐独立运动在停火期间仍扩张军事力量。亚齐独立运动还通过袭击外国公司吸引外国政府的注意力，向印尼政府施压。

当市民组织被消灭，亚齐独立运动成为唯一活跃的动员组织之后，它的资源水平和武装能力均显著提升。亚齐独立运动的活动资金大部分来自控制区的"国家税"（pajak nanggroe）。国家税的征收面对全体社会元素，包括个人所得税、项目税、节假日税、宗教税等，税率的制定标准缺乏合

---

① Kingsbury, D., *Peace in Aceh: A Personal Account of the Helsinki Peace Process*, Jakarta: Equinox Publishing, 2006, p. 10.
② Fernandes, C., *Hot Spot: Asia and Oceania*, ABC-CLIO, 2008, p. 98.

印度尼西亚族群动员的政治逻辑(1998—2017)

理和固定的标准,对华人和爪哇人征税税率更高。组织成员有时会直接向被控制的村庄索要买武器的费用。绑架和抢劫等犯罪活动也补充了组织的资金来源。[1] 其余的资金来自马来西亚等地的亚齐移民捐赠。据估计,海外亚齐人约有一万人,集中在马来西亚、澳大利亚、瑞典、荷兰等国。其中,马来西亚的亚齐人占 1/5 到 1/3。[2]

在亚齐人民的支持下,亚齐独立运动的武装程度有显著提升。截至 2001 年,亚齐独立运动成立了 17 个根据地,每个根据地有 7 个司令部,建成了一支 17000 人的军队,在 60 个国家设有代表处。[3] 截至 2004 年 3 月,亚齐独立运动领导下的武装组织共 9 个,这些武装组织的领导有商人、公务员、基层领导、政客等。武装组织与驻军中的亚齐籍士兵有私下合作,包括 0101/Abes、0102/Pidie、0103/Aut、0104/Atim、0105/Abar、0106/Ateng、0107/Aselm、0108/Agra 和北苏门答腊省冷吉县的驻军,武装组织从军队手中获得武器装备。[4] 2003 年 11 月,领导人之一马利克·马赫穆德(Malik Mahmud)声称组织花费了 1000 万美元用于购买武器。[5]

亚齐独立运动在势力稳固的地区进行政治活动和代替政府进行社会管理。1999 年 6 月,亚齐独立运动在其控制区北亚齐和比地亚阻止了全国大选。组织在全盛时期一度控制了亚齐 70%—80% 的地区。2001 年 6 月,该组织控制了约 80% 的农村。[6] 在控制区,亚齐独立运动组织完全代替了政府的功能,管理教育、医疗、宗教和基础设施等。[7]

值得注意的是,亚齐独立运动在瓦希德执政时期开始与政府进行停火谈判,但这并不意味着组织打算走制度内路径与政府讲和。亚齐独立运动

---

[1] Schulze, K., "The Free Aceh Movement (GAM): Anatomy of a Separatist Organization", *East West Center Policy Studies*, Vol. 2, 2004, p. 24.

[2] Gunaratna, R., "GAM's External Support Network", *Jane's Intelligence*, Jan. 2001.

[3] 张洁:《民族分离与国家认同——关于印尼亚齐民族问题的个案研究》,社会科学文献出版社 2012 年版。

[4] Kingsbury, D., *Peace in Aceh: A Personal Account of the Helsinki Peace Process*, Jakarta: Equinox Publishing, 2006, p. 12.

[5] Tempo, "Wawancara Menteri Negara GAM, Malik Mahmud al - Haytar: 'Kami Belum Kalah'", *Majalah Tempo*, 16 Nov 2003.

[6] International Crisis Group, "Aceh: Why Military Force Won't Bring Lasting Peace", *ICG Report*, 12 Jun 2001, p. 5.

[7] Schulze, K., "The Free Aceh Movement (GAM): Anatomy of a Separatist Organization", p. 2.

在瓦希德和梅加瓦蒂任职期间都签署过停火协议,但没有遵守协议。舒尔茨认为在与瓦希德和梅加瓦蒂政府的和谈中,亚齐独立运动的独立目标从没有动摇过,和谈只是为了增加国际曝光,争取国际组织的同情和对印尼政府的压力。在停火期间,亚齐独立运动扩大了成员和武器数量,并抓住每一个机会向亚齐人民宣扬独立。[1]

在武装斗争以外,亚齐独立运动开始探索通过国际化实现独立的道路。他们采取了三种国际化方式:(1)攻击外资公司。亚齐独立运动在1999年攻击美国埃克森美孚公司控股的艾伦液化石油气工厂,使其停产,迫使美国和购买其产品的日本和韩国表达对亚齐形势的关切,给印尼政府压力。

(2)吸引国际媒体目光。随着亚齐独立运动与印尼政府的冲突升级,媒体和国际组织增强了对亚齐问题的关注,形成了对印尼政府的监督压力。印尼军队在亚齐侵犯人权的暴行被国内外媒体曝光出来,亚齐的人权问题得到其他国家的同情和关注。美国、澳大利亚、日本、联合国和东盟虽然采取不干涉内政的态度,但在人权问题上向印尼施加压力,希望亚齐问题早日和平解决。

(3)在与印尼政府的谈判中坚持有第三方国际组织在场。从第一次与雅加达正式接触开始,亚齐独立运动坚持和谈必须有第三方国际组织在场,如1999年与瓦希德和谈的中间人是亨利·杜南人道主义对话中心,并坚持将每一次和谈的内容向国际社会公开。另外,亚齐独立运动为了避免被贴上恐怖主义标签而疏远了利比亚。

第四节 政治空间大、凝聚力强: 制度内动员(2005)

苏西洛总统执政后将解决亚齐问题作为头等重要的任务。在2004年年末,亚齐独立运动已经透露了放弃独立、进行和谈的信号,印尼政府也给予了积极回应。2004年12月,印度洋海啸袭击亚齐,使12万人丧生、

---

[1] Schulze, K., "The Free Aceh Movement (GAM): Anatomy of a Separatist Organization", *East West Center Policy Studies*, Vol. 2, 2004, p. 51.

印度尼西亚族群动员的政治逻辑(1998—2017)

50万人流离失所。印尼政府和亚齐独立运动都期望立即结束冲突、加速救灾,海啸成为加速双方和谈的客观因素。经过7个月的谈判,双方签订了特殊的地区自治法案,亚齐独立运动组织结束了分离运动。

一 政治空间大

苏西洛拓宽与亚齐协商和解的政治空间最重要的原因是他与独立组织接触后发现后者有放弃分离的想法,以此为基础的协商将不挑战《关于印尼未来愿景的人协决议2001—2020(VII/MPR/2001)》规定的"团结统一"的首要目标。2004年10月苏西洛当选总统后立即着手与亚齐独立组织谈判。苏西洛在任梅加瓦蒂内阁的政治和安全统筹部部长时已经参加过与亚齐独立运动的谈判。他继任总统后派出副总统尤素福·卡拉负责联络谈判。派出尤素福·卡拉负责谈判是因为卡拉来自苏拉威西而不是爪哇。与亚齐情况相似,苏拉威西也曾参与20世纪50年代的伊斯兰教国运动。安排卡拉负责是为了减少亚齐独立运动的敌对情绪,显示出政府的真诚态度。在2004年12月24日海啸前的两天,危机管理倡议组织(CMI)向印尼政府和亚齐独立运动发送了和谈的正式邀请。

印尼政府虽然有绝对的军事优势可以继续压制亚齐独立运动,但这不是最优选择。首先,印尼军队已经在对付亚齐独立运动上耗费了太多经费,而且继续让陆军在亚齐逍遥法外会阻碍苏西洛的军队职业化改革。其次,印度洋海啸造成严重损失。如果不尽快和解,亚齐的灾后重建将不能顺利进行,社会安全会更加恶化。更何况,印尼政府也面对广泛的国际压力。在第二轮和谈期间,澳大利亚、日本、马来西亚、新加坡、瑞典、英国和美国大使重申他们希望看到亚齐独立运动与印尼政府商议和解,并保持印尼领土完整的结果。

在各方面的压力下,印尼政府做出巨大的政治让步。在和谈中,亚齐独立组织提出必须允许亚齐建立地方政党,否则他们将退出和谈。经过激烈的讨论,国会终于同意亚齐建立地方政党,扫清了谈判的最大困难。

二 族群凝聚力强

在和谈期间,亚齐独立运动与亚齐各主要市民组织磋商,后者以书面形式授予亚齐独立运动代表亚齐人民与政府协商的权利,强化了亚齐独立运动代表亚齐全民做决定的政治合法性。亚齐独立运动在谈判过程中吸收

第五章　亚齐分离主义运动的族群动员

了市民组织和普通民众的意见，使他们中的强硬派不再坚持独立是唯一的选择。

在和谈过程中，亚齐独立运动获得了其他市民组织的书面政治授权。关于独立后要建立一个怎样的国家，亚齐独立运动在2000年之后才开始思考这个问题，尤其关于财政上的安排，直到赫尔辛基和谈的时候才开始认真考虑，因此亚齐独立运动急需其他亚齐市民组织提供建议，也需要市民组织正式授权它与政府达成协议。

2005年5月23—24日在第三轮会议结束后，亚齐独立运动与亚齐市民组织代表商议了有关特殊自治的具体条款。市民组织代表在5月24日撰写了一封声明，其中第三条赋予亚齐独立运动正式代表权，"要求亚齐独立运动继续保持一贯态度，优先与印尼共和国政府和平对话，为亚齐冲突找到解决方案"。对此，亚齐独立运动在24日的声明中回复，"亚齐独立运动在赫尔辛基和平进程中被亚齐市民社会的支持所鼓舞"。

第二次亚齐独立运动与市民组织的协商会议在7月9—10日召开。亚齐公决信息中心（SIRA）等组织在得知不能进行公决后表示遗憾但表示接受亚齐独立运动继续进行关于自治的谈判。亚齐独立运动在10日的声明中再次写到，"在亚齐独立运动与亚齐市民组织的会议上，亚齐独立运动再次承诺通过协商达成和平，为亚齐提供真正的民主结果"。[①]

与政府和解是海啸后广大亚齐群众的愿望，亚齐独立运动组织的内部变革也为顺应民意提供了有利条件。作为代表亚齐全体民众意愿的政治组织，亚齐独立运动不仅仅考虑自身的存亡，也要考虑全体亚齐人的福祉。海啸后，普通民众的关注点从政治转移到救灾和重建上，亚齐独立运动随即宣布单方面停火。许多穆斯林群众认为大洪水是真主对亚齐的惩罚，他们反思自己的行为，不希望亚齐独立组织再与政府武装对抗使更多平民死亡。恰好亚齐独立运动组织内部的立场也出现了松动。一直以来负责与政府谈判的流亡政府比在亚齐的指挥中心更坚定支持独立，但在2005年前期，流亡政府的核心人物哈桑·迪罗病情加重、无法继续参与谈判，这为组织在谈判中提供了妥协的空间。

[①] Kingsbury, D., *Peace in Aceh: A Personal Account of the Helsinki Peace Process*, Jakarta: Equinox Publishing, 2006, p. 94.

三 制度内动员

2005年年初,亚齐独立运动主动接受了和谈邀请。谈判双方都做出了巨大的妥协:亚齐独立运动放弃了独立目标,接受在特殊地方自治的框架下协商;印尼政府和议会也在亚齐建立地方政党的要求上做出了妥协。经过五轮会谈,在2005年8月15日双方签署《赫尔辛基协定》,结束了亚齐分离运动。

对和谈成功的结果有两个竞争性解释,一是2004年年末的海啸摧毁了亚齐独立运动的组织能力,二是2003—2004年的军事打击摧毁了亚齐独立运动的组织能力,使其丧失了争取独立的筹码,笔者认为这两个竞争性解释不是亚齐独立运动选择制度内方式的必要条件,而只是加速了组织的妥协。第一,在海啸发生以前,从苏西洛接任总统并立即发出和谈信号起,亚齐独立运动已经在考虑放弃独立目标、与政府和解。根据亚齐独立运动方和谈助理达闽·金斯贝利的记录,在2004年10月与亚齐独立运动领导人的私下沟通中,领导层已经在考虑除了独立以外的其他解决方式,[1]而海啸的打击使组织更快下定和解的决心。

第二,军事打击摧毁动员组织武装能力也无法单独解释和解。亚齐独立运动曾经历三次军事打击和十年军管期,但从来没有被彻底消灭过。这是因为它的核心领导集体和资金支持都在国外,即使组织在亚齐的军事存在被削弱,其组织结构和资金仍然毫发无伤。即便在经历了梅加瓦蒂时期严厉的军事镇压和海啸的打击后,亚齐独立运动在和谈期间仍保留装备1300支,活跃成员四千余人,[2]他们的组织和武装能力没有被完全摧毁。在谈判期间,亚齐独立运动没有毫无条件地乞求和解,而向印尼政府提出只有允许建立亚齐地方政党,才考虑放弃独立目标,可见他们仍手握一定的谈判筹码,对和谈不成功有心理准备。

简言之,亚齐与政府达成和解是多方面有利因素促成的,包括海啸和军事打击,但这些因素都不是必要条件。而苏西洛主动要求和谈,并与国会协调做出允许建立亚齐地方政党的关键政策妥协才是亚齐独立运动组织

---

[1] Kingsbury, D., *Peace in Aceh: A Personal Account of the Helsinki Peace Process*, Jakarta: Equinox Publishing, 2006, p. 20.

[2] Kingsbury, D., *Peace in Aceh: A Personal Account of the Helsinki Peace Process*, p. xi.

同意走制度内路径的最重要的前提条件。亚齐独立运动在和谈期间获得其他亚齐社会组织的书面政治授权使该组织做出的选择具有合法性。政治空间大和族群凝聚力强是以制度内方式解决亚齐分离运动两个不可或缺的必要因素。

第五节 小结

亚齐的案例中,在政治空间和族群凝聚力两个变量的共同作用下,在三个发展阶段亚齐独立运动选择了三种动员方式。

新秩序时期,亚齐独立运动的反叛针对该地区的对外出口油气工业区,直接挑战了苏哈托政权追求社会稳定和整体经济快速发展的核心利益,遭到军队的严厉镇压。该组织提出的独立目标和武装抗争的动员方式未能得到亚齐民众的普遍认可,其组织能力和武装能力都较低。经过两次军队打击和长达十年的军管统治,亚齐独立运动只能在偏远地区进行低强度的暴力反抗。

在民主化转型期,印尼陆军对亚齐的市民运动和武装运动进行无差别镇压。主张对亚齐采取强硬措施的军队和精英的意见最终主导了国会的态度,瓦希德后期和梅加瓦蒂都对亚齐采取强硬政策。在严厉的镇压下,亚齐独立运动成为唯一一个动员能力尚存的组织,它的独立目标得到大多数亚齐民众的支持,其武装能力和实际控制区域在2002—2003年上半年达到顶峰。

苏西洛上台后主动向分离组织伸出橄榄枝,以不挑战国家统一作为底线做出实质性政治妥协,允许亚齐最广泛的地方自治,其中包括同意建立地方政党。在谈判过程中,亚齐独立运动得到亚齐诸市民组织的书面政治授权,成为亚齐的唯一合法政治代表,为与政府达成和解提供了必要条件。

亚齐案例说明,当制度提供解决方案、政治空间较大时,族群的凝聚力强有助于在制度内解决族群问题,这是因为明确的政治代表权是协商和执行协议的必要条件。然而,如果政治环境禁止讨论族群问题、限制族群的动员活动,那么凝聚力更强的族群更有可能走上暴力动员的道路。

族群凝聚力从何而来?亚齐的族群凝聚力不是天然存在的。亚齐独立运动对"亚齐民族"的历史梳理和理论建构是族群凝聚力的基础，但这个概念直到民主改革之后才推广开来。印尼军队对地方动员的镇压，印尼政府放任军队侵犯人权、支持军队武力升级造成的集体创伤记忆才是"亚齐民族"被普通民众广泛认可的决定性因素。

族群凝聚力的提升不是不可逆的过程。如第四章所言，族群不是一个静止的、固定的类型。印尼的族群结构具有多层次的分化方式，形成动员中身份转化的基础。而制度的设计和调整会引入新的资源和激励机制，使个体重新审视和决定是否被动员和动员哪个族群身份。关于制度调整、族群身份转化和族群凝聚力的变化的关系，第六章巴布亚案例提供了更丰富的分析素材。

第六章

巴布亚独立运动的族群动员

巴布亚独立运动既是殖民制度的历史遗留问题，也是印尼国家现代化中的新问题。巴布亚独立思想萌芽于20世纪50年代荷兰在巴布亚殖民区扶植的自治运动。分离出印尼的社会动员源于冷战背景下反映美国利益的联合国对荷属东印度巴布亚殖民地的不当处置。巴布亚在1969年归入印尼之后，苏哈托政府对巴布亚实行族群歧视和经济掠夺政策，当地人长期遭受严格的军事管制和严重的人权侵犯。在这样的背景下，巴布亚独立思潮在50年代萌芽，独立活动自60年代开始发展，在印尼民主化后不久迎来独立运动的高峰期，直到今天独立运动仍然存在并演化出了新的斗争方法，在国际上具有一定影响力。

近年来巴布亚独立组织主导的暴力活动从针对警察和军队扩展到针对平民，有恐怖主义化趋势。例如，2017年8—11月，巴布亚独立组织进行了多起针对平民和安保部门的袭击。2018年12月，该组织枪杀了三十余名工人并袭击了军队哨所。巴布亚族群分离运动的发展情况直接影响印尼与澳大利亚以及南太平洋岛国的关系。军队、警察在维持巴布亚社会秩序时引发的人权问题也给印尼的国际形象带来负面影响。

2005年印尼政府与亚齐在特殊自治法的框架下和解，许多政府官员和学者希望巴布亚效仿亚齐经验，与中央政府重新协商特殊自治法并达成和解，[1] 然而这一目标没有达成。与亚齐独立运动相比，巴布亚与政府的武装冲突水平更低，独立分子中温和派的力量更大，这是有利于与政府和解的条件，那么为什么巴布亚独立运动不能效仿亚齐走制度内的道路呢？

---

[1] Hillman, B., "Ethnic Politics and Local Political Parties in Indonesia", *Asian Ethnicity*, Vol. 13, No. 4, 2012, pp. 419–440.

印度尼西亚族群动员的政治逻辑(1998—2017)

第一节　巴布亚独立运动的背景

一　巴布亚独立运动的缘起

印尼巴布亚地区位于印尼领土的最东端，在巴布亚新几内亚以西，面积为421981平方公里，在行政区划上分为巴布亚省和西巴布亚省。该地区自然资源丰富但人口稀少。巴布亚拥有印尼45%的铜金矿、4100万公顷生产性人工林和800万公顷保护林。① 巴布亚地区总人口约396万。② 原住民种族为美拉尼西亚人，多信仰基督教。

巴布亚地区是印尼族群种类最多的地区，至少有261个族群，但原住民仅有不到150万人。③ 巴布亚特殊自治法将巴布亚原生族群定义为"……源自美拉尼西亚种族的人群，由巴布亚省原生族群和/或由巴布亚族习俗社区接受并认可为土著巴布亚族的人群组成"。西巴布亚省有25个族群的人口比例超过1%。族群极化水平低，人口最多的族群是爪哇族移民，占总人口的14.76%。巴布亚省中人口比例超过1%的族群也有25个，极化水平略高于西巴布亚省，人数最多的族群达尼族（Dani）约占总人口的23.32%。④

对巴布亚族群的一种常见分类法是山地族群和海岸族群。山地族群分布在经济上比较落后的地区，如帕尼艾县、瓦梅纳市和查亚峰县。相比海岸族群，他们更有美拉尼西亚人的身体特征。海岸族群是巴布亚的美拉尼西亚族群与苏拉威西人、爪哇人、西努沙登加拉人等族群通婚后形成的混合族群，在经济和政治地位上高于山地族群，多分布在查亚普拉市、索龙

---

① Sebastian, L. and Emirza Adi Syailendra, Can Jokowi Bring Peace to West Papua? (2015 - 06 - 12), url: https://thediplomat.com/2015/06/jokowis - challenges - in - negotiating - peace - in - papua/.

② 截至2014年，巴布亚省人口共3091047人。截至2015年，西巴布亚省人口共871510人。数据来自巴布亚省和西巴布亚省统计局。

③ Sebastian, L. and Emirza Adi Syailendra, Can Jokowi Bring Peace to West Papua?

④ Ananta, A., Dwi Retno Wilujeng Wahyu Utami, and Nur Budi Handayani, "Statistics on Ethnic Diversity in the Land of Papua, Indonesia", *Asia & the Pacific Policy Studies*, Vol. 3, No. 3, 2016, pp. 458 - 474.

第六章 巴布亚独立运动的族群动员

市、马诺夸里市等海滨城市。山地族群和海岸族群长期竞争，关系紧张。①

19世纪初，荷兰政府宣布拥有巴布亚的主权。巴布亚地区名义上处于被荷兰殖民的蒂多雷苏丹国的控制下。1945年印尼共和国独立后，逐步将被荷兰殖民的东印度群岛全境收入共和国，巴布亚是最后一块未被收复的土地。1949年，根据印尼共和国与荷兰签订的《圆桌会议协定》，巴布亚地区维持被荷兰政府控制的现状。后在联合国和美国②的斡旋下，1962年荷兰签订《纽约协议》，同意在次年将巴布亚移交给印尼共和国，但前提条件是必须举行由联合国监管的自决公投。③ 1969年5—7月，苏哈托政府操纵了名为"自由选择行动"的联合国公投，一千多名巴布亚代表经过投票一致同意加入印尼共和国。缺乏民主和公正的公投结果却得到联合国和美国、荷兰、澳大利亚等国家的默许。这成为引发巴布亚独立运动的直接原因。

巴布亚的独立诉求在20世纪50年代已经埋下种子。面对势不可当的印尼民族主义浪潮，荷兰起初打算将巴布亚这块从来不被重视的"化外之地"④ 建成为滞留在印尼的荷兰人和印荷混血儿生活的占领区。随着1950年印尼联邦制的覆灭，荷兰人感到迟早他们将失去这片最后的土地，于是从50年代开始扶植本地的独立势力，提升本地人的治理能力。荷兰加大对巴布亚建设的经济投入，推动基督教传播；开办培养警官和官员的学校，许多荷兰学校培养的本地人后来成为独立斗士；成立亲荷反印尼的"团结几内亚运动""几内亚贸易联合会"等政治组织，扩大本地人入会的数量并许诺独立后得到政府职位；1961年组织了第一次巴布亚选举（第一次巴布亚国民大会），由巴布亚人选出的16名代表和荷兰指定的12名

---

① Chauvel, R., "Constructing Papuan Nationalism: History, Ethnicity, and Adaption", *Policy Studies*, Vol. 14, 2005, p. 77. Widjojo, M. et al., *Papua Road map: Negotiating the Past, Improving the Present, and Securing the Future*, Jakarta: Yayasan Pustaka Obor Indonesia, 2010.

② 澳大利亚曾希望荷兰留在巴布亚，在不稳定的印尼与澳大利亚之间形成一个缓冲带，但肯尼迪政府害怕印尼倒向苏联，于是说服英国、澳大利亚和荷兰同意将巴布亚移交给印尼。

③ 研究发现，举行巴布亚公投的设定只是为了让荷兰体面地退出巴布亚地区。协议条款的商定过程没有巴布亚人参与，参与各方对举行公投的态度不严肃，参见 Saltford, J., "United Nations Involvement with the Act of Self-Determination in West Irian (Indonesian West New Guinea) 1968 to 1969", *Indonesia*, Vol. 69, 2000, pp. 71-92.

④ 巴布亚地区原是荷兰为了将其他西方殖民者与富饶的香料群岛隔开而占领的，一直被人视为未开发的土地，一些人口密集的山谷地区在20世纪30年代才被欧洲人发现。

印度尼西亚族群动员的政治逻辑(1998—2017)

代表组成了议会,[①] 并宣布了对巴布亚的主权。这些活动在巴布亚本地人心中埋下了独立的种子,而巴布亚被划入印尼后,这些准备工作立即转化成为分离主义运动。

巴布亚独立运动从1963年开始,直至今日延续了半个多世纪。在发展过程中,巴布亚独立支持者提出六个理由支持其主张。(1)历史和人种差异。巴布亚在历史上处于被孤立的状态,与其他努山塔拉[②]的古代王国往来频率较低。各古代王国均没有将巴布亚地区纳入过其实际控制范围内。从人种上看,巴布亚的原住族群属于太平洋西南部美拉尼西亚群岛的美拉尼西亚人,肤色黝黑、头发卷曲是巴布亚山地土著的典型身体特征,[③]而印尼主体民族是来自北部马来半岛的移民,以爪哇族为多数。[④] 因历史和人种差异,印尼开国副总统哈达认为印尼不应该吸纳巴布亚,巴布亚应成为独立的国家,但苏加诺反对哈达的想法。[⑤]

(2)荷兰将巴布亚转移给印尼的过程不合法。印尼共和国的主权范围涵盖前荷兰在东印度群岛殖民的全部区域,因此印尼人将巴布亚回归看作去殖民化的最后一步。但在巴布亚人看来,1969年的公投是被印尼政府操纵的,没有真实、民主地反映巴布亚人的意愿,巴布亚人民被联合国、美国、印尼、荷兰联合操纵和欺骗了。

(3)国家侵犯人权。从巴布亚在1963年并入印尼之后,印尼军队侵犯人权案件开始出现,一直延续到新秩序时期和改革时期。其间还发生过一些特别残酷的案件,例如,20世纪60年代中期在埃纳罗塔利市(Enarotali)军队用机枪扫射平民;1995—1996年,军队杀害蒂米卡市平民;1998—1999年在比亚克岛、纳比雷县、蒂米卡市等地军队枪杀支持独立的

[①] 丁润霆:《巴布亚分离主义评析》,硕士学位论文,外交学院,2008年。

[②] 努山塔拉(Nusantara)指荷兰殖民以前的印尼群岛的疆域。

[③] 海岸土著由于长期与非美拉尼西亚人通婚,有些人已经失去了肤色黝黑、头发卷曲的特征。Widjojo, M. et al., *Papua Road map*: *Negotiating the Past*, *Improving the Present*, *and Securing the Future*, Jakarta: Yayasan Pustaka Obor Indonesia, 2010.

[④] 约在公元前1500年,原始马来族从亚洲大陆南部向南迁徙。原住民"小黑人"尼格利陀族和韦达族被同化或躲避到偏远地区。公元前200—300年,续至马来人或称次生马来人与原始马来人融合,构成当今印尼民族的主要成分。王任叔认为印尼主体民族是"混合种族集团",即蒙古利亚族和印度支那的尼格罗—澳大利亚大种族相互混合的结果。

[⑤] Osborne, R., *Kibaran Sampari*: *Gerakan Pembebasan OPM*, *dan Perang Rahasia di Papua Barat*, Lembaga Studi dan Advokasi Masyarakat (ELSAM), 2001, pp. 28 - 29.

第六章　巴布亚独立运动的族群动员

示威者。此外，暗杀独立领导者也是印尼军队惯用的手法。遭到暗杀的独立领袖有阿诺德·阿普（Arnold Ap）、汤姆·汪盖（Tom Wanggai）、泰斯·埃吕伊（Theys Eluay）等。据称，巴布亚在印尼统治时期有一万多人被杀害。①

（4）经济不平等和环境问题。印尼接管巴布亚后，与当时在"有领导的民主"政策下的其他地区相似，巴布亚的经济秩序向苏加诺的政治目标妥协。政府在巴布亚推行经济国有化，接管了当地的工矿企业并获得绝大多数收益。苏哈托时期，格拉斯堡矿藏成为自由港和总统亲信的摇钱树。巴布亚创造的财富源源不断供给共和国，最高的时候约40%的国家预算来自对巴布亚自然资源的剥削，② 然而当地社会的生活水平没有得到改善。

（5）移民问题。苏哈托时期的国内移民政策有组织地向巴布亚输送爪哇、北苏门答腊、南苏拉威西等地的移民，与本地人争夺土地、自然资源和官职。巴布亚加入印尼后不久，苏加诺使爪哇官僚充斥巴布亚政府管理机构。原住民族群教育水平低，在官僚系统和安保系统中没有一席之地。外族人成为本地官僚、军人和警察，对本地族群采取歧视态度。

（6）种族和文化歧视。在苏哈托倡导的潘查希拉民族主义的族群政策下，巴布亚文化不仅被看作是原始落后的，而且被看作是独立运动的精神符号，因此被严厉禁止。1969年前后，政府在巴布亚举行"考特卡运动"，劝说当地人放弃族群服饰、语言和歌曲。1973年，雅加达将巴布亚更名为"伊里安查亚"，禁止使用"巴布亚"旧称，并将其首府以梵文名称命名为"查亚普拉"。③ 在巴布亚普及印尼语，禁止巴布亚人传授和使用族群语言。巴布亚历史不收录进学校教材，除了关于印尼使巴布亚脱离了荷兰殖民那一段。

二　巴布亚、东帝汶和亚齐独立运动的性质辨析

在印尼共和国历史上最引人注目的族群独立运动有东帝汶、亚齐和巴布亚。尽管在政治科学研究中，这三起独立运动因为在其发展阶段的政治

---

① Singh, B., *Papua: Geopolitics and the Quest for Nationhood*, London and New York: Transaction Publishers, 2011, Preface.
② Singh, B., *Papua: Geopolitics and the Quest for Nationhood*, Chapter 3.
③ 在印尼共和国获得巴布亚控制权后，首府荷兰迪亚（Hollandia）改名为苏加诺普拉（Sukarnopura），即"苏加诺之城"的意思，后改名为"伊里安查亚"，即"繁荣之城"之意。

印度尼西亚族群动员的政治逻辑(1998—2017)

背景具有相似性常被拿来比较，但在印尼民族主义的理论框架下，这三起独立运动的性质是否都称得上威胁了印尼民族统一和政府执政目标，印尼社会在不同时期对此有不同的答案。

印尼对"民族统一"的定义是一个不断发展和充满矛盾的概念。戴维·麦克雷指出，印尼"民族统一"的概念是由多种元素构成的，包括文化（古代王国的历史联系、人种相似性）、地理（前荷兰殖民地）和实用主义因素，即对"民族统一"的解释是可以随需要修订的。[1]

印尼在建国时，苏加诺要求全部荷属东印度领土纳入印尼共和国的版图中。此要求背后的民族主义概念与后来本尼迪克特·安德森提出的"想象的共同体"的概念和逻辑一致。1945年"独立调查委员会"界定国家领域时提出三种方案。第一种方案包括东印度群岛所有荷兰殖民者控制的区域加上北婆罗洲、沙捞越、文莱、东帝汶、马来亚以及附属岛屿。第二种方案包括荷兰殖民者控制下的东印度群岛，但排除巴布亚。第三种方案包括荷兰殖民者控制的东印度群岛和马来亚，但排除巴布亚。苏加诺倾向第一种方案，而哈达倾向第二种方案，最终投票的结果是第一种方案胜出。[2] 基于此民族主义和民族统一的概念，印尼政府要求荷兰向共和国"归还"荷兰占领的巴布亚殖民地。由此可见关于巴布亚和东帝汶是否属于印度尼西亚共和国不是没有争议的。

在1975年印尼入侵前葡萄牙殖民地东帝汶时，印尼政府又提出另一套说辞，使用历史依据将其行动合理化。印尼政府提出在历史上，印尼民族源于马打蓝、室利佛逝、麻若巴歇等相互有联系的古代王国，是西方殖民者的到来打破了这种天然的、历史的联系，因此印尼吞并东帝汶从历史、地理和人种意义上是恢复印尼民族统一的合理要求。显然，这两种民族统一的依据前后矛盾：前者将殖民历史看作一种民族构成的力量，而后者将殖民历史看作解构民族统一的力量。

印尼民族统一概念的多重性影响了印尼社会对三个独立运动的认知：亚齐属于印尼民族不容置疑，而东帝汶和巴布亚是否属于统一的印尼民族是值得商榷的。亚齐在历史上以顽强的抗荷斗争著名，是印尼共和国创始

---

[1] McRae, D., "A Discourse on Separatists", *Indonesia*, Vol. 74, 2002, pp. 38-39.
[2] 戴万平：《印尼族群政治研究：宗教，地域与种族》，博士学位论文，高雄：中山大学中山学术研究所，2003年。

第六章　巴布亚独立运动的族群动员

省份之一,[①] 具有纯正的印尼民族主义血统。亚齐被称为"麦加走廊",是伊斯兰教传入印尼的入口之一,亚齐社会的宗教信仰非常虔诚。由于具有共同的反殖民历史和宗教信仰,以爪哇族为主体的印尼社会认为亚齐毫无疑问是印尼民族的一部分,因此亚齐独立运动始终被认为是背叛印尼民族统一的分离运动。

然而巴布亚和东帝汶不具备同等的被定性为"印尼民族"的确定性。巴布亚被划入印尼的过程缺乏历史合法性,而且巴布亚的人种和宗教(基督教)与大部分印尼人不同,巴布亚在历史上也缺乏与其他印尼古代王国的联系,使巴布亚合乎印尼民族标准的唯一元素是它曾是荷兰殖民地。与亚齐相比,巴布亚显得不那么"印尼",许多印尼民众将巴布亚视为"他者"。因此在哈比比和瓦希德前期,针对巴布亚独立运动的性质是否属于分离运动产生了激烈的讨论,在巴布亚社会内部也有不同的意见。这导致了1999—2000年间对巴布亚政策的模糊性质。

东帝汶与巴布亚的相似性高于与亚齐的相似性。东帝汶不属于前荷兰殖民地范围,不符合苏加诺定义的全部荷属东印度的地理范围是印尼领土的主张。绝大部分东帝汶人不信伊斯兰教,而信天主教。印尼取得东帝汶的手段是武力征服,缺乏合法性,因此东帝汶的"印尼"属性较低,印尼社会普遍认为东帝汶不是印尼的合法领土。因此哈比比同意东帝汶公投没有引起强烈的反对。如果有反对声音的话,关注点也不在于东帝汶的去留,而是这一决定是否会激发起其他地区的分离情绪,导致印尼的"巴尔干"化。

亚齐、巴布亚和东帝汶独立运动虽然乍看上去都属于印尼的族群分离运动,但从印尼历史的角度看其意涵大有不同。东帝汶、亚齐、巴布亚在多大程度上属于印尼民族的程度差异使政府和国会对这三个地区族群分离运动的定性有差异,尤其关于它们是否挑战了印尼政府执政目标在不同政府时期也产生了不同看法,导致动员政治空间的差异:东帝汶被允许公投脱离印尼,且没有对其他存在分离情绪的地区产生多米诺骨牌似的示范效应;对巴布亚的政策在1998—2000年间处在争论过程中;而给亚齐独立运动的动员空间几乎一直非常有限。

[①] 庄礼伟:《印度尼西亚社会转型与族群冲突——亚齐民族分离运动个案研究》,《世界民族》2005年第1期。

第二节 政治空间小、凝聚力弱：低暴力制度外动员（1999年以前）

一 政治空间小

在苏哈托执政时期，被誉为"发展之父"的苏哈托将经济快速增长列为执政目标的首位。维持经济的高速增长是20世纪80年代末反共的合法性消失之后威权政府唯一的合法性来源。支持苏哈托政府快速经济发展的模式是开发能源和矿产自然资源，进行粗加工或不加工直接销往国外。矿产资源丰富的巴布亚成为国家掠夺的首要目标，因此巴布亚独立运动对政府执政目标形成直接挑战。政府一方面执行国内移民政策和文化同化政策，另一方面命令巴布亚驻军对族群独立组织和平民执行武力镇压。

在国内政治空间被压缩的情况下，独立支持者寻求外国力量的帮助，但收效甚微。首先，将巴布亚划归入印尼是联合国、美国、荷兰和印尼的共同商议结果。巴布亚加入印尼是符合美国利益的，因此美国阵营选择对巴布亚问题视而不见、维持现状。其次，2017年年末解密的美国驻雅加达使馆与美国国务院之间的电报档案揭示了美国完全知悉印尼军队在巴布亚的人权暴行。档案还透露巴布亚独立运动领袖凯西波（Markus Kasiepo）曾在1966年向美国请求武器和资金支援，美方不予理睬。另一位运动领袖尼古拉斯·左伟（Nicolaas Jouwe）也曾在1965年向美国和澳大利亚请求支援但无果。[①]

二 族群凝聚力弱

在苏加诺和苏哈托时期，巴布亚社会沿两个维度高度分裂：一是族群和民族认同，二是政治认同。巴布亚面积约占印尼共和国的1/4，有沿海、高原和森林三种主要地貌，当地约250个族群的生产和经济生活多种多样。本地族群缺乏交流，沿不同路径发展，族群差异越来越大。20世纪50年代荷兰在巴布亚大力发展贸易和政府组织，但触及的地区仅仅围绕沿

[①] Wright, S., Files Show Birth of Papua Independence Struggle, 2017-12-11, url: https://apnews.com/efceacca3aaa481db3b8df77353c6620.

第六章 巴布亚独立运动的族群动员

海,未能深入广大的山地族群,扩大了沿海族群和山地族群的发展程度差异,导致沿海族群在政治、经济、教育等各方面比山地族群更优越,加深了一些族群间的矛盾,例如比亚克族(Biak)与瑟鲁伊族(Serui)之间长久的矛盾,[①] 其影响至今依旧显著。因此,发展问题更严重的山地族群一直比沿海族群更迫切和坚定地要求独立。巴布亚内部族群之间的矛盾是历史和结构性矛盾,也是该地区的独立动员一直缺乏凝聚力和组织能力的根源。

巴布亚精英中一直存在亲印尼共和国派和独立派。早在20世纪50年代,这种思想分歧已经产生。随着荷兰在当地培植追求独立的政治势力,出现了一些巴布亚建国运动,如比亚克族的"寇雷里运动"(Koreri)、查亚普拉的"西蒙同加运动"(Simon Tongkat)等。最早的亲共和国派也自觉地进行了动员行动,例如在1946年成立的"印尼伊里安独立党"(PKII)、苏哥洛(Soegoro Admoprasodjo)在移民群体中组织的支持共和国行动、1954年在巴布亚首府建立的"印尼独立委员会"等,这些亲雅加达的活动在当时被荷兰殖民者镇压,组织者被流放。[②] 20世纪50—60年代的政治动员反映了巴布亚社会要求政治权力、社会发展和反殖民的合理诉求,但在当时的条件下三者不能兼得,必须有所取舍,这使得巴布亚社会的政治分歧不断扩大。

1963年印尼政府接管巴布亚后,为了给公投做准备,中央政府在巴布亚组织了支持共和国的政治运动,例如在1963—1964年,巴布亚民众和学生被组织宣誓支持"青年誓言";1964年组织"红白运动",教育巴布亚民众自觉接受成为印尼公民;1964年在查亚普拉建立"巴布亚学生运动"(Gema Pelajar)等。[③] 中央政府使亲雅加达的地方精英成为政府官员,追求独立人士却成为叛国者,双方的身份突然倒转,矛盾更加激烈化。

此后,雅加达使用武力手段迫使巴布亚服从雅加达的族群同化和经济剥削政策,在高压政策下产生了新的亲雅加达派。他们自称为了保护本地人不受到军队的伤害而在双方中间调解,劝说本地人放下武器,例如巴布

---

① Singh, B., *Papua: Geopolitics and the Quest for Nationhood*, London and New York: Transaction Publishers, 2011, Chapter 2.
② Singh, B., *Papua: Geopolitics and the Quest for Nationhood*, Chapter 2.
③ Singh, B., *Papua: Geopolitics and the Quest for Nationhood*, Chapter 3.

印度尼西亚族群动员的政治逻辑(1998—2017)

亚基督教会高层自愿成为巴布亚人与政府的中间人。福音派基督教会（GKI）的睿未蓝德·鲁迈农（Reverend Rumainum）曾发布一封牧函，支持印尼政府组织的"自由选择"公投。教会高层也参与协商和平息1977年巴列姆山谷暴动和帕尼艾县暴动。

在巴布亚族群和政治忠诚高度分裂的背景下，在威权政府时期的巴布亚成立了一些分散的小型武装组织，统称为"巴布亚独立组织"（OPM）。1964年，特里阿努斯（Terianus Aronggear）和追随者组织了名为"争取巴布亚独立的斗争和组织"的独立运动组织。1965年7月28日，菲力（Permenas Ferry Awom）和路德维克（Lodewijk Nabdatj）领导的小武装对印尼军队发动了武装袭击。这些小武装的根据地分布在与巴布亚新几内亚接壤的山地地区。当动员者被军队抓捕、审讯的时候，这些小武装被印尼政府合称为巴布亚独立组织（OPM）。此后这个名称被各个动员组织承认并成为他们的统称，但这些小武装组织从来不是一个有统一领导和清晰组织架构的集体。

由于巴布亚独立组织是各地小武装组织的联盟，从成立伊始就有联络不密切的问题和派系的争议。辛格①指出巴布亚独立组织在国内外至少分裂出21个政治派系。

在建立初期，该组织因动员方式的差异分裂为两个派系。一方面，特里阿努斯（Terianus Aronggear）在1962就预感到巴布亚将被划入印尼领土，开始实施争取独立的政治活动；另一方面，菲力（Permenas Ferry Awom）等人走武装道路。1970年菲力和他的团队被印尼军队杀害。此后不久，1971年7月1日，鲁寇雷姆（Seth J. Rumkorem）等人建立了国家独立军（TPN）和临时革命政府，继续进行武装反抗。

1973—1984年，这个武装组织经历了多次分裂。鲁寇雷姆和二号人物普莱（Jacob H. Prai）的矛盾②在1976年公开化，后者脱离组织并成立了西巴布亚临时政府和"民族独立部队"。③ 1978年，普莱被抓捕并流亡到瑞典，此时鲁寇雷姆也已经流亡在欧洲，组织实力被进一步削弱，几乎销声匿迹。1984年，万人越境到巴布亚新几内亚事件后，在巴布亚知识分子的提议

---

① Singh, B., *Papua: Geopolitics and the Quest for Nationhood*, London and New York: Transaction Publishers, 2011, Chapter 4.

② 两者的矛盾有族群背景的差异：鲁寇雷姆是比亚克族人，而普莱是主岛人，但更主要的问题是两者性格不合与争夺权力。

③ Singh, B., *Papua: Geopolitics and the Quest for Nationhood*, Chapter 4.

第六章　巴布亚独立运动的族群动员

下，鲁寇雷姆和普莱派系在1985年8月于瓦努阿图和解，但这仅是表面和解。截至1986年中期，巴布亚独立组织仍分裂成三个派系并相互抓捕成员。[①] 此后至1996年，巴布亚独立组织大致可以划分成查亚普拉、瓦梅纳、马老奇和半岛中部四个武装区，既没有统一领导，也极少组织活动。

流亡在外的领导人之间也有严重的分裂问题。巴布亚独立组织的领导人在澳大利亚、非洲和欧洲流放，但他们各行其是，几乎从未统一过行动。[②] 他们在20世纪60年代的荷兰建立了西巴布亚国民阵线，但内部分裂严重限制了组织能力。分歧仍然出现在动员方式上，左伟（Jouwe）偏好对话和外交渠道，倾向于西方民主制度，而凯西波（Markus Kasiepo）、沃姆西沃（Womsiwor）和唐加玛（Tanggahma）支持使用所有可能的方式斗争，倾向社会主义制度。截至2002年，凯西波（Markus Kasiepo）、鲁寇雷姆（Seth J. Rumkorem）和普莱（Jacob H. Prai）均在欧洲宣布自己为总统。[③]

辛格认为内部分裂是巴布亚独立组织最大的弱点，"如果用一个词描述1962—1963年的巴布亚反抗，那就是派系主义。从一开始，巴布亚人就不能统一行动，这是运动的致命弱点。巴布亚独立运动组织的分裂，不论是政治还是军事上的，都反映了核心政治领导的广泛分裂，尤其是流亡状态中的（领导人）"。[④]

三　低暴力制度外动员

在1963—1998年间，巴布亚的抗争方式是零散的武装反抗和分散的国际化。以巴布亚独立组织为核心的武装反抗有"即兴、暂时和地方性"的特点，[⑤] 他们袭击军警哨岗和巡逻士兵、破坏国外公司财产、从事绑架。[⑥] 分

[①] Elmslie, J., *Irian Jaya Under the Gun: Indonesian Economic Development Versus West Papuan Nationalism*, Honolulu: University of Hawaii Press, 2002, p. 47.

[②] Mote, O. and Danilyn Rutherford, "From Irian Java to Papua: The Limits of Primordialism in Indonesia's Troubled East", *Indonesia*, Vol. 72, 2001, p. 121.

[③] Singh, B., *Papua: Geopolitics and the Quest for Nationhood*, London and New York: Transaction Publishers, 2011, Chapter 4.

[④] Singh, B., *Papua: Geopolitics and the Quest for Nationhood*, Chapter 4.

[⑤] Chauvel, R., "Violence and Governance in West Papua", *Violent Conflicts in Indonesia: Analysis, Representation, Resolution*, Ed. by Coppel A. Routledge, 2006, p. 181.

[⑥] Talbot, N., Indonesia: Jakarta's Change of Strategy Towards West Papuan Separatists (2015-12-07), url: https://thediplomat.com/2015/12/indonesia-jakartas-change-of-strategy-towards-west-papuan-separatists/.

印度尼西亚族群动员的政治逻辑(1998—2017)

散的国际化是指流亡在国外的独立运动者向国际组织和外国政府机构的宣传,使巴布亚问题国际化,从而争取再次公投的行动。这一时期的武装反抗的规模很小,从来没有威胁到印尼政府对巴布亚的控制。

巴布亚独立组织在1962—1969年间使用政治和武装双重手段,一方面教育民众,希望通过公投实现和平独立,另一方面组织针对印尼军队的暴力反抗,如在1965年7月和1967年在马诺夸里的武装暴动,1968年在马克邦(Makbon)和索龙偷袭军队营地。这一阶段的暴力动员集中在巴布亚地区的最西部、① 西部的比亚克岛和最东部与巴布亚新几内亚交界的地区。1969年公投后,巴布亚独立运动转向武装斗争,如1977年针对自由港公司的两次破坏行动,1978年绑架7名印尼官员,1996年绑架了一队印尼和欧洲研究者并杀害了一些印尼人质。他们的武装动员规模小且没有持续性。

为了引起国际社会关注,一些流亡在海外的巴布亚部族领导建立了一些海外声援团体,但这些团体之间几乎没有合作。例如,伯纳德·唐加河玛(Bernard Tanggahma)在非洲建立了一个游说组织;约翰·昂多达美(John Otto Ondoame)和雷克斯·鲁迈契克(Rex Rumaikiek)在澳大利亚建立了一个声援巴布亚网络;安迪·爱加密塞巴(Andy Ajamiseba)在瓦努阿图建立了一个相似的组织等。然而这些海外组织之间缺乏联系,领导者仅从亲朋好友和本部族中获得消息。②

巴布亚独立组织的分裂使其动员能力较低。组织最小的派别不过十几人。③ 巴布亚独立组织只有能力偶尔攻击军队岗哨和其他中央政府下属机关,而且它的能力只限于巴布亚内陆山区中,④ 对雅加达的实际控制没有威胁。巴布亚独立运动带来的安全困扰对其他国家也几乎没有威胁。除了对澳大利亚、巴布亚新几内亚和几个太平洋岛国有非常小的影响——如果巴布亚局部安全形势不稳定,巴布亚难民会偷渡到这几个国家。正因巴布

---

① 巴布亚地区在巴布亚新几内亚岛上的部分被称为"鸟头半岛",最西部因此被称为"鸟头地区"。

② Mote, O. and Danilyn Rutherford, "From Irian Java to Papua: The Limits of Primordialism in Indonesia's Troubled East", *Indonesia*, Vol. 72, 2001, pp. 129 – 130.

③ Mietzner, M., "Local Elections and Autonomy in Papua and Aceh: Mitigating or Fueling Secessionism?" *Indonesia*, Vol. 84, 2007, p. 21.

④ Mietzner, M., "Local Elections and Autonomy in Papua and Aceh: Mitigating or Fueling Secessionism?" *Indonesia*, Vol. 84, 2007, p. 4.

亚问题没有给地缘政治造成不稳定，其国际化的努力举步维艰。组织的派系分化也削弱了其国际化的动员能力。海外流亡领导在国外组建了几个据点：最早的分部设在荷兰，1972年在斯德哥尔摩成立了办公室，1976年在塞内加尔总统的支持下在首都达喀尔开设了办公室。还有一些非洲国家支持唐加玛派系，被合称为"布拉柴维尔十三国"①。

第三节　政治空间大、凝聚力弱：制度内方式（1999—2000）

苏哈托下台后，印尼面对异常严峻而紧迫的政治、经济和社会形势，如政治制度的重建、严重的经济危机和沉重的外债、全国各地的族群和宗教冲突。哈比比和瓦希德认为巴布亚分离问题不是一朝一夕可以解决的，没有提出一套清晰的路线规划，但从哈比比时期开启了与巴布亚的对话通道。巴布亚独立运动的温和派尝试与印尼政府用和平协商的方式争取再次举行独立公投的机会，基本上放弃了暴力反抗。

一　政治空间大

哈比比继任总统后，苏哈托时期压抑的政治氛围有一定的缓解。他释放了部分政治犯，取消了新秩序时期对媒体和集会的管控，民众的意愿和批评得到公开表达的渠道。国会通过了两项地方分权相关法案，省和县享有政治上的民主和自治权力，在经济上与中央政府重新划定收入分配规则。鉴于中央政府在民主和开放上做出实质性变革，巴布亚人认为有可能以和平的方式与政府协商。东帝汶成功脱离印尼更鼓舞了巴布亚走和平的制度外道路的信心。

1998年的流血事件成为哈比比敞开与巴布亚对话的直接契机。苏哈托下台后，巴布亚人立即重拾最常用的象征性仪式——升晨星旗——来向外界表达独立意愿。② 1998年7月，在查亚普拉市、索龙市、马诺夸里市、

---

① Singh, B., *Papua: Geopolitics and the Quest for Nationhood*, London and New York: Transaction Publishers, 2011, Chapter 4.

② 晨星旗在1961年被荷兰控制的西新几内亚委员会定为巴布亚国旗，后成为独立运动标志。

瓦梅纳市和比亚克岛举行了升晨星旗仪式。巴布亚驻军镇压了参加活动的行动者，导致上百人伤亡。① 这起流血事件令国际舆论大为震惊，在包括美国在内的国际压力下，哈比比同意在1999年2月与巴布亚百人代表团会谈。会谈成果坚定了巴布亚人与政府继续沟通的信心。

瓦希德对族群独立运动表现出极大的同情和容忍，理解、商议和谈判是他对亚齐和巴布亚族群独立运动的一贯态度。2000年10月瓦希德成为总统后，在当年12月31日亲自飞往巴布亚，与当地精英进行公开会谈。瓦希德代表印尼政府对巴布亚的独立思潮表现出理解和在形式上最大程度的容忍：允许巴布亚人升星月旗，允许使用"巴布亚"的旧称，允许举行巴布亚全民大会甚至拨款10亿印尼盾作为会议经费，且暂缓执行哈比比时期将巴布亚分为三个省的法令。瓦希德的态度使巴布亚人更加自信，给了他们期望。

二 族群凝聚力弱

1999—2000年，巴布亚独立运动的组织经历了新老更替，原来的巴布亚独立运动不再是动员核心。新一批领导者的出现催生了林立的小组织，但组织间存在关于动员方式的矛盾和权力竞争，没有形成统一的平台将这些新组织联合起来。

巴布亚独立运动迎来了一批"新型领袖"。他们和旧领袖的身份背景和要走的道路完全不同。新型领袖中几乎已经没有巴布亚独立组织的游击队领袖或海外流亡领袖。这些新型领袖来源于地方议员、官僚、神职人员、新秩序时期的机构管理者。这些人看起来更像亲雅加达的精英，有些人甚至与驻军头目的关系还不错。例如泰斯·埃吕伊（Theys Eluay）在省议会中代表政府政党专业集团党任民俗委员会主席（Lembaga Masyarakat Adat Irian Jaya），且是在"自由选择"公决中参与投票的1025名代表之一。② 菲利浦·卡尔玛（Filip Karma）既是独立运动支持者，又是高级官

---

① Mote, O. and Danilyn Rutherford, "From Irian Jaya to Papua: The Limits of Primordialism in Indonesia's Troubled East", *Indonesia*, Vol. 72, 2001, p. 123.

② Mote, O. and Danilyn Rutherford, "From Irian Jaya to Papua: The Limits of Primordialism in Indonesia's Troubled East", *Indonesia*, Vol. 72, 2001, p. 121.

第六章 巴布亚独立运动的族群动员

员。他经常身穿印尼公务员的制服,却在胸前别上一枚晨星旗胸针。① 新型领袖的亲雅加达背景令人怀疑他们突然加入独立运动的目的和真诚度,在旧派和新派领导之间产生了隔阂。坚定的独立支持者不信任新领袖。从印尼政府的角度来看,他们也对新领袖的骑墙行为表示不满,认为他们"污染"了地方政府。

以"巴布亚独立运动"为代表的强硬派旧领袖仍然一盘散沙,面对新制度和新机遇更加分化。一些旧派领袖改弦更张,在苏哈托下台后立即接受了哈比比政府提供的一般地区自治选项,如曾参加巴布亚独立组织游击战的亚普·马睿(Yaap Marey)在1999年2月百人团会见哈比比之前就接受了政府的一般地方自治政策,并跟随驻军指挥官阿米尔·森比凌(Amir Sembiring)进行环省宣传活动。② 此外,旧领袖和新型领袖之间还就动员方式产生分歧,旧领袖倾向继续使用暴力反抗动员的方式,而新型领袖希望通过与政府和平对话的方式寻求公投机会。

在地方官僚阶层中,除了一部分转化为两面下注的新型领袖,其他官员仍然抗拒独立运动。已经吸收进印尼政府体制的当地精英认为比起实现独立,保护本地人安全是他们肩上更重要的责任,在某些敏感的时期公开要求抑制独立运动。例如,在2000年12月巴布亚国庆的敏感时期,因在10月刚刚发生瓦梅纳骚乱,任政府高层的巴布亚精英要求巴布亚人克制行为,以免再为巴布亚人带来灾难。新上任的省长雅各布斯·索洛萨(Jacobus Solossa)在荷兰电台节目中说,"不要挑唆我们的人要求独立。需要(向巴布亚人)解释印尼不会那么轻易接受独立诉求的原因。存在许多复杂的问题,我们的人将成为受害者"。③

在这样一个动员目标和动员方式都变得不清晰的背景下,巴布亚人错失了使用"百人团"形成统一动员集体的短暂机遇。1999年2月巴布亚百人团与哈比比会面后,在巴布亚形成了一种期待和平实现独立的乐观氛围。如果这时从"百人团"中脱胎一个能代表全体巴布亚人的组织与中央

---

① Chauvel, R., "Violence and Governance in West Papua", *Violent Conflicts in Indonesia: Analysis, Representation, Resolution*, Ed. by Coppel A., Routledge, 2006, p. 186.

② Mote, O. and Danilyn Rutherford, "From Irian Jaya to Papua: The Limits of Primordialism in Indonesia's Troubled East", *Indonesia*, Vol. 72, 2001, p. 126.

③ Chauvel, R., "Violence and Governance in West Papua", *Violent Conflicts in Indonesia: Analysis, Representation, Resolution*, Ed. by Coppel A., Routledge, 2006, p. 185.

政府持续对话，巴布亚人和平解决问题的梦想未必不能实现。更何况，百人团与政府的直接对话将会将这个临时组织树立为与中央政府对等谈判主体的意味。但事实情况是，由于本地精英的分裂，百人团不仅选不出一个可以服众的领袖，且其内部对走哪条独立道路还有分歧，使这个短暂存在的团体群龙无首，很快失去了它与中央政府对话的地位。

与哈比比会谈中作为百人团领导第一个发言的汤姆·贝阿瑙（Thom Beanal）声望最高，是最有可能出任百人团领袖的人选，但他却在 2000 年 7 月加入自由港公司成为董事会成员，而在此之前的许多年他一直为驱逐自由港公司和要求公司赔偿当地人损失而奔走相告。他的行动使他丧失了成为巴布亚人领导的权威。另一个呼声很高的候选人泰斯·埃吕伊（Theys Eluay）不被态度强硬的组织认可，如前政治犯协会、巴布亚国民阵线、考特卡社群协商委员会、十四星集团、巴布亚独立组织游击队都不承认他为组织领袖，因为他在新秩序时期与政府关系太近。①

各组织对争取独立采用的方式也产生分歧。在第二次巴布亚全国大会期间，新派精英，尤其是来自百人团的代表，对用和平手段争取独立怀有信心，而老派精英坚持用武力抗争方法，他们害怕新派精英被政府蛊惑、收买，轻易接受对巴布亚不利的地方自治条款。第二次巴布亚全国大会之后，以梅加瓦蒂为代表的民族主义派在雅加达占据上风，采取行动镇压巴布亚分离主义，切断了百人团派与中央政府直接沟通的渠道。巴布亚的族群凝聚力低导致他们错失 1999—2000 年间有利的政治机遇。

三 制度内方式

这一阶段，巴布亚实现了与中央政府的直接对话。1999 年 2 月应哈比比政府的邀请，巴布亚组成了前往雅加达请愿的"百人团"，由巴布亚知识分子、非政府组织、部落首领、普通民众等社会各界人士组成，其中有部分亲雅加达人士，但绝大部分是坚定的独立派。在会面之初，百人团领导、高山族群阿蒙梅部落首领汤姆·贝阿瑙（Thom Beanal）向哈比比坦言，他们只来谈独立，不谈发展。他的表态奠定了会谈的基调，接下来，其他支持独立的成员也纷纷向总统诚挚地表述独立的渴望。尽管中央政府

---

① Mote, O. and Danilyn Rutherford, "From Irian Jaya to Papua: The Limits of Primordialism in Indonesia's Troubled East", *Indonesia*, Vol. 72, 2001, p. 129.

没有在此次会谈后立即提出对策,但是这次会谈对巴布亚而言是三十年来第一次与中央政府面对面讨论,使许多巴布亚精英开始相信走和平道路或许可以实现独立。

瓦希德的怀柔政策强化了巴布亚走和平动员道路的决心。印尼和巴布亚双方都珍视来之不易的成果,行动都变得克制。在 1999 年 12 月 1 日,成千上万的巴布亚人和平庆祝了西巴布亚独立宣言日。在瓦希德支持下的第二次巴布亚全民大会(2000 年 5 月 29 日至 6 月 3 日)进一步确认了以和平方式追求独立的愿景。会上作出四项行动决定,即:(1)与印尼政府进行和平对话,修正历史中有关巴布亚的内容;(2)将巴布亚问题列入联合国去殖民任务列表,推动合法的公投程序;(3)解决过去三十年军队在巴布亚侵犯人权的问题;(4)控告 1969 年印尼、荷兰、美国和联合国未按规定在巴布亚举行公投。此外,大会再一次宣布了巴布亚的独立主权。

第四节 政治空间小、凝聚力弱:低暴力制度外动员(2000 年 8 月以后)

瓦希德执政后期,国会批评瓦希德对分离主义分子过于纵容,转而支持梅加瓦蒂对巴布亚的强硬态度,巴布亚人意识到印尼政府不可能再允许出现第二个东帝汶。苏西洛前期,某些行动者希望能与印尼政府在特殊地区自治的框架下协商,但得不到本地机构的一致支持,没能走成重新商议特殊地方自治法的制度内道路。在苏西洛后期和佐科时期,中央政府关闭了与独立分子协商的渠道,希望通过提升本地人民生活水平消解独立目标,独立支持者不得不再次转向分散的武装动员和国际化道路。

一 政治空间小

瓦希德对巴布亚的怀柔态度被副总统和国会诟病。2000 年 8 月人协年度会议一致向瓦希德发难,要求他改变对巴布亚和亚齐的政策。会上驳回了总统在此之前批准的恢复"巴布亚"旧称和允许升晨星旗的决定,要求总统采取坚决的手段打击分离主义、实现巴布亚和亚齐的特殊自治。2000 年 9 月,警察总长比曼陀罗(Bimantoro)声称接到梅加瓦蒂的指令,镇压

印度尼西亚族群动员的政治逻辑（1998—2017）

巴布亚独立运动。① 此后在巴布亚各地，安全部门开始强行摘下晨星旗，期间伴随着人员伤亡。10月6日，警察在瓦梅纳市强行要求摘掉晨星旗，导致警方与巴布亚人的暴力冲突，迅速变成巴布亚人针对移民的暴乱，② 瓦梅纳市进入紧急状态。10月11日，梅加瓦蒂和政治、社会和安全统筹部长苏西洛共同制定了镇压巴布亚独立运动的政策。苏西洛警告称，12月1日任何庆祝巴布亚国庆日的活动都将被视为叛国活动。政府派遣更多的士兵到巴布亚防范暴乱。在12月前，5名独立领袖被拘捕。从2000年8月国会强硬派接管了对巴布亚政策并重新开始军事行动，使一些中立派巴布亚人对印尼政府的态度变得激进，更加支持独立目标。③

2001年1月，国会颁布了针对亚齐和巴布亚的特殊自治法令，该法令使雅加达在经济上做出了巨大让步，如巴布亚可以保留采矿业、渔业和林业80%的税收、石油和天然气70%的税收。从2002年1月1日起，伊里安查亚省恢复巴布亚省的旧称，晨星旗可以作为文化符号使用。然而，特殊自治法没有规定军队的处置方式，对民主权利的保护条款不够完备，法令的内容在颁布前也没有与巴布亚代表商议过，这三点令巴布亚独立支持者不能接受。

梅加瓦蒂时期对巴布亚的政策是镇压独立运动并通过特殊自治解决巴布亚问题。在内阁会议和国会发言中，梅加瓦蒂多次强调维护统一的印尼共和国的目标。她亲自负责亚齐和巴布亚问题，将加里曼丹、马鲁古等地区的分离主义威胁留给副总统处理。梅加瓦蒂对巴布亚独立运动的态度比哈比比和瓦希德都强硬，这与她的个人经历有关。她继承了父亲苏加诺的民族主义思想，认为主权和领土统一是不能被挑战的底线。梅加瓦蒂的第一任丈夫是一名飞行员，在执行对荷兰武装空中打击以迫使荷兰解决巴布亚问题的任务中失踪，巴布亚对她是一个敏感点。在梅加瓦蒂任副总统期间曾亲自拜访过巴布亚（2000年5月18—21日），当时第二次巴布亚国民

---

① Chauvel, R., "Violence and Governance in West Papua", *Violent Conflicts in Indonesia: Analysis, Representation, Resolution*, Ed. by Coppel C., Routledge, 2006, p. 180.

② 据称，警方躲到移民聚居区躲避巴布亚人的攻击，导致巴布亚人对警方和移民进行不加区别的攻击，见 Mote, O. and Danilyn Rutherford, "From Irian Jaya to Papua: The Limits of Primordialism in Indonesia's Troubled East", *Indonesia*, Vol. 72, 2001, p. 136.

③ Suara Pembaruan, "PP Tentang MRP Harus Segera Diterbitkan", *Suara Pembaruan*, Sept. 2003.

大会即将开幕,巴布亚独立的呼声高昂。梅加瓦蒂在巴布亚访问期间看到大量手持晨星旗的态度激烈的巴布亚示威者,而军队和警察对此不加阻止。此行之后,梅加瓦蒂对巴布亚的安全形势表示担忧,劝说瓦希德阻止第二次巴布亚国民大会的召开但被瓦希德拒绝。正副总统在对待分离主义问题上的态度南辕北辙,最终以国会倒向梅加瓦蒂的强硬政策告终。

梅加瓦蒂虽然继承了瓦希德政府时期的特殊自治法,但她和民族主义派系认为雅加达在该法令中给予巴布亚的让步太多,给予分离主义者更多的好处会助长分离主义,因此支持用武力镇压独立分子,① 拖延执行特殊自治法。不按照特殊自治法的规定建立"巴布亚人民委员会"(MRP),② 则在巴布亚无法举行民主选举。2003 年 1 月,梅加瓦蒂政府做出了又一个激化巴布亚紧张形势的行为:执行哈比比时期的政策,将巴布亚分成三个省。③

苏西洛执政时期确立了对巴布亚政策的两个基本点,即打击分离势力、改善经济状况。苏西洛任总统后因快速达成了与亚齐独立运动的和解,使印尼和他本人的国际声誉提高,他也希望趁势解决巴布亚问题,因此在 2004—2006 年间对巴布亚社会放出了温和化信号,包括逐渐放权、改善人权状况、提升经济援助。2004 年 12 月 26 日,苏西洛签署政府规定,同意建立"巴布亚人民委员会"。这一组织的建立使得在 2006—2007 年比较顺利地进行了第一届巴布亚和西巴布亚省长选举。在解决人权问题上,苏西洛准许彻查支持巴布亚人权运动的社会活动家穆尼尔被暗杀的案件,撤换了巴布亚驻军司令。在经济方面,中央政府增加对巴布亚的经济援助,提出五项新政策提升巴布亚社会发展水平,即确保粮食安全、提升教育质量和水平、保障基本医疗、提升基础设施水平和推动平权。

然而苏西洛政府的和解政策并不彻底。在签订与亚齐的特殊自治法令后,中央政府受到了国内压力,批评该法案对亚齐让步过大,担忧亚齐分离主义势力将垄断地方权力,可能将加剧分离主义思想。在国内压力下,

---

① Mietzner, M., "Local Elections and Autonomy in Papua and Aceh: Mitigating or Fueling Secessionism?" *Indonesia*, Vol. 84, 2007, p. 2.

② 梅加瓦蒂要求在她的任期内推迟建立"巴布亚人民委员会",以免这个机构获得"超越法令本意"的政治权力。

③ 1999 年 9 月 16 日,印尼国会通过第 45 号法案,将伊里安查亚省划分为三个省,即新增了中伊里安查亚省和西伊里安查亚省。1999 年 10 月 16 日,伊里安查亚省议会拒绝了这项法案。

印度尼西亚族群动员的政治逻辑(1998—2017)

苏西洛不敢贸然与巴布亚重新商议特殊自治法案,等于使用特殊自治方式与独立组织达成和解的政治空间缩小。

2007年与澳大利亚的外交事件迫使苏西洛采取更坚决的方式对待分离主义者。2007年1月,43名巴布亚人偷渡到澳大利亚并获得在澳大利亚政治避难的权利,使印澳之间的关系一度紧张。苏西洛素来关注印尼的国际形象,这起外交事件令他不悦。此后政府对独立分子的国际化路线采取行动,使动员的政治空间进一步缩小。政府呼吁流亡的巴布亚独立分子回国,2009年召回独立运动元老、温和派的尼古拉斯·左伟(Nicolaas Jouwe),要求他摘下晨星胸针,宣誓效忠印尼共和国。然而左伟在2009年3月与巴克利部长的会议上拒绝佩戴代表印尼的红白旗胸针,拒绝承认印尼共和国,称巴布亚和印尼共和国是"邻居"。①

苏西洛加强了对武装组织的打击。与苏哈托时期不同的是,警方承担了更多的社会安全任务,而且执行过程更注重依法合规。从2010年起,巴布亚警方每年实施一次"巴布亚安全行动"(Operasi Aman Matoa),打击暴力犯罪。②

2014年上任的佐科·维多多总统继承了苏西洛的巴布亚政策,将着眼点放在改善社会福利和提升社会安全上。③ 他的巴布亚政策有三项新内容,即从社会公平的角度扶助巴布亚经济、解决人权案件和增强开放程度。中央政府实施基本物资全国统一价格的政策,降低了巴布亚地区的燃油、粮食等基本物资的价格。中央政府投资建设道路和学校等基础设施,为巴布亚妇女免费建设交易市场,在巴布亚建设三条海上运输航线、经济特区和旅游特区。印尼政治、法律和安全统筹部建立了特别委员会,承诺彻查巴布亚的侵犯人权案件。2016年1月,佐科总统彻查印尼历史上7起人权大案,其中瓦梅纳(Wamena)和瓦西尔(Wasior)案件与巴布亚相关。中央政府还承诺允许外国人自由进入巴布亚并释放政治犯。2017年,国会讨

---

① Chauvel, R., "Between Guns and Dialogue: Papua after the Exile's Return", APSNet Policy Forum, April 23, 2009, url: https://nautilus.org/apsnet/between-guns-and-dialogue-papua-after-the-exiles-return/.

② Syailendra, E., "Inside Papua: The Police Force as Counterinsurgents in Post-Reformasi Indonesia", *Indonesia*, Vol. 102, No. 1, 2016, pp. 57-83.

③ Syailendra, E., "Papua Region Under Jokowi: New President, New Strategies", *RSIS Commentaries*, Vol. 110, 2015.

第六章　巴布亚独立运动的族群动员

论修订特殊自治法，要求更多征求巴布亚的意见。政府鼓励与巴布亚各界对话，甚至与巴布亚独立组织成员对话。

对于族群分离主义的目标，政府提供的政治空间貌似扩大实则缩小。这是因为：第一，佐科政府关闭了与分离组织就独立问题协商的渠道，不接受国际第三方组织介入协调。军方和警方加强了对分离组织活动的镇压力度，不允许他们进行示威和宣传等公开活动，即使是和平的宣传活动也被禁止。2015年1月，军警联合力量在米米卡县抓捕了116名支持公投脱印的"西巴布亚利益协会"成员。① 2016年，警方抓捕了1500名正在进行和平示威的独立分子，这是印尼从1998年民主化以来被抓捕人数最多的一次行动。②

第二，印尼政府增强了军队和警察在当地的安保力量。印尼军队在西巴布亚的马诺夸里增设了军区，将东部舰队指挥部转移到了索龙。目前在巴布亚驻扎的军人约有45000名，另增设650名士兵在印尼与巴布亚新几内亚边境地带。③ 军队还计划在索龙建立军队战略指挥部第三分部和空军运营指挥部第三分部。此外，军区承担了更多的社会职能。军队开展了名为"地区进军"（serbuan teritorial）的活动，目的是改善与本地社会的关系、削弱独立组织的社会根基。相似的，警方也开展了名为"安全和社会秩序共建"（Bhakti Bina Keamanan dan Ketertiban Masyarakat）的项目。巴布亚的军事化提升令人回忆起苏哈托时期的"军队双重职能"。在巴布亚新设军区被批评为回归新秩序时代的军事干预政策，在巴布亚社会引发不满。④

第三，针对分离组织的国际化策略，印尼政府加强与"美拉尼西亚

---

① Janur, K., 100 Anggota Kelompok West Papua Ditangkap di Timika (2015 – 01 – 08), url: http: //news. liputan6. com/read/2157782/100 – anggota – kelompok – west – papua – ditangkap – di – timika.

② DW. Polisi Tahan Ratusan Warga Papua Menjelang Kunjungan Menko Polhukam Luhut Pandjaitan (2016 – 06 – 16), url: http: //www. dw. com/id/polisi – tahan – ratusan – warga – papua – menjelang – kunjungan – menko – polhukam – luhut – pandjaitan/a – 19335360.

③ Sebastian, L. and Emirza Adi Syailendra, Can Jokowi Bring Peace to West Papua? (2015 – 06 – 12), url: https: //thediplomat. com/2015/06/jokowis – challenges – in – negotiating – peace – in – papua/.

④ Syailendra, E., "Papua Region Under Jokowi: New President, New Strategies", *RSIS Commentaries*, Vol. 110, 2015.

印度尼西亚族群动员的政治逻辑(1998—2017)

区先锋集团"的外交关系,争取后者对统一的印尼共和国(NKRI)的支持。2015年外长雷特诺出访巴布亚新几内亚、斐济和所罗门群岛,佐科总统也在同年会见了巴布亚新几内亚首相。雅加达希望美拉尼西亚国家不授予巴布亚成员资格,而接受印尼加入"美拉尼西亚区先锋集团"。印尼政府还承诺拨款2000万美元用于加强"美拉尼西亚区先锋集团"的能力建设。[①] 由于政治空间的压缩,佐科政府留给巴布亚独立组织的选项只有两个:放弃独立接受特殊自治法,或走武装和国际化的制度外分离道路。

二 族群凝聚力弱

2000年以来,巴布亚族群凝聚力比之前任何一个时期都低。一是因为特殊地区自治法案的施行分化了一部分独立运动支持者,另一个原因是随着新巴布亚运动领袖的崛起和"百人团"的昙花一现,动员组织的结构和组织间关系更加复杂。

巴布亚独立运动的诉求从初期就缺乏明确性和一致性。巴布亚人要求经济和社会生活条件改善,要求国家尊重族群文化习俗和人权,这是当地人一致同意的诉求,但是要实现这些诉求是否一定要通过分离出印尼这种方式,巴布亚人没有一致的答案。所以,中央政府提出地方分权的方案在巴布亚独立运动支持者中引起了激烈的争论,进一步分化和揭示了巴布亚各地和各族群的利益矛盾。

特殊自治法为巴布亚下属的县市提供了更多的行政和经济资源,激发了地方精英新建自治区的诉求。一些政治精英要求划分出更多的省,如法克法克省(Fak-fak)、南巴布亚省[②]等。[③] 亲雅加达的前省长雅各布斯·索洛萨在2005年声称将在2009年以前将巴布亚分成五个省。[④]

[①] Jakarta Globe, Jokowi Strengthens Ties With Papua New Guinea (2015-05-12), url: http://jakartaglobe.id/news/jokowi-strengthens-ties-papua-new-guinea/.

[②] 在巴布亚最东南部马老奇附近的居民信仰天主教,而在巴布亚行政中心查亚普拉市的居民大多数信仰基督新教。天主教徒想建立一个以天主教徒为多数的省。从2007年2月起,新建南巴布亚省的行动正式开始。

[③] Chauvel, R., "Constructing Papuan Nationalism: History, Ethnicity, and Adaption", *East West Center Policy Studies*, Vol. 14, 2005, p. 77.

[④] Singh, B., *Papua: Geopolitics and the Quest for Nationhood*, London and New York: Transaction Publishers, 2011, Chapter 1.

第六章　巴布亚独立运动的族群动员

新建自治区的要求将在 2004 年中央政府主导分立西巴布亚省之后，进一步破坏巴布亚省统一的行政区划，削弱了独立运动赖以实现全民动员的"巴布亚认同"，也将一些地方精英从独立运动支持者阵营中分离出来。

另一方面，地方选举使巴布亚精英按族群和政治忠诚的指标被迫选边，使之前联结精英的、笼统的"大巴布亚认同"面临一场危机。特殊自治法要求只有巴布亚本地人才有资格成为候选人，但非巴布亚本地人的移民有投票权。候选人既要维护巴布亚本地人的选票，又要尽力吸引移民投票，而这两类选民有利益冲突，候选人的竞选宣传扩大了两个群体的矛盾。例如，在 2006 年 3 月的选举中，迪克·瓦比塞（Dick Henk Wabiser）在竞选初期重点宣传巴布亚安全问题的解决办法，但巴布亚本地族群不买账；后期他转而宣传限制国内移民政策，令外来族群非常反感，这使他的竞选宣传彻底失败。[1] 另外，在忠于印尼共和国还是支持巴布亚独立运动的政治表态上，每位候选人同样面对艰难的抉择：如果支持独立运动，就得不到政党推荐的候选人资格；如果过于偏向中央政府，就会丧失一大部分本地族群的选票。

在确定候选人竞选资格过程中，对于"巴布亚人"概念的讨论又弱化了一部分本地精英对"大巴布亚"身份的认同。在 2006 年大选中，负责审核候选人资格的巴布亚人民委员会认为只有"长弯曲头发、黑皮肤的"且土生土长在巴布亚、属于巴布亚族群的人才是巴布亚人，[2] 才有资格参加竞选。为此，两位副省长竞选者穆罕默德·穆萨德（Muhammad Musa'ad）和寇玛鲁丁·瓦图布（Komaruddin Watubu）失去了竞选资格。穆罕默德·穆萨德的母亲是巴布亚人、父亲是 19 世纪到达法克法克地区的阿拉伯人后裔。他的家族是本地望族，对当地社会的发展有重大贡献。他没有通过候选人资格审查的结果令他自己和许多人大吃一惊。寇玛鲁丁·瓦图布来自卡伊群岛，从小迁居到巴布亚。尽管卡伊群岛在行政上隶属于马鲁古省，但是卡伊族人种属于美拉尼西亚种族，许多卡伊族人迁徙到邻近的巴布亚生活，被视为本地人。虽然这两位候选人的巴布亚人身份

---

[1] Mietzner, M., "Local Elections and Autonomy in Papua and Aceh: Mitigating or Fueling Secessionism?" *Indonesia*, Vol. 84, 2007, p. 8.

[2] International Crisis Group, "Papua: The Dangers of Shutting Down Dialogue", *ICG Report*, 23 Mar 2006.

印度尼西亚族群动员的政治逻辑（1998—2017）

都得到了当地民俗领袖的认可，但仍不能通过巴布亚人民委员会的审查。2006年省长选举从多方面揭露了巴布亚内部族群之间、精英之间的矛盾，挑战了巴布亚人认同。①

简言之，中央政府单方面兜售的特殊自治法虽然没能按计划得到巴布亚人的接受从而使他们放弃独立，但是在特殊自治的实践中创造出了针对个人、族群、地区等不同层次的回报结构，使已经分化的巴布亚精英之间的矛盾更加清晰地呈现出来，在独立运动和雅加达之间"骑墙"的新型独立领导者的态度最为摇摆。

由于内部分裂和安全部门的打击，2000年以后出现了许多新的、规模更小的独立运动组织，如民族独立委员会（NLC）、反对印尼巴布亚青年队伍（SAMPARI）、独立巴布亚组织行动（OOPM）、巴布亚民族运动（GNP）等。2015年巴布亚警方的威胁认知报告中称在巴布亚活跃的武装犯罪集团有7个，每一个都有领导人自称代表"巴布亚独立组织"，政治犯罪集团至少有5个。② 其中比较有影响力的组织包括：

（1）"西巴布亚联邦共和国"（NRFPB）成立于2011年、由沿海族群主导的组织，其前身是"西巴布亚全国权威"组织。③

（2）"西巴布亚全国委员会"（KNPB）成立于2008年，由山地族群学生创建，在巴布亚组织了多次政治示威。2012年，他们建立了"西巴布亚全国议会"（PNWP）。这个组织在巴布亚社会中的根基最深，且被印尼政府宣布为非法的分离组织，成员常被拘捕，但极少被审判。

（3）"西巴布亚全国独立联盟"（WPNCL）创立于2005年，由约翰·昂达瓦梅（John Ondawame）创建，主要成员是沿海族群，总部位于瓦努阿图共和国，其武装成为西巴布亚全国独立武装。

（4）"自由西巴布亚运动"（The Free West Papua Campaign），由来自山地族群的班尼·文达（Benny Wenda）领导。他在2003年流亡到英国获得政治庇护，将组织总部设在英国牛津，是海外巴布亚独立组织中最有名

---

① Mietzner, M., "Local Elections and Autonomy in Papua and Aceh: Mitigating or Fueling Secessionism?" *Indonesia*, Vol. 84, 2007, pp. 10 – 11.

② Syailendra, E., "Inside Papua: The Police Force as Counterinsurgents in Post – Reformasi Indonesia", *Indonesia*, Vol. 102, No. 1, 2016, pp. 57 – 83.

③ "西巴布亚全国权威"组织在巴布亚地区的领袖是Edison Waromi和Forkorus Yaboisembut，在澳大利亚的领导是Jacob Rumbiak和Herman Wanggai。

第六章　巴布亚独立运动的族群动员

且筹款最多的组织。2014年又成立了新组织"西巴布亚联合独立运动组织"（ULMWP，United Liberation Movement for West Papua）。这个组织的抗争方式以国际游说的政治活动为主，辅以低强度的游击战，大部分发生在位于中部山区的蓬查县、查亚峰县和因潭查亚县。① "西巴布亚全国委员会"是这个组织的国内合作伙伴。

（5）"西巴布亚利益协会"（West Papua Interest Association，WPIA）由卡洛·瓦罗米牧师（Pastor Karel Waromi）建立于1990年，总部位于巴布亚新几内亚，目标是依据联合国宪章和联合国土著权利宣言通过自决的方式恢复巴布亚土著的人权。

曾有一些尝试联合各团体的行动，但或是因对实现独立的方式有不同看法，或对独立后国家形态的不同前景有不同态度，联合各团体的努力均遭遇失败。例如，"巴布亚和平网络"②组织曾努力团结各政治组织，致力于与印尼政府就地方自治和谈。但2011年这个组织失去了苏西洛内阁的支持，转向独立。方向的突然转变导致该组织失去支持基础，几乎销声匿迹。③ 2017年，该组织领袖内勒斯·泰北（Neles Tebay）向佐科内阁提出进行分领域和解协商。这个提议被巴布亚各组织拒绝，因为事先没有与他们商议。1999—2000年成立的"巴布亚主席团委员会"和2005年成立的"西巴布亚全国独立联盟"也曾经尝试过联合各组织，但都失败了。④

另一个例子是，在联合申请进入"美拉尼西亚区先锋集团"时，主要组织出现领导权纷争。最先申请加入先锋集团的是"西巴布亚全国独立联盟"。先锋集团在2013年拒绝了他们的申请，但欢迎巴布亚人作为一个团结的整体再申请。随后，在瑟姆·阿沃姆（Sem Awom）的领导下成立了一个和解小组，⑤负责整合各派系但失败，在2014年后期形成了三个派系联盟："西巴布亚全国独立联盟""西巴布亚联邦共和国"和"西巴布亚

---

① IPAC，*Policy Miscalculations on Papua*，IPAC Report No. 40，2017，Institute for Policy Analysis of Conflict，p. 2.

② "巴布亚和平网络"成立于2010年，初期由Neles Tebay领导，后期领导权转移到Muridan Widjojo。

③ IPAC，*Policy Miscalculations on Papua*，IPAC Report No. 40，2017，Institute for Policy Analysis of Conflict，p. 17.

④ Singh, B., *Papua：Geopolitics and the Quest for Nationhood*，London and New York：Transaction Publishers，2011，Chap. 5.

⑤ 和解小组即ULMWP，西巴布亚美拉尼西亚人联合与和解小组。

· 117 ·

全国委员会"。2014 年 12 月，三派系会面，经过激烈的争吵，在最后一刻才终于同意由和解小组出面提交申请。

此外，"巴布亚独立运动"的老牌领导在 2004—2005 年打算建立一个超派系的组织但失败，反而使组织更加分裂。① 在存在超过半世纪后，巴布亚独立组织仍然没有决定用哪种方式实现独立，内耗严重。以凯里·夸里克（Kelly Kwalik）、塔迪尤斯·约吉（Tadius Yogi）、马蒂亚斯·文达（Mathias Wenda）为代表的强硬派坚持武装斗争，拒绝与印尼政府对话，而魏勒母·昂德（Willem Onde）等认为必须坚持对话。② 在与其他派系接触的过程中，"巴布亚独立运动"的强硬派不能接受"巴布亚主席团委员会"（PDP）只采用政治方式，而后者也不接纳前者的游击队。

三 低暴力制度外动员

自 2000 年 8 月以来，巴布亚独立运动的政治空间非常小，中央政府主导了巴布亚政治发展进程，继续用军事力量镇压独立运动者，丝毫没有在独立分子的动员压力下妥协。中央政府关闭了与动员组织就独立问题直接谈判的渠道，使独立运动组织不得不采用制度外方式提高对政府的压力。他们恢复了武装动员并向国际化转型，这和亚齐独立运动曾采取的方式相似。不同的是巴布亚的族群凝聚力低，没有形成统一的组织协调各方行动，所以武装动员和国际化活动缺乏统一调度，武装动员的暴力程度和影响有限。

巴布亚独立组织针对印尼的暴力和非暴力活动数量在不断增长。③ 2015 年巴布亚警方的报告根据动员方式将独立组织分为两种，分别称为"武装犯罪团伙"（KKB）和"政治犯罪团伙"（KKP）。前者使用暴力和恐怖的方式干扰社会秩序，后者使用示威、媒体、传教、国际化等方式。"武装犯罪团伙"的大部分成员来自比较贫穷地区的山地族群，而海岸族群在"政治犯罪团伙"中影响力较大。

---

① IPAC, *The Current Status of the Papuan Independence Movement*, IPAC Report No. 21, 2015, Institute for Policy Analysis of Conflict, pp. 19 - 25.

② Singh, B., *Papua: Geopolitics and the Quest for Nationhood*, London and New York: Transaction Publishers, 2011, Chap. 5.

③ Syailendra, E., "Inside Papua: The Police Force as Counterinsurgents in Post - Reformasi Indonesia", *Indonesia*, Vol. 102, No. 1, 2016, pp. 57 - 83.

第六章　巴布亚独立运动的族群动员

这一时期的暴力活动有两种类型，一种源自于市民抗争运动的失控，即无准备的暴力。例如 2003 年 1 月，梅加瓦蒂下令执行将巴布亚分为三个省的决定，遭到巴布亚全民的强烈抗议，他们认为这是雅加达分化独立运动的伎俩。他们提出按照新的特殊自治法令，新建省没有经过"巴布亚人民委员会"[①] 的同意，是违法行为。[②] 同年 8 月，地方精英宣布中伊里安查亚省政府建立。这个决定立即引发了冲突，导致五人死亡。

另一种暴力活动是针对军队、警察和外来移民的暴力袭击。这些暴力活动的目标是扰乱社会秩序以降低印尼政府的执政合法性，向公众、媒体和外国传递消息以扩大巴布亚问题的影响力，以及从袭击中获得被害者的武器装备。[③] 暴力活动没有持续性、无法预知、规模不大。与 1998 年以前巴布亚独立运动的武装动员不同的是，这些暴力行动背后的肇事者身份常常无从确定，[④] 例如 2006 年 3 月，4 名军人在极乐鸟大学被杀；2009 年，武装分子攻击和烧毁了极乐鸟大学副校长办公室和省选举委员会；2009 年，三名移民在瓦梅纳市区被杀，两名移民受伤，引起移民群体的恐慌；2014 年，两名机动部队警察和一名步兵在蓬查县伊拉加区被枪杀；[⑤] 2017 年 11 月，一名机动警察被一群不明人士枪杀[⑥]等。根据巴布亚地方警察局的数据，在 2009—2014 年类似的暴力案件共发生 166 起，[⑦] 在 2014—2015

[①] 当时"巴布亚人民委员会"还没有建立。

[②] 宪法法院在 2004 年 11 月判定建立西伊里安省的总统令违宪，但是考虑到该省的政府相关职能部门已经建立起来，则判定该省实际存在。

[③] Dirintelkam, *Hakekat Ancaman KKB dan KKP di Papua Tahun* 2015, Polda Papua, 2015, pp. 5 – 15.

[④] Chauvel, R., "Between Guns and Dialogue: Papua after the Exile's Return", APSNet Policy Forum, April 23, 2009, url: https://nautilus.org/apsnet/between – guns – and – dialogue – papua – after – the – exiles – return/.

[⑤] Tempo, Satu TNI Tewas Ditembak di Papua (2014 – 09 – 25), url: https://nasional.tempo.co/read/609710/satu – tni – tewas – ditembak – di – papua. Rochman F, 2 Anggota Brimob yang Tewas Ditembak di Papua Dapat Kenaikan Pangkat (2014 – 12 – 05), url: http://nasional.kompas.com/read/2014/12/05/16552291/2.Anggota.Brimob.yang.Tewas.Ditembak.di.Papua.Dapat.Kenaikan.Pangkat.

[⑥] Sohuturon, M., Kronologi Tewasnya Anggota Brimob di Tangan KKB Papua (2017 – 11 – 15), url: https://www.cnnindonesia.com/nasional/20171115103116 – 12 – 255734/kronologi – tewasnya – anggota – brimob – di – tangan – kkb – papua.

[⑦] Syailendra, E., "Papua Region Under Jokowi: New President, New Strategies", *RSIS Commentaries*, Vol. 110, 2015.

印度尼西亚族群动员的政治逻辑（1998—2017）

年针对安保机构的袭击有14起。① 其中一些暴力袭击案可能与巴布亚独立组织有关，例如2015年5月26日在查亚峰穆利亚区发生了流血案件，由18人组成的武装团伙袭击了6名平民，而此前不久西巴布亚国民独立军（TPNPB）指挥官恩登·瓦尼博（Enden Wanimbo）刚刚宣布针对印尼军队、警察和非巴布亚原住民进行"全面战争"。② 然而也有猜测认为暴力活动背后的主导者身份复杂，当地的军队、警察以及其他方面也有可能刻意维持不安定的局面，以便从中渔利。

国际化是独立组织的另一个策略。独立组织意识到一个提高国际关注的有效方法是直接触动相关方的利益。他们频繁地在自由港等外资公司上做文章。自由港麦克莫兰公司是一家总部设立在美国的纽约证交所上市公司，是世界上最大的上市铜生产商、最大的钼生产商和重要的黄金生产商。在苏哈托时期，自由港获得了巴布亚的格拉斯堡铜金矿产区，成为其全球三大主要资产配置区之一。③ 自由港公司长期以来被视为印尼政府对巴布亚进行经济剥削的帮凶，也深陷破坏环境和非法征地的问题。在民主改革后，巴布亚独立组织动员本地族群要求关停自由港公司，要求公司赔偿征地款、履行社会责任，借此扩大巴布亚问题的国际影响力。2007年和2011年，自由港公司巴布亚工人举行了两次大罢工。针对自由港公司职员的绑架和暴力也时常发生，如2015年1月1日，一名公司保卫在米米卡县被杀害。其他西方国家在巴布亚的利益也被触及，如英国石油公司在巴布亚的天然气厂。④

独立组织的行动在西方世界中引起了一定程度的关注，例如英国工党领袖里米·科尔宾（Jeremy Corybn）是西巴布亚国际议会组织的创始人之一，他认为印尼对巴布亚的统治是侵略行为，支持巴布亚公投。⑤ 美国、澳大利

---

① Sebastian, L. and Emirza Adi Syailendra, Can Jokowi Bring Peace to West Papua? url: https://thediplomat.com/2015/06/jokowis-challenges-in-negotiating-peace-in-papua/.

② BBC Indonesia, Kekerasan di Papua, "Pukulan" bagi Presiden Jokowi (2015-05-27), url: http://www.bbc.com/indonesia/berita_indonesia/2015/05/150527.

③ 自由港麦克莫兰公司另外两大主要资产配置区都在美洲，其中在北美有7座铜矿，在南美有2座铜矿，巴布亚矿区是该公司唯一的金矿资产。

④ Singh, B., *Papua: Geopolitics and the Quest for Nationhood*, London and New York: Transaction Publishers, 2011, Introduction.

⑤ Davidson, H., Jeremy Corbyn on West Papua: UK Labour Leader Calls for Independence Vote (2016-05-06), url: https://www.theguardian.com/world/2016/may/06/jeremy-corbyn-on-west-papua-uk-labour-leader-calls-for-independence-vote.

第六章 巴布亚独立运动的族群动员

亚等国家对巴布亚的人权问题表示关切。但是巴布亚独立的目标在西方世界中没有很大市场。印尼处于两大洋的交汇地带,地理战略位置十分重要。印尼的国家安全对美国和澳大利亚的意义重大,更何况通过"自由选择公投"将巴布亚交给印尼曾经是美国与澳大利亚一手促成的。一个统一、稳定的印尼共和国更符合这两个国家的利益,因此两国不支持巴布亚独立。①

虽然对西方国家的游说活动宣告失败,但独立行动者发现太平洋岛国比西方国家的态度更易转变。他们提出以下行动路线:从太平洋岛国起步,逐渐扩大支持范围到非洲和加勒比海国家,并争取联合国的支持,最终迫使印尼接受公投。从2014年12月开始,巴布亚独立运动的短期目标是成为"美拉尼西亚区先锋集团"②的成员。2015年6月,西巴布亚被高峰会议接纳成为观察员。独立运动在一些太平洋岛国获得了同情和支持。太平洋岛国普遍支持解决巴布亚的人权问题,希望促成各方和平对话,③但独立组织却利用国外支持拓展独立机遇。所罗门群岛鼎力支持西巴布亚联合独立运动作为正式成员组织加入"先锋集团"失败后,在2016年7月专门建立了"西巴布亚太平洋岛国联盟"并吸纳了巴布亚。巴布亚新几内亚虽然在官方没有表态支持巴布亚独立运动,但是许多独立组织的总部设在巴布亚新几内亚。

独立行动者还努力引起联合国的关注,但效果有限。他们学习20世纪80年代东帝汶独立运动的何塞·拉莫斯-霍尔达(Jose Ramos-Horta)的做法,让尽可能多的国家在联合国大会正式报告中提到巴布亚问题,向印尼政府施加压力。在2013年联合国大会上,只有瓦努阿图提到了巴布亚。2014年和2015年,所罗门群岛也提到了巴布亚问题。2016年,七个国家(瓦努阿图、所罗门群岛、图瓦卢、瑙鲁、汤加、马绍尔群岛和帕劳)在报告中提及了巴布亚问题。2017年,四个国家关注了巴布亚问题。④这些国家承认印

---

① 澳大利亚尽管在外交立场上不支持巴布亚分离主义,但是对巴布亚问题表示同情,如在2006年,澳大利亚给乘船偷渡到其境内的42名巴布亚难民临时签证,印尼政府对此抗议。

② "美拉尼西亚区先锋集团"(MSG, the Melanesian Spearhead Group)是太平洋岛屿论坛(Pacific Islands Forum)的分支机构,由四个国家——瓦努阿图、斐济、所罗门群岛和巴布亚新几内亚,以及一个非民族国家成员——社会主义及卡纳克民族独立阵线(Front de libération nationale kanak et socialiste)组成。

③ IPAC, *Policy Miscalculations on Papua*, IPAC Report No. 40, 2017, Institute for Policy Analysis of Conflict, p. 7.

④ IPAC, *Policy Miscalculations on Papua*, IPAC Report No. 40, 2017, Institute for Policy Analysis of Conflict, p. 7.

尼对巴布亚的主权，但对巴布亚人权问题表示关切。独立行动者在联合国大会的下一步计划是得到非洲和加勒比海国家的支持。此外，西巴布亚联合独立运动组织在2017年声称向联合国去殖民委员会①递交了180万巴布亚人签名的公决请愿书，但委员会表示未收到这份请愿书、尊重印尼的领土完整并拒绝将巴布亚列入观察地区。

第五节 小结

巴布亚独立运动从诞生以来就缺少统一的组织和领导者，其内部分裂和竞争的状态使独立派难以获得足够的政治筹码迫使政府坐到谈判桌前，而温和派也没有能力获得巴布亚社会的政治代表权，从而与政府重新协商特殊地方自治。族群凝聚力低导致巴布亚独立运动在绝大部分时间中都呈现出低暴力的制度外特征。

印尼政府对待巴布亚族群动员的态度在大部分时间内是禁止的。在苏哈托执政时期和自瓦希德后期以来，巴布亚独立运动被定性为危害印尼民族团结的行动，挑战了印尼共和国的核心利益，因此中央政府对巴布亚独立运动的政治容忍度较小，在行动上体现为对独立思想和独立运动的镇压和规训。此后历届政府对巴布亚的政策基本一致，即在特殊自治法的框架下解决问题、提升巴布亚的社会生活水平、缓慢扩大巴布亚人的政治权力，同时维持军队和警察在巴布亚的存在。政府关闭了与动员组织直接对话的渠道，分散的动员组织不再期望通过与政府协商的渠道实现公投脱离印尼，而转向国际化和武装暴力。政治空间的关闭迫使独立运动强硬派重新武装起来。只有在哈比比任期和瓦希德执政前期曾有一个短暂的政治空间宽松的时期，政府表现出对巴布亚分离运动的同情，甚至有以公投独立换和平的准备，然而分裂的巴布亚精英没有能力抓住这一短暂的政治机遇。

巴布亚与亚齐问题性质几乎相同，而且哈比比、瓦希德、梅加瓦蒂和苏

---

① 去殖民委员会即"有关授予殖民国家和人民独立宣言实践情况的联合国特别委员会"（The U. N.'s Special Committee on the Situation with regard to the Implementation of the Declaration on the Granting of Independence to Colonial Countries and Peoples），成立于1961年，每年审议尚未获得自治权的殖民地情况。东帝汶曾被长期列为观察国之一，并在此平台上推动了东帝汶独立公投。

第六章　巴布亚独立运动的族群动员

西洛政府对二者的政策大体相似，但动员者选择了不同的动员方式：亚齐走制度内道路，而巴布亚继续走制度外道路。导致亚齐和巴布亚选择不同动员方式的最重要原因在于族群凝聚力不同。协议分权过程没有出现在巴布亚的主要原因是巴布亚的精英凝聚力低：没有一个组织或精英联盟可以协调巴布亚族群全体形成政治共识并代表巴布亚与政府对话。这种情况植根于巴布亚族群的多样性和山地—海岸族群间长期的结构性矛盾，从苏哈托时代巴布亚独立组织已经分裂成多个派别、各行其是。在印尼民主化之后，直接民主选举和财政分权下的新制度和新资源的引进进一步分化了巴布亚精英，不仅在走和平路线的精英与走武装路线的精英之间缺乏共识，而且两个派别内部也缺乏凝聚力。

未来，印尼政府如果继续绕开历史和人权的遗留问题，而只通过经济援助和提升社会福利来试图解决巴布亚问题的话，将进一步在巴布亚精英内部制造裂隙，加深一部分巴布亚精英对印尼政府的不信任，使分离运动的国际化和暴力程度增加，则巴布亚效仿亚齐与印尼政府通过对话重新制定特殊分权法案从而结束分离运动的前景不容乐观。

第七章

民俗地运动中的族群动员

印尼民主化之后，在外岛地区出现了小群体以族群权利的名义与国家或企业重新商议土地所有权的民俗地运动。在苏哈托时期，族群集体所有的民俗地被国家或与地方政府关系亲密的企业非法占用，引发了族群分散、自发的反抗。民主化虽然开启了民俗地法律地位的讨论，重新强调了民俗法和民俗地权利在宪法中的地位，但地方法律尚未提供在实践中可执行的修正办法。在制度没有提供彻底解决方式的情况下，社群接受了非政府组织和社会机构的援助和"代理"，使分散、无序的动员行动变成有组织的动员。他们逐渐放弃低暴力的制度外动员手段，转变为采用议会游说、司法、第三方协商等有组织的制度内动员方式来推动正式规则变革。

本章第一节介绍北苏门答腊省多巴—巴达克族与多巴纸浆公司的民俗地纠纷的起源，第二节阐述了政治空间的扩大和族群凝聚力的提升使动员方式从制度外走向制度内的转变过程，第三节分析2008—2016年印尼全国民俗地动员案例，强调非政府组织和社会机构的"代理"功能帮助提升了族群的凝聚力，减少了暴力动员。

第一节 多巴湖民俗地运动的背景

印尼的民俗地是指由习惯法（民俗法）社会行使其习惯法权利的土地，[①] 是祖祖辈辈世代传下来的集体所有的土地。所谓习惯法社会，是指

[①] 参见《1999年第5号关于解决民俗法社会的民俗权问题指导意见的农业部长/国家土地局长规定》第1条第2句。

第七章　民俗地运动中的族群动员

"由民俗法秩序联结起来的群体，由于居住地相同或有共同祖先形成某种共同的法律同盟"。① 民俗地问题的根源是印尼建国后法律法规对习惯法权利界定不明。新秩序时期经济快速发展对土地的大量需求加深了民俗地问题的严重性。印尼民主改革后，外岛族群要求国家和企业返还使用非正当方式强占的民俗地。

民俗地问题始终与族群身份紧密联系，是因为对集体土地的所有权、管理权和特殊的使用方式是定义印尼族群性质和文化的最基本元素。② 在前现代时期，土地界定族群身份体现在族群习惯以河流、山川等地名命名，以区分临近的族群和敌人。他们的宗教、文化仪式也离不开民俗地中的树木、河流等特殊标志物。习俗法社会认为土地具有神奇的力量（magis），所以不允许买卖民俗地。③ 民俗地在族群文化中的地位使之成为族群对于集体身份想象的不可分割的部分。④

土地也是多巴—巴达克族族群身份的重要象征符号。巴达克族的人生目标是财富（hamoraon）、尊重（hasangapon）和传承（hagabeon）。土地既是财富的来源，也带来受人尊重的社会地位：拓荒开土建立新村庄的人和其继承者自动成为村庄礼俗中层等级最高的氏族，被尊称为"胡塔之王"（raja huta）。巴达克族是富有实用主义精神的父子氏族社会，在巴达克语中有"没有孩子就没有土地"（lulu anak lulu tano）的说法，意思是多生可以继承土地的男孩，才能扩展家族领土。

多巴—巴达克族的习惯法中对土地的类型（见表7.1）和使用规范有详细的规定。

---

① 参见《1999年第5号关于解决民俗法社会的民俗权问题指导意见的农业部长/国家土地局长规定》第1条第3句。
② Kingsbury, B., "Indigenous Peoples as an International Legal Concept", *Indigenous Peoples of Asia*, Ed. by Barnes, R., Andrew Gray, and Benedict Kingsbury, Vol. 48. Ann Arbor, MI: Assn for Asian Studies Inc, 1995.
③ Simandjuntak, B. and Saur Tumiur Situmorang, *Arti Dan Fungsi Tanah Bagi Masyarakat Batak*. Parapat: Kelompok Studi Dan Pengembangan Masyarakat, 2004, p. 14.
④ Peluso, N. and Emily Harwell, "Territory, Custom, and the Cultural Politics of Ethnic War in West Kalimantan, Indonesia", *Violent Environments*, Ed. by Peluso, N. and Michael Watts, Ithaca: Cornell UP, 2001, pp. 97 – 99.

表7.1　　　　　　多巴—巴达克族习惯法对土地类型的界定

土地类型（地方语言）	解释
tano tarulang	未被开发的空置土地
tano na niulang tano dipaombal talun tallik	空置直到恢复肥力的土地。有以下子类型： 短期空置（如两年）的土地 长期空置的土地 因病虫害、水土流失等原因被长期空置不再使用的土地
harangan	未被开发的森林
tombak	被开发过的森林
hauma/tano maraek	种植稻子的土地
pargadongan	种植木薯、咖啡等作物的土地
tano gas - gas	曾经种植水稻、即将轮种其他作物的土地
tano parhutaan	胡塔中的住宅地
jalangan	放养牲畜的空地（不需要人看管）
jampalan	放养牲畜的空地（需要人看管）

资料来源：Simandjuntak B. and Saur Tumiur Situmorang. *Arti Dan Fungsi Tanah Bagi Masyarakat Batak*. Parapat：Kelompok Studi Dan Pengembangan Masyarakat，2004，pp. 49 – 50.

在巴达克族习俗法中，土地的终身所有制有三种来源：开辟新土地并建设新村庄，则新疆域的土地属于开辟者和子孙；父亲将土地所有权作为遗产传给儿子；将土地赠予女婿。土地的终身所有制规定即使所有者不在土地上耕作，使土地闲置荒芜，其他人也不能以此为理由占用，除非其他人向土地所有者申请并获得允许。如果申请被驳回，其他人可以向民俗领袖（raja doli）申请，再过三年闲置期后可能获得允许重新开垦。[①] 土地权利由父辈传给子辈，甚至不能转让给外姓人。

从20世纪80年代末，一家纸浆公司通过非法手段获得了多巴—巴达克族的民俗地。多巴纸浆公司（PT. Toba Pulp Lestari）是金鹰集团（RGM：Raja Garuda Mas）集团下属企业，创立者为棉兰华人陈江和（Sukanto Tano-

---

[①] Sherman, D., *Rice, Rupees, and Ritual：Economy and Society among the Samosir Batak of Sumatra*, CA：Stanford University Press, 1990, Chap. 12.

to）。1983年4月26日，公司以PT Inti Indorayon Utama的名称成立。① 公司曾在北苏门答腊省多巴湖周边地区的11个县②拥有土地使用许可证。1992年6月，公司获得269060公顷的土地使用权，大部分土地类型为林地。公司在多巴夏梦溪县泊西区（Porsea）梭索拉当村（Desa Sosor Ladang）建造了植物纤维加工厂。

从运营伊始，TPL公司就与当地族群频繁发生矛盾。最早出现社会矛盾的地区是加工厂所在地泊西区。随着公司垦殖范围增大，社会矛盾的地理范围也扩大。目前矛盾较突出的地区还有弘邦哈孙杜丹县坡珑区（Pollung）的潘杜曼（Pandumaan）和西皮图胡塔（Sipituhuta）村。自2009年公司开始砍伐这两个村庄的民俗林，威胁到当地农民的生计。

公司与多巴—巴达克族产生矛盾有四个原因：一是导致环境污染，公司运营过程中造成了一系列环境污染问题，包括非法砍伐原始森林、土地塌陷、污染亚沙汗河、污染空气、酸雨等。1987年，因公司砍伐森林导致水土流失和山体滑坡，使纳土铭嘉村（Natumingka）的15名居民死亡。③ 据KSP-PM统计，公司破坏了约17000公顷原始森林，影响了约13000名居民的生活。

二是剥夺农民的生活来源。多巴湖周边地区80%以上的人口是农民，种植水稻等农业作物是他们的一部分经济来源。公司砍伐森林导致山体滑坡，破坏稻田，造成农民的经济损失。另外，从森林中采集的果实、木材、药品也是农民重要的经济来源。潘杜曼和西皮图胡塔村80%的家庭收入来自从4000公顷林地里采集的乳香。④ 森林是当地人最宝贵的财产，破坏原始森林的行动触及了民众生存的底线。

三是不尊重巴达克族的民俗传统，公司的行为触犯了民俗禁忌。森林中的植物和景观在巴达克族习俗中有特殊的意义。例如，村子之间民俗地的边

---

① 下文统一以"公司"或"TPL公司"代称PT Inti Indorayon Utama公司和更名后的多巴纸浆公司。

② 公司拥有土地使用许可证的11个县是西玛隆坤县、亚沙汗县、夏梦溪县、多巴夏梦溪县、北塔帕努里县、戴里县、南塔帕努里县、中塔帕努里县、帕帕克县、北旧巴东县和弘邦哈孙杜丹县。

③ Sibarani, R., "Kisah Vampire, Salib, dan Adu Domba di Tano Batak" (2015-07-05), url: http://www.kompasiana.com/rantosibarani/kisah-vampire-salib-dan-adu-domba-di-tano-batak_5598e391bd22bdb20dc38950.

④ Cahyono, E., Ana Mariana, and Siti Maimunah, *Inkuiri Nasional Komnas HAM: Hak Masyarakat Hukum Adat Atas Wilayahnya Di Kawasan Hutan*, Komnas HAM, 2016, p. 12.

印度尼西亚族群动员的政治逻辑（1998—2017）

界往往由树木或河流等标志性景观界定，公司对这些景观的破坏会导致村子之间的所有权纠纷。再如，被公司砍伐的乳香树在当地民间故事中被看作为了集体牺牲的妇女的眼泪的化身，不能被破坏或砍伐。乳香也是东方贤者为刚出生的耶稣带来的三样礼物之一，在信仰新教的巴达克人中具有神圣的宗教意义。① 公司在弘邦哈孙杜丹县肆意砍伐乳香树的行动导致了农民的直接暴力反抗。

四是公司垦殖的土地是巴达克族的民俗地，却没有根据习俗法的要求获得当地社会的用地许可。在习俗法中只有在一种情况下才能将土地使用权转移给外人，即如果父母愿意赠予出嫁的女儿（Parboru）一部分土地做嫁妆，可以举行皮梭皮梭仪式（piso - piso）转移土地所有权，然后举行帕戈帕戈仪式（pago - pago）象征性地拿出一些钱和食品答谢见证人。

然而这种土地转移仪式被政府和公司不正当利用，使之成为一种随意转移土地使用权的仪式。讽刺的是，最先想出用帕戈帕戈仪式转移民俗地使用权招数的竟是北苏门答腊省省长 E. W. P. Tambunan（1978 - 1983）。这种手法在北塔帕努里县使用最频繁。②

公司利用帕戈帕戈仪式转移土地所有权最早发生在 1984 年泊西区梭索拉当村，公司要将 225 公顷养殖牲畜的土地改建为加工厂，举行了帕戈帕戈仪式，以每公顷 12500 盾的价格向村民缴纳了费用，租期为 30 年。第一次获得成功后，公司不断重复该仪式，取得了苏佳帕（Sugapa）③、帕里撒布楠（Parik Sabungan）、多乐玛塔里塔里（Dolok Martali Tali）、潘杜曼和西皮图胡塔的民俗地。④ 此后这种方式多次被公司利用以应对村民的压力，如 2009 年伊始，公司开始垦殖弘邦哈孙杜丹县的民俗林时觉察到社群的不满，于是举

---

① Sibarani, R., "Kisah Vampire, Salib, dan Adu Domba di Tano Batak" (2015 - 07 - 05), url: http://www.kompasiana.com/rantosibarani/kisah - vampire - salib - dan - adu - domba - di - tano - batak_5598e391bd22bdb20dc38950.

② Simandjuntak, B. and Saur Tumiur Situmorang, *Arti Dan Fungsi Tanah Bagi Masyarakat Batak*, Parapat: Kelompok Studi Dan Pengembangan Masyarakat, 2004, pp. 19 - 20.

③ 苏佳帕村（Sugapa）曾隶属北塔帕努里县西莱思区（Silaen），行政区划变更后成为多巴夏梦溪县西衮帕区（Sigumpar）的进步村（Desa Maju）。苏佳帕村村长在没有征得村民同意的情况下使用帕戈帕戈仪式将 52 公顷土地转移给了县政府，后将使用权转让给公司，见 Pandiangan, S., "Bentuk - bentuk Perlawanan Petani Terhadap Dominasi Negara", *Jurnal Pemberdayaan Komunitas*, Vol. 5, No. 3, 2006, p. 327.

④ Cahyono, E., Ana Mariana, and Siti Maimunah, *Inkuiri Nasional Komnas HAM: Hak Masyarakat Hukum Adat Atas Wilayahnya Di Kawasan Hutan*, Komnas HAM, 2016, p. 12.

行了帕戈帕戈仪式。① 这种故意曲解、利用习俗法的花招一直被政府和公司利用，使当地社会更加愤慨。

除了上述四条一般原因以外，在不同的地区还另有特殊的原因导致冲突。例如弘邦哈孙杜丹县潘杜曼村（Pandumaan）的矛盾源于公司违约。2006年，公司与村民签订了在养水牛的湿地（tanah jampalan）种桉树的口头协议，规定一切种植和养护由公司负责，木材的收益将由公司和土地所有者对半分。但直到2009年公司才送来协议文件，条款中称如果每公顷产木材不足120吨，土地所有者要交罚款。村民商议后决定不准公司进入他们的土地并没收全部桉树。②

第二节 政治空间小、凝聚力弱：低暴力制度外动员（2003年以前）

土地对多巴—巴达克族具有极其重要的物质和精神价值。苏哈托执政时期地方政府和私营公司联手侵占民俗地、践踏习俗法的行为刺激了族群动员。民主化以前，多巴—巴达克族的抗争空间有限且组织程度不高，他们的反抗行动具有应激性的暴力特点。在民主化初期（约在2003年以前），虽然中央政府修正了关于民俗法权利的顶层政策，但地方政府尚未更新规定，强制机关仍使用强硬的态度对待族群动员活动，政治空间没有立即扩大，因此在民主化改革初期，族群动员仍展现出低度暴力的特征。

一 政治空间小

荷印政府殖民时期确立了双轨法律制度：西方民法适用于欧洲人及被视为其同等的亚洲移民，习惯法适用于原住民族群。习惯法以书面法律文件的形式呈现，并通过原住民领袖或在殖民政府授权的原住民法庭中应用。随着习惯法被承认，"民俗地"成为一种被法律认可的土地类型。民俗地的概念首次将原住民的生活空间从自然空间（无主、有资源的空间）和废弃地

---

① Cahyono, E., Ana Mariana, and Siti Maimunah, *Inkuiri Nasional Komnas HAM: Hak Masyarakat Hukum Adat Atas Wilayahnya Di Kawasan Hutan*, Komnas HAM, 2016, p. 4.
② 2016年2月17日在多乐上谷市（Dolok Sanggul）与某民俗领袖的访谈。

印度尼西亚族群动员的政治逻辑(1998—2017)

（无主、无资源的空间）中区分出来。

印尼独立成为共和国后，法律虽然在原则上承认惯法，但在实践中没有履行习惯法中关于民俗地的规定。《四五宪法》第6章第18B条第2句表示，"国家承认并尊重习惯法社会的统一以及他们的传统权利，只要尚存在且与社会发展和统一的印尼共和国原则相符"。同样，苏哈托政府颁布的《1960年农业基本法》第3条和第5条指出在与民族和国家的利益一致，本着民族团结的原则且不与更高级别的法律法规相违背的前提下，习惯法只要在现实中仍存在，必须维持现状不变。然而在法律实践中，有关土地权利的具体法律法规并没有把民俗地考虑在内，原住民行使对集体土地权益时缺乏相应的法律法规依据和执行办法。例如《1997年第24号关于土地登记的政府规定》第9条第1句和第2句就没有把民俗地类型列进可登记的土地类型中，因此民俗地不能获得合法地契。

不仅民俗地权利的法律地位不明确，申请恢复民俗地运动的法律基础也引起争议。有观点援引《四五宪法》第14章第33条第3句"其中的领土和自然资源被国家所有，且为了人民的繁荣使其作用最大化"，提出既然习俗法社会承认宪法，意味着早在建国伊始已经将无法律证明的集体土地的处置权让渡给了国家，因此现在要求收回民俗地违背了与国家签订的契约，即意味着族群不承认"统一的印尼共和国"。

民俗地从法律上的漏洞演变成严重的社会问题，扩大化的根源有两个因素，第一是共和国成立后，政府打压族群概念和族群权利，宣扬"统一的印尼民族"的政策。20世纪50—60年代，中央政府挫败了多起边境分离主义叛乱，为了防范族群和地区主义思想蔓延，开始着力建构"统一的印尼民族"概念，抑制少数族群的文化和自治权力，预防新的分离主义产生。少数族群的习俗法也一并被政府打压，民俗地权利开始受到侵犯。第二个原因是"建设之父"苏哈托将经济发展作为政权合法性来源之一，为促进经济发展，在全国各地掠夺大量的共有产权民俗地。新秩序时期，苏哈托政权为了维持经济高速发展、巩固政权合法性，联合地方政府和军队大量非法侵占民俗地，将民俗地变更为国家所有土地，再将土地使用权转租给企业。林业部也直接占用了大片公共草场用于培植木材。[①] 民俗地从族群文化和权利中被彻

---

① Sherman, D., *Rice, Rupees, and Ritual: Economy and Society Among the Samosir Batak of Sumatra*, CA: Stanford University Press, 1990, Chap. 2.

底剥离出来,民俗地权利从社会领域进入国家领域。在中央政府、地方政府和军队的合谋下,族群声索民俗地权利的活动被镇压。

民主化初期,中央政府对民俗地的顶层政策有变化,但新规定过于简单、缺乏指导实践的效力。中央颁布了《1999年第5号关于解决民俗法社会的民俗权问题指导意见的农业部长/国家土地局长规定》和《2000年第2号关于执行1999年第5号关于解决民俗法社会的民俗权问题指导意见的农业部长/国家土地局长规定的国家土地局长令》。前者只列出了七项条款,过于概括的政策规定引起了争议。规定指出如果征得习惯法社会同意,个人和法人可以"控制"(penguasaan)民俗地,但没有说明"控制"具体指习俗法社会可以让渡哪些土地权利,而哪些权利是个人和法人不能获得的。

因为中央的政策不明确,地方立法无法推进。依据上述两项中央政府颁布的指导政策,各地区(省、县、市)政府应着手搜集习俗法社会和民俗地的完整信息,依次颁布地方法令,细化民俗地的地方管理办法。然而民俗地制度改革在地方推进得非常慢,地方政府迟迟不能通过法规。按照一般顺序,中央立法后,省级政府应该根据中央政策制定省级规定,然后县级政府才能推出县级实施办法。如果国家法律有争议,立法进程在省级旋即停止,解决问题的进程就会被锁死。以牵涉民俗地问题最多的林地为例。根据印尼群岛原住民联盟(AMAN)估计,印尼30%的森林是民俗林,面积可达4000万公顷。《1999年第41号森林法》虽然肯定了民俗林(hutan adat)受法律保护,但是第一条第六款对民俗林的定义是"存在于习俗法社会区域内的国有林",即仍然认定民俗林是国有林的一部分,否定了习俗法社会对林地的所有权和使用权。正因为1999年森林法内容尚存在争议,有关民俗林权利的地方立法难以推进。

此外,在解决民俗地问题的实践过程中也有困难。困难之一是地方政府缺乏支持立法的知识和信息。这些知识和信息有关各族群是否仍然实践习惯法,习惯法中对习俗地的管理规定,以及民俗地的分布地图。缺乏这些信息给地方立法造成极大困难。国家土地局指出,确定民俗法社会和民俗地边界需要地方政府深入探访当地社会,争取民俗专家和群众组织的意见,并通过地方规定的方式公布研究结果。进行这项工作不仅需要大量的人力、物力和时间,而且在面对个案的时候经常遇到复杂的具体情况,如一些社群谎报民俗地边界,更普遍的困难是因为时间久远、没有书面记录而无法确定民俗地边界和民俗法内容,给调研和立法造成困难。

印度尼西亚族群动员的政治逻辑(1998—2017)

困难之二是相关国家部门仍然质疑习俗法社会对土地（尤其是林地）进行有效管理的能力，这导致官员在主观上不愿意推动归还民俗地权利，甚至对民俗地运动产生敌意。如果习惯法社会无法证明他们的传统方法可以使林地得到可持续性利用，国家部门认为一旦将林地交还给习惯法社会，后者仍然会将土地转让给企业或砍伐森林牟利。一些曾经的非政府组织行动者在被官僚体系吸纳之后也因为这个原因转变了立场，质疑习惯法社会对土地的要求。在习惯法社会是否有能力管理归还后的民俗地一事上，甚至支持民俗地权利的非政府组织对此问题也有不同看法。KSPPM 指出巴达克族靠森林提供日常生活物资和经济来源，拥有丰富的土地管理经验，有能力可持续利用土地，然而 AMAN 多巴湖地区办公室却认为巴达克族对收回民俗地后如何处置和善加利用没有计划。① 退一步讲，针对"有效管理"的概念和方式，国家和习惯法社会的看法也有较大差异。例如依据多巴—巴达克族的习惯，在一块土地上连续耕作几年后应将土地空置直到恢复肥力，而根据 1960 年农业基本法和农业发展指导思想，被空置土地会因为没有得到有效利用而被国家收回。②③

从上述分析可知，民俗地问题源于印尼的法律制度不健全，扩大于新秩序政府的经济发展战略。在民主改革初期，民俗地问题的改革因中央对顶层法律修订不完善而停止推进，地方立法和执行过程中还面对诸多法律上的困境，政策制定者与民俗社会之间充满误解，民俗社会缺乏维权的政治空间。

二 族群凝聚力弱

从客观条件分析，多巴湖周边地区的民俗地运动其实一直具有形成统一组织的潜力。此地族群构成比较单一，90% 以上的人口是多巴—巴达克族，同时也是族群传统和民俗法保存最完好的地区。在殖民时期，这里被荷兰人称为"巴达克人的领土"（Bataklanden）和"巴达克王国的心脏"（jantung

---

① 2016 年 2 月 22 日，在 AMAN 办公室访谈。

② Simandjuntak, B. and Saur Tumiur Situmorang, *Arti Dan Fungsi Tanah Bagi Masyarakat Batak*, Parapat：Kelompok Studi Dan Pengembangan Masyarakat, 2004, p. 15.

③ 早在 20 世纪初期，荷兰人进入巴达克族社会时，也认为巴达克人不能经济、高效地利用土地和林地，认为种植园更有利于土地的高效产出，提高巴达克人的福祉，参见 Sherman, D., *Rice, Rupees, and Ritual：Economy and Society among the Samosir Batak of Sumatra*, CA：Stanford University Press, 1990, Chap. 3.

Negeri Batak)。① 巴达克族保卫民俗地的历史可以追溯到 19 世纪末至 20 世纪初。从 19 世纪后半叶，殖民当局转变强迫种植的殖民政策，开始实施"道义政策"。1870 年的《土地法》和 1880 年的《苦力法令》为私人资本提供了便利的投资条件。荷兰私人资本在苏门答腊开辟大量种植园，巴达克族为保护土地不被资本家占有而斗争。一位被称作"巴达克人的苏加诺"的民族主义者马努郎（Mangihut H. Manullang）在 1919 年 11 月 15 日刊发的周报《巴达克之声》中呼吁，"兄弟们，看看被省长租给资本家的属于咱们的土地吧，这都是因为咱们没有好好利用土地……土地的收益极大，欧洲和美国的股东都赚得盆满钵溢。兄弟们，咱们已经像负重的水牛那样成了一辈子的奴隶……"。在巴达克族群的抗争下，他们的林地才没有像东部马来王国那样完全被外来资本控制。因此，从族群单一性、民俗法的完整性和抗争经验上看，多巴湖周边地区有较好的组织条件。

然而多巴—巴达克族在新秩序时期和民主化改革前期没有形成统一的动员组织。巴达克族的集体行动一贯是以村子为单位的，一村即一同姓家族。大规模的族群联合比较少见，这一部分是因为多巴—巴达克族的村子之间多多少少都存在着积怨。在历史上，他们几乎没有大规模联合起来对抗外敌的记录。在西苏门答腊米南加保人向北进发的"帕德里"（Padri，1821—1883 年）战争中，巴达克族的村子被一个个征服并被伊斯兰化。面对荷兰殖民者的进攻也是一样。②

针对民俗地纠纷，不能联合的更重要的一个原因是军队和警察的镇压。公司得到多巴族的民俗地是通过与地方政府的合谋达成的。民俗社会针对公司发难往往招致地方政府和军队警察的严厉处理。

另一个原因是公司通过利诱分化了抗争力量。在抗争中最先成为领导的人是村民中称为民俗领袖（tokoh adat）的权威人士。他们在村庄的日常生活中负责组织婚丧嫁娶等需要使用民俗知识的公共活动。传统的多巴—巴达克族的村子是由一个家族建立和命名的，村子中的社会关系结构是以创建村庄的氏族为核心并通过与其他氏族通婚后形成的扩大化的氏族关系（clan）。

---

① Situmorang, S., *"Toba Na Sae": Sejarah Lembaga Sosial Politik Abad XIII - XX*, Jakarta: Yayasan Komunitas Bambu, 2004.
② Sherman, D., *Rice, Rupees, and Ritual: Economy and Society Among the Samosir Batak of Sumatra*, CA: Stanford University Press, 1990, Chap. 2.

印度尼西亚族群动员的政治逻辑(1998—2017)

民俗领袖是来自核心氏族的辈分高的长者，由于活跃的社会活动、丰富的民俗法知识和在氏族中正统的血缘地位[①]而拥有丰富的社会资本，是动员天然的组织者。民俗领袖在动员中至少有传递消息、设置议程和组织集会的作用。以下的案例中展示了民俗领袖在组织动员初期的领导作用：

"因为要重新划分村子的行政边界（pemekaran desa），氏族中四个男性到林子里勘察，偶然发现公司非法伐木的痕迹。他们回到村子之后和民俗领袖汇报了这件事。在庆典仪式（pesta）上，民俗领袖向村民们讲述了这件事。村民们决定派20个人再到林子里去勘察，取得证据。接着民俗领袖主持了全村大会，村民们决定行动起来，阻止公司继续对森林的破坏。"[②]

鉴于民俗领袖在组织动员中的核心作用，公司收买了一些民俗领袖，挑唆族人内部斗争，以此分化抗争群体。[③] 公司提出给动员领袖的家人安排工作，资助他们的孩子去爪哇上学，或者直接用钱收买，使他们不再为族群利益奔走。公司在中层和高层安放巴达克族人，并支持巴达克族的学者、媒体人、官员为公司利益发声，用本族人对抗本族人。在公司暂停运营期间，公司用社会责任款雇用巴达克人成立群众组织"永远热爱多巴的人们"（Masyarakat Pecinta Toba Lestari），[④] 与代表抗争者利益的社会组织针锋相对，为公司利益发声。

这种情况或许与常识相反：在以亲缘和邻里关系为纽带的组织中，背叛容易招致报复，更何况巴达克族的亲缘关系极紧密，是整个巴达克族社会关系的基础。然而在这个案例中，我们既看到许多村子选择集体"骑墙"，也发现不少族群领袖被公司收买。这种情况与巴达克族的生活哲学和习俗有密切关系。多巴—巴达克族的生活哲学中信奉实用主义。[⑤] 财富、尊重和传承是他们的生活目标，相反，贫穷和少子少孙会被看不起。当西方传教团进入巴达克族领土，请求允许他们传教时，领头人答道，"我们不能抛弃已经成为生活本身的习俗，但是如果你能帮助我们获得财富和荣誉，我们欢迎你加

---

① 所谓正统的血缘地位，是指民俗领袖来自开辟村庄的氏族，不是外来姓氏。
② 2016年2月25日，与KSPPM研究和宣倡部协调员Suryati Simanjuntak访谈。
③ Simanjuntak, B., *Orang - orang yang Dipaksa Kalah: Penguasa dan Aparat Keamanan Milik Siapa?*, Jakarta: Yayasan Pustaka Obor Indonesia, 2010, pp. 33 - 36.
④ 这个组织的名称中的"Toba Lestari"也是Toba Pulp Lestari公司名称的一部分，有指代TPL公司的双关含义。
⑤ Revida, E., "Sistim Kekerabatan Masyarakat Suku Batak Toba Sumatera Utara", *Jurnal Pemberdayaan Komunitas*, Vol. 5, No. 2, 2006, pp. 98 - 103.

入我们"。① 现在，多巴湖周边地区发展水平落后，巴达克人会省吃俭用把下一代送到爪哇或棉兰读书、定居，而留在家乡的年轻人被视为失败者。离开家乡的巴达克人在异乡落地生根，与家乡的关系疏远，不再受到同乡社会关系的约束，仅仅保留着家族姓氏。在这一点上与巴达克族形成鲜明对比的是西苏门答腊的米南加保族。米南加保人在离开家乡后仍与祖籍地亲属维持比较亲密的关系，每年要回家探望，病逝后也要葬在祖籍地。巴达克族的实用主义生活哲学使他们的背叛获得了正当性，成功者背井离乡的习俗在现实中形成了一种退出族群的方式，降低了个体背叛的成本。

三 低暴力制度外动员

20世纪80年代后期，TPL公司得到多巴湖周边地区的土地使用权后不久，多巴—巴达克族立即展开针对公司的抗议活动。反抗TPL公司的动员行动大致经历了四个阶段。②

第一阶段：自发的、低暴力反抗（1986—1993年年末）。在苏哈托政权下，由于公司与政权的密切关系及军队的严厉镇压，③族群动员可使用的方式有限，多为自发的、组织程度低的动员方式，如示威、妨碍公司生产、破坏公司财物等，时而伴有低程度的暴力。例如，1989年西莱恩区16名村民破坏公司的建筑工地，后被拘捕；1990年苏佳帕村十名妇女因铲除公司种植的桉树被警察拘捕并被公司告上法庭。村民到县政府、省政府和议会示威，令十名妇女无罪释放；1993年村民破坏工厂后勤设施，包括125间工人住房、摩托车等交通工具、小超市和电台，堵截工厂运输通道；20世纪90年代初，当地船运公司发起联合抵制运动（Gerakan Kapal），不运输公司的木材。

在这个阶段，动员者也曾使用质询和诉讼的制度内动员方式，但成本高且效果不佳。如1988年，在印尼生存环境组织（WALHI）的帮助下，通过印尼法律援助机构基金会（YLBHI）在中雅加达国家法庭起诉公司违反环境

---

① Silitonga, A., "Huria Kristen Batak Protestant Selajang Pandang", *Oikumene, Geredja dan Masjarakat di Indonesia：Karangan - karangan Selaku Penghormatan Kepada Prof. Dr T. S. G. Mulia S. H.*, Ed. by Abineno, J., Djakarta：BPK, 1965, p. 65.
② 具体的抗争运动时间表见附录A。
③ Munthe, T., Warga Tuding Toba Pulp Caplok Tanah Adat（2016 - 03 - 04），url：http：//regional. kompas. com/read/2016/03/04/10200031/Warga. Tuding. Toba. Pulp. Caplok. Tanah. Adat.

法，要求撤销公司许可证。次年 8 月 14 日，法院判决公司无罪且原告承担全部诉讼费用。苏佳帕村村民曾向村长、警方、区长、县长和省政府讨说法，但政府判定征地过程合法，对村民的抱怨不作为。1990 年 11 月，苏佳帕村村民将公司、村长、区长和县长告上法庭，但地方法院和高级法院都驳回了原告的起诉。到政府质询的路费和诉讼的费用全部由村民自己筹集，这对于他们而言负担过重以至于无法承受，因此村民们更倾向于选择制度外的方式与公司直接对抗、捍卫土地。①

第二阶段：静默期（1994—1998 年年初）。1993 年 11 月 5 日，村民对公司进行大规模破坏行动之后，中央政府公开介入，下令进行第三方环境评估和听证。直到 1998 年年初，没有出现大规模的反抗行动。

第三阶段：市民运动中的暴力反抗（1998 年年初至 2003 年）。1998 年后，与全国政治形势动荡相关，公众对公司的抗争更加激烈和公开。政府采用拖延策略令群众不满，公司雇用警察机动部队（brimob）和军队的镇压使冲突不断升级。1999 年发生暴力冲突导致 6 人死亡后，哈比比总统在 3 月 19 日下令暂停工厂运营。瓦希德总统上台后，包括尤素福·卡拉等人不断在中央游说，希望恢复工厂运营。消息传出后引起更大规模的群众和环保组织的反对。

简言之，集体行动在威权政府的压力下比较克制，组织性和暴力程度都较低。在民主改革初期，民俗地运动有向市民运动转型的趋势，然而因军队和警察的强硬态度，市民运动经常在没有准备的情况下升级为暴力行动。

第三节　政治空间大、凝聚力强：制度内方式（2003 年以后）

尽管目前印尼法律法规没有为民俗地问题提供彻底的解决方式，但是多巴—巴达克族逐渐放弃了暴力、对抗的制度外抗争手段，接受了制度内抗争方式。促成动员方式转变的原因是各级政府、司法和强制部门认可了族群对民俗地的合法权益并拓宽了政治空间，多巴—巴达克族在非政府组织和社会

---

① Pandiangan, S., "Bentuk-bentuk Perlawanan Petani Terhadap Dominasi Negara", *Jurnal Pemberdayaan Komunitas*, Vol. 5, No. 3, 2006, p. 330.

第七章　民俗地运动中的族群动员

机构的指导下凝聚力增强，外部力量的参与带来了更多的社会资源，扩展了制度内动员方式的选择范围。

一　政治空间大

约自 2004 年印尼进入民主巩固时期，民俗地运动的政治空间逐步扩展，主要得益于以下几个变化：第一，一些地方政府率先推动了民俗地权利的地方立法，为其他地方政府做出榜样。族群结构比较单一的少数族群地区确认民俗地边界和梳理民俗地管理的习惯法较容易，因此民俗地立法推进较快，如米南加保族占绝大多数的西苏门答腊省和达雅克族占绝大多数的中加里曼丹省。西苏门答腊省颁布了《2008 年第 16 号关于民俗地及其用途的省级地方规定》，区分了民俗地类型并明确了登记办法，以期在保护习惯法社会权利和吸引投资之间取得平衡。中加里曼丹省在 2010 年通过了法令，免费为每一位居民办理至少 2 公顷的民俗地地契，并规定民俗地不得买卖。[①] 其他地区也在加快搜集民俗地信息，为民俗地制作地契。

第二，司法诉讼的胜利鼓舞了民俗地运动的信心。针对民俗地被划为国有林地的问题，AMAN 在 2012 年向宪法法庭提起诉讼，2013 年 3 月 26 日宪法法庭判定 1999 年第 41 号森林法违宪（No. 35/PUU–X/2012），将数百万公顷民俗林的所有权和使用权交还给原住民集体。这一法庭判例极大地鼓舞了全国的民俗地运动，并可能推动新森林法的出台。

第三，原住民固有权利的思潮通过非政府组织从西方传入印尼，广泛影响了政府和社会对民俗地问题的看法，并直接塑造了印尼民俗地运动的行动方式。自 20 世纪 90 年代初，西方学界、媒体、非政府组织等机构加强了对发展中国家人权情况和自然资源保护的关注，原住民权利成为一个研究的分支领域。原住民所居住的生活环境被认为与其文化紧密相关、不可分割，[②]土地权利成为维护原住民权益的主题之一。在 1998 年之前，原住民固有权利的思想已经通过 AMAN、WALHI 等最早与国际组织产生联系的社会组织传入印尼社会组织界。在印尼民主化后，国际组织受到印尼本地组织的邀

[①] Kompas, Program Sertifikasi Tanah Adat Dayak, Gratis (2010-02-04), url：http://regional. kompas. com/read/2010/02/04/21181850/Program. Sertifikasi. Tanah. Adat. Dayak. Gratis.

[②] Lynch, O., Kirk Talbott, et al., *Balancing Acts*：*Community-based Forest Management and National Law in Asia and the Pacific*, World Resources Institute, 1995.

印度尼西亚族群动员的政治逻辑（1998—2017）

请，直接介入到原住民权益问题的解决过程中，例如2013年，AMAN与尼泊尔、菲律宾、巴西、秘鲁、尼加拉瓜、肯尼亚等国的非政府组织合作，利用现代地图技术帮助原住民确定民俗林的边界；荷兰原住民中心（Netherland Centre for Indigenous Peoples，NCIV）通过AMAN的引荐直接介入东加里曼丹Muara Tae地区的民俗地案件。泰森[1]指出印尼本土社会组织通过吸引国际组织参与，增加与印尼政府博弈的筹码。

2014年上任的佐科·维多多总统尤其关注民俗地争议和原住族群人权问题。在2014年竞选时期，他与AMAN签订了关于保障民俗社会权利的政治协约。在2015年庆祝建国70周年演说中，他表示政府要保护习俗法社会在面对土地纠纷时的权利，并下令内阁秘书处建立习俗法社会工作小组。[2] 佐科执政时期，民俗地运动的政治空间扩展较大。

二 族群凝聚力强

目前，在TPL公司获得了土地使用权的多巴湖周边的11个县中，有两个县形成了稳定的以氏族村为单位的动员组织。一个是从20世纪80年代末起坚持抗争的多巴夏梦溪县泊西区，也就是纸浆工厂所在地，另一个是2009年以来在弘邦县坡珑区的十三个村子组织起来的动员集体。这两个动员组织地理位置相隔约100公里，隶属于不同的行政单位，地方政治背景和与TPL公司发生矛盾的背景略有不同，因此这两个组织没有整合成一个统一组织，但由于社会组织的指导和协助，两个组织有合作联系，其动员目标和方式基本一致。

非政府组织和社会组织直接参与动员是族群凝聚力提升的根本原因。最早介入多巴湖民俗地运动的社会团体始于20世纪80年代，在2003年之后外部力量的作用快速增加。介入巴达克族族群动员的外部力量有三个类型：第一种外部力量是社会组织、非政府组织和教会。严格地说在印尼的语境下，社会组织（ormas）是指本地动员者自发产生的组织，不应该算作外来力量，然而在现实中，一些自称为"社会组织"的团体不是产生自本地，其作用和

---

[1] Tyson, A., *Decentralization and Adat Revivalism in Indonesia: The Politics of Becoming Indigenous*, Abingdon: Routledge, 2010.

[2] Firdaus, H., AMAN: Pidato Jokowi Tegaskan Komitmen Lindungi Masyarat Adat (2015-08-14), url: http://www.cnnindonesia.com/nasional/20150814172451-20-72265/aman-pidato-jokowi-tegaskan-komitmen-lindungi-masyarat-adat/.

活动方式也与外来的非政府组织差别不大。它们是因相同境遇或相同阶层而形成的"草根组织",如印尼农民联合会,虽然这个全国性组织的建立与多巴湖周边的民俗地纠纷没有直接关系,但是他们自称代表全体农民的权利,于是以社会组织的身份直接参与抗争。

第二种外部力量是非政府组织(LSM,即NGO),即独立的、外来的非营利社会组织。为了与产生于本地的"社会组织"区分开来,它们将自己的角色命名为"陪伴者"(pendamping),即不直接领导和参与社区活动,只扮演支持和辅助角色。第三种外部力量是教会,在多巴湖案例中特指巴达克族的基督教会。巴达克族的亚族群有各自的教会组织,比较有影响力的是多巴—巴达克族的"巴达克族新教会"(Huria Kristen Batak Protestan,HKBP)、帕帕克族的"帕帕克戴里新教会"(GKPPD)和嘉罗族的"巴达克嘉罗新教会"(GBKP)。

在社会组织中比较活跃的是成立于2001年的印尼群岛原住民联盟(AMAN)。AMAN是印尼首个致力于争取原住民权益的社会组织,其政治和社会影响力非常广泛。AMAN的目标是帮助习俗法社会争取固有权利,包括对原住民对民俗地的主权。关于习俗法社会的土地权利,AMAN的章程中是这样描述的:"习俗法社会继承了基于各自的传统智慧控制、管理和使用习俗法地区的土地及全部自然财富的权利。习俗法地区,不论在地下还是地上蕴藏的农业资源,包括土地和全部自然资源,是习俗法社会生活中不可分割的部分。习俗法地区不仅被看作社群生活的经济和可传承资源,也是一种身份:这种身份存在蕴藏在社会、文化和精神的价值观系统中,世代传承。"[①]

2011年,AMAN在北苏门答腊省多巴夏梦溪县首府巴利盖市(Balige)成立了区域办公室,协助解决西玛隆坤、北塔帕努里、弘邦哈孙杜丹、南塔帕努里、多巴夏梦溪和夏梦溪县有关"巴达克族土地"(tano Batak)的事务。AMAN在北苏门答腊的工作方法倾向于采用自上而下,与政府协商和合作,AMAN在当地并没有长期活动和合作的群众组织或基地。AMAN办公室至今获得成就包括为习俗法社会群众提供法律支持,与政治人物签署协定,敦促县长签发解决民俗地问题的地方法规,以及在县议会和村政府中发展成员和支持者。至今已有多名县议员加入了AMAN,包括多巴夏梦溪县的Rusdam Silalahi,北塔帕努里县的Maradona Simanjuntak、Jasminto Simanjuntak和

[①] 见AMAN官网的介绍(http://www.aman.or.id/)。

弘邦哈孙杜丹县的 Ronal Rumbankaul。

在社会组织的类型中，除了全国性组织 AMAN 以外，还有一些地方性社会组织直接参与抗争运动。地方性的社会组织具有较深的社会渊源，与社群的联系更紧密，也更具有抵抗性。如 2000 年 1 月建立的北苏门答腊法律援助和人民促进组织（BAKUMSU）将"持续的抗争意识形态"作为组织的宗旨之一，提出苏哈托时期的资本主义和跨国集团利益削弱了国家主权，腐化了法律制度，[①] 因此 BAKUMSU 为弱势社会群体提供法律援助，至今在 221 起案件中贡献了力量。

在协助动员者的非政府组织中，成立时间最久、在基层根基最深的是社区发展与研究小组（KSPPM）。KSPPM 成立于 1985 年 2 月 23 日，前身称为"知法研究小组"（KSPH），主要活动地区在北苏门答腊省。KSPPM 的初始成员有教会和知识界有声望的人士，也接纳了许多来自乡村的年轻成员。这个组织成立的初衷是看到在社会中践行法律的行动跟不上经济和社会发展的速度，尤其在威权政府背景下，法律的公平实践无法得到保障，而在社会中实现法律公平公正的愿景也受到组织中的教会成员的影响。[②]

与 AMAN 的自上而下的工作方式相反，KSPPM 是最早活跃于巴达克族地区的非政府组织，拥有丰富的基层经验。KSPPM 采用自下而上的方法，相比 AMAN 的方式，KSPPM 对提升基层组织凝聚力的作用更大。KSPPM 至今组织过的活动类型有：法律研习和法律宣传；培养农村合作社模式，发展基于社会群体的经济系统；宣传、组织和发展自给自足的农业系统；与教会和政府机构合作提升社群的倡导能力和主动性；提升妇女解决社会问题的参与性和能力；协助社群决定社会生活中的重要议题和发展原则，帮助社群自发的计划、管理和监督发展过程；为牧师举行一系列的社会文化讲座和培训。这些活动引导了社群的民主和自决意识，提升了社群依靠自身力量解决群体中出现的问题的能力。

当然，KSPPM 提倡的社群对其生存的自然环境和社会环境具有自决权的理念与苏哈托政权下国家机构和某些私人资本为主导的经济高速发展的模式

[①] 见北苏门答腊法律援助和人民促进组织网站对宗旨和历史的介绍，http://bakumsu.or.id/in/visi-dan-misi/和 http://bakumsu.or.id/in/sejarah/.

[②] Simanjuntak, B., *Pemikiran Tentang Batak*, *Pusat Dokumentasi dan Pengkajian Kebudayaan Batak*, Universitas HKBP Nommensen, 1986, pp. 66-68.

第七章 民俗地运动中的族群动员

在目标和实现方式上存在着根本性的冲突，KSPPM 的活动长期受到威权政府的干扰，如 1990 年 11 月，KSPPM 因参与对抗 TPL 的群众运动而被塔帕努里县军区下达活动禁令。[1] KSPPM 从民俗地争议的初期开始介入，对延续巴达克族抗争活动的意义非凡。

第三类给予帮助的组织是基督教会中的支持者。多巴湖周边地区是苏门答腊岛上最早的新教传教区。在西苏门答腊帕德里运动（Padri，1803-1838年）前后，巴达克族领土的南部逐渐被伊斯兰化。殖民者为了避免已经被伊斯兰化的亚齐和巴达克族领土南部[2]连成一片，放松了对传教活动的严格控制，默许荷兰和德国的传教团派出传教士在未被任何外来宗教侵染的多巴湖周边内陆地区制造一个新教隔离带。德国的莱茵地区传教差会[3]从 1862 年起在该地区传教、兴办教育和医疗，建立了"巴达克族新教会"。[4] 经过近 70 年的努力，在 20 世纪 30 年代初，巴达克族新教会从莱茵地区传教差会的指导下独立出来，成为印尼最早独立出来的原住民教会。

基督新教目前仍是多巴湖周边地区的第一大宗教。公司所在地泊西区人口约有两万五千人，其中 87% 左右的人口信仰新教，7% 左右信仰天主教，6% 左右信仰伊斯兰教。[5] 传教团在当地开设教堂、学校、医院，使多巴湖地区比荷印政府治理下的其他地区的识字率更高，使多巴—巴达克人在中低官僚阶层中占据了有利的位置。在 20 世纪初期，教会也支持巴达克人对抗西方资本、拒绝出让土地给种植园公司的抗争，以"巴达克族新教会"的作用最突出。"巴达克族新教会"是印尼历史最久的原住民新教会之一。

从新教进入巴达克族领土开始，宗教与族群文化之间就建立了比较和谐的关系。荷兰东印度政府管理原住民的原则是在不违反"自然公正和道

---

[1] Cleary, S., *The Role of NGOs under Authoritarian Political Systems*, Springer, 1997, p. 247.
[2] 巴达克族领土南部即今天的曼特宁纳达尔县一带。
[3] 即 Rheinische Missionsgesellschaft，中文翻译参见孙立新《德国新教传教士论义和团运动爆发的原因》，《深圳大学学报》（人文社会科学版）2012 年第 1 期。
[4] Aritonang, J. and Karel Adriaan Steenbrink, *A History of Christianity in Indonesia*, Netherlands: Brill, 2008, p. 141.
[5] Manalu, D., *Gerakan Sosial dan Perubahan Kebijakan Publik: Studi Kasus Gerakan Perlawanan Masyarakat Batak vs PT Inti Indorayon Utama di Sumatera Utara*, Gadjah Mada University Press bekerja sama dengan Kelompok Studi dan Pengembangan Prakarsa Masyarakat (KSPPM), 2009, pp. 63-64.

印度尼西亚族群动员的政治逻辑（1998—2017）

德"的前提下，维护原住民机构并在民事案件中使用民俗法。① 当时西方传教士用本地语言传教，在不违反教义的前提下尊重民俗，支持在本地人中培养教士。至今备受尊崇的传教士罗民森②深谙巴达克族语言和民俗，甚至可以参与关于巴达克族习俗的讨论。随着传教士在巴达克族信徒中的地位提高，他也不忘维护传统领袖的尊严，避免在社会秩序的变化中产生断裂和不稳定。③ 在传教士设定的初始原则指导下，巴达克族的传统没有被宗教淡化，社会结构也没有受到很大冲击。

部分教会人员支持当地社群对公司的抗争，不仅出于对教民的支持，也出自对族群传统的尊重和对教会独立性的维护。教会人员的作用主要体现在三方面，第一，起到协助动员者作用，使用宗教知识提高抗争者的团结和士气。在《被迫屈膝的人们》④ 一书中记录了2000年5月，梅加瓦蒂副总统同意公司以TPL的新名字重新开工运营，巴达克族新教会的萨尔玛牧师（Pdt. Sarma）夫妇闻讯立即于晚间在路边的监察亭为教民讲道，安慰受难者并鼓舞他们的士气。2002年11月21日，村民到泊西区区长办公室举行示威活动，萨尔玛夫妇到现场支持教区的民众，后被警察抓捕。

2003年3月末，北苏门答腊省的若干教会领导人向政府和社会发布联合公开信，阐述了公司对社会的四方面负面影响，支持人们抗争直到公司关闭。参与者来自巴达克族新教会、印尼基督新教教会、⑤ 西玛隆坤基督新教会、⑥ 昂科拉基督新教会、⑦ 帕帕克—戴里基督新教会、⑧ 印尼卫理公

---

① Tyson, A., *Decentralization and Adat Revivalism in Indonesia: The Politics of Becoming Indigenous*, Abingdon: Routledge, 2010, p. 21.

② Ludwig Ingwer Nommensen, 1834 – 1918, 在1862年到达巴达克族领土传教。

③ Aritonang, J. and Karel Adriaan Steenbrink. *A History of Christianity in Indonesia*, Netherlands: Brill, 2008, pp. 148, 546.

④ Simanjuntak, B., *Orang – orang yang Dipaksa Kalah: Penguasa dan Aparat Keamanan Milik Siapa?*, Jakarta: Yayasan Pustaka Obor Indonesia, 2010.

⑤ 印尼基督新教教会即Gereja Kristen Protestan Indonesia（GKPI），是1964年在北苏门答腊省建立的新教会，总部设在先达市，是从巴达克族新教会独立出来的组织。

⑥ 西玛隆坤基督新教会即Gereja Kristen Protestan Simalungun，成立于1963年，总部在先达市，同巴达克族新教会一样，在莱茵地区传教差会的指导下成立。

⑦ 昂科拉基督新教会即Gereja Kristen Protestan Angkola，成立于1975年，总部设在巴东实淋泮市，是从巴达克族新教会独立出来的组织。

⑧ 帕帕克—戴里基督新教会即Gereja Kristen Protestan Pakpak Dairi，成立于1991年，总部设在戴里县首府诗地加兰镇，是从巴达克族新教会独立出来的组织。

第七章 民俗地运动中的族群动员

会①和联合新教会。② 2009年11月8日，针对公司在潘杜曼和西皮图胡塔村砍伐乳香树的事件，西皮图胡塔村的巴达克族新教会在教堂中举行了一场特殊的礼拜仪式。巴达克族新教会、印尼基督新教教会、印尼路德基督教会、印尼伯特利教会、③印尼五旬节教会④和天主教会的牧师以及千余名信众参加，声明拒绝公司的游说和协商，拒绝公司在该地经营。⑤

第二，某些牧师和长老因在教民中拥有崇高的威望、较高的知识水平和掌握标准印尼语而成为抗争者、政府和公司之间的协调人。2009年公司砍伐乳香树事件发生后，西纳姆贝拉牧师（Pdt. Haposan Sinambela）被当地民众委托成为潘杜曼和西皮图胡塔村的代言人，⑥负责与政府、媒体、非政府组织沟通。

第三，少数牧师直接参与、组织抗争活动。他们这样做，除了基于经济因素和民俗权利的一般原因，还有维护教会的特殊原因，即反对政府借公司与民众的矛盾插手教会内部事务，削弱教会在社会中的影响力。公司与巴达克族人产生矛盾后，一些牧师支持抗争活动，于是政府不断向教会施加压力。1990年，塔帕努里县军区禁止巴达克族新教会如期举行预定的全体大会。⑦政府的干预使巴达克族新教会内部出现了尖锐的意见分歧。自1993年年初教会换届选举之后，教会不再以官方身份支持群众的斗争活动。加之公司坚持对宗教势力采取怀柔政策，教会中的某些势力已经倒向公司立场。2012年，巴达克族新教会为了感谢公司捐资建设佩阿拉惹—塔鲁同（Pearaja - Tarutung）的教会办公楼，甚至为公司立了一块功德碑。⑧处于

---

① 印尼卫理公会即Gereja Methodist Indonesia，成立于1964年，总部在棉兰市。
② 联合新教会即Gereja Protestan Persekutuan，成立于1975年，总部在棉兰市。印尼路德基督教会即Gereja Kristen Luther Indonesia（GKLI），从巴达克族新教会分裂出来，成立于1965年，总部设立于北苏门答腊省弘邦哈孙杜丹县。
③ 印尼伯特利教会即Gereja Bethel Indonesia，成立于1970年的西爪哇，最早受到西雅图五旬节会（Bethel Pentecostal Temple Inc in Seattle）传教士的影响。
④ 印尼五旬节教会即Gereja Pentakosta，起源于北苏门答腊省塔帕努里地区，成立于1942年。
⑤ Koran Sinar Tapanuli. Gereja Tolak TPL（2010 - 01 - 23），url：https：//sinartapanuli. wordpress. com/2010/01/23/gereja - tolak - tpl/.
⑥ Simanjuntak, B., *Dampak Otonomi Daerah Di Indonesia：Merangkai Sejarah Politik Dan Pemerintahan Indonesia*, Jakarta：Yayasan Pustaka Obor Indonesia, 2013, p. 16.
⑦ Cleary, S., *The Role of NGOs under Authoritarian Political Systems*, Springer, 1997, p. 247.
⑧ Sibarani, R., "Kisah Vampire, Salib, dan Adu Domba di Tano Batak"（2015 - 07 - 05），url：http：//www. kompasiana. com/rantosibarani/kisah - vampire - salib - dan - adu - domba - di - tano - batak_ 5598e391bd22bdb20dc38950.

· 143 ·

印度尼西亚族群动员的政治逻辑（1998—2017）

民俗地争议风口浪尖的西皮图胡塔村的印尼基督新教教会的教堂也曾接受公司的捐赠。[①] 教会的软弱态度令一些牧师和长老不满，促使他们直接加入对抗公司的运动中。西莱伊特长老（St. Oloan Sirait）组织了名为"忠诚到底"的小团体以维护教会的独立性。他们曾领导堵截公司运输道路的活动，向县、省和中央派出代表要求释放被关押者。[②]

从以上介绍可知，社会组织、非政府机构和教会三种外部力量的具体行动目标和行动方式存在不小的差异，但它们的行动方向一致，手段互补，在不知不觉中形成了良性合作关系。以 KSPPM 为代表的本地组织参与到抗争中的时间最久、与抗争者的关系亲密，在北苏门答腊省的媒体、法律界、学界和草根组织里有许多资源，坚持走社群赋权的自下而上的路线，是抵抗运动能一直延续下来的重要因素。教会的态度是极端分裂的，正如一位巴达克族新教会的牧师所说"教会不知道自己的位置"（"tak tahu posisinya"）。[③] 一些牧师对本地社会组织持负面态度，指责它们挑唆教民对抗政府，而另一些牧师与本地社会组织的关系较近，[④] 他们为本教区中的抗争者提供精神上的支持。AMAN 等全国性组织在本地的群众根基较弱，但是它们在印尼政治高层中有一定影响力，更善于走自上而下的路线，影响全国政策。

虽然三种外部力量解决问题的具体手段不同，但是他们对抗争大方向的判断是一致的，即使用非暴力手段制止事态进一步恶化，使社群与公司的矛盾维持现状，同时通过议会内外的集体行动影响立法机构和行政机构，在省和县一级推动民俗地划界和政府规定的出台，在国家层面提升解决民俗地问题的优先性。

三种外部力量提升动员组织内部能力的一项重要举措是帮助族群厘清习俗法中对民俗地的界定和管理方法，使声索民俗地的依据更确凿。在外部力量介入以前，巴达克族的习惯法已经丧失了很多内容，甚至连本族人

[①] Simanjuntak, B. ed., *Konsepku Membangun Bangso Batak：Manusia, Agama, dan Budaya*, Jakarta：Yayasan Pustaka Obor Indonesia, 2012, pp. 299 - 301.

[②] Simanjuntak, B., *Orang - orang yang Dipaksa Kalah：Penguasa dan Aparat Keamanan Milik Siapa?*, Jakarta：Yayasan Pustaka Obor Indonesia, 2010, pp. 139 - 141.

[③] 2016 年 2 月 25 日访谈，于西玛隆坤县不拉巴（Parapat）。

[④] Simanjuntak, B. ed., *Konsepku Membangun Bangso Batak：Manusia, Agama, dan Budaya*, Jakarta：Yayasan Pustaka Obor Indonesia, 2012, p. 301.

都因错误理解了习俗而被侵占了土地权利。除了上文提到的公司使用皮梭皮梭仪式获得土地使用权以外,林业部也曾利诱村领导签署公共地块使用权转让协议,而没有征询周边村庄的意见。① 可见,公司能获得民俗地的部分原因在于巴达克族自身都不甚了解习惯法的要求而被公司欺骗,或族人贪图公司的钱财而故意曲解习惯法。不论真实情况如何,都揭示出巴达克人曾经对习俗法的不熟悉和对习俗法权利的淡漠态度。

在民俗领袖的帮助下,这些外部组织力量在整理、恢复和宣传民俗法方面提供了帮助。如 KSPPM、AMAN 等团体通过出版书籍和举办研讨会的形式探讨土地在巴达克族日常生活中的重要意义。还出现了研习巴达克族雕刻、传统编织工艺的社会机构,② 成为族群文化复兴运动的外延。

"寻根文化"的复兴离不开地方分权后在苏北省兴起的恢复地方族群文化的整体社会思潮的影响。一个显著的标志是在 2000 年前后,苏北省巴达克族报纸《新印尼之光》逐渐开始用至少半个版面刊登讨论族群传统的学术文章。北苏门答腊大学、罗民森巴达克教会大学(Universitas HKBP Nommensen)、棉兰师范大学(Universitas Medan)等高等学府的巴达克族学者在报纸上发表了大量关于民俗法的学术文章,使对族群身份和族群文化的讨论重新回到大众社会生活的视野中来。

通过完善民俗法定义了土地争端的概念框架,为动员者提供了支持其诉求的合法性,使动员组织不至于模糊了土地权利这个根本问题的焦点,而错误地把注意力聚焦到环境污染、森林退化、经济剥削等衍生问题上。在明确了核心问题后,动员组织在与外界合作或与公司交涉时对核心问题的表达是一致的。

社会组织和非政府组织在客观上提升了族群组织的动员能力。概括而言,外部力量引入了抗争者急需的知识、政治、媒体等社会资源。而在 20 世纪 80—90 年代,村民普遍知识水平不高,③ 获取外部信息的渠道少,反

---

① Sherman, D., *Rice, Rupees, and Ritual: Economy and Society Among the Samosir Batak of Sumatra*, CA: Stanford University Press, 1990, Chap. 2.

② 编织工艺(ulos)、雕刻和传统建筑是巴达克族的可展示文化艺术的代表,参见 Acciaioli, G., "Culture as Art: from Practice to Spectacle in Indonesia", *Canberra Anthropology*, Vol. 8, No. 1 – 2, 1985, pp. 148 – 172。

③ Kompas, Hutan, "Ibu" Yang Memberikan Kehidupan... (2015 – 05 – 06), url: http://regional. kompas. com/read /2015 /05 /06 /20000001/Hutan. Ibu. yang. Memberikan. Kehidupan.

印度尼西亚族群动员的政治逻辑(1998—2017)

抗运动容易陷入孤立。例如，公司指出族群没有民俗地的地契或其他凭据，以此为由否认族群对民俗地所有权的声索。正在当地农民一筹莫展之时，KSPPM 在 2013 年请来棉兰考古局采样当地的土壤进行分析，测定出潘杜曼村的巴达克人在民俗地上活动的实际年限有三百多年，这成为族人声索固有土地的重要历史证据。[①] 在其他省份情况也类似，非政府组织与本地社会组织合作进行参与式土地边界测量。截至 2015 年年初，全国 480 万公顷的民俗地地图已经绘制完成。[②] 外部团体的支持在客观上扩展了族群的自助解决问题的方式。

然而，外部团体也使动员者意识到他们的遭遇具有普遍性，而凭借他们的动员能力无法独立讨回争议地权。因此，动员者抗争的目标从公司变成了推动制度改革和地方立法。在 2003 年以前，巴达克族抗争的对象是多巴纸浆公司，针对的问题是环境污染、侵占农民生存空间和经济利益的问题，行动目标是迫使工厂停止运营和赔偿损失，而不是归还土地。2000 年内阁签署的关闭人造丝厂的命令暂时满足了示威者的要求，使动员行动暂时偃旗息鼓。但不久之后公司得到政府允许，改头换面于 2003 年重新运营，这使动员者意识到想全面恢复对生存环境的权利必须彻底将公司驱逐出去，而不是谋求妥协的方案。更重要的是，动员者意识到民俗地矛盾的根源在于国家与私人资本的共谋，[③] 而新建立的民主政府没有决心立即解决旧政府的遗留问题。并且，如果继续直接针对公司进行非法抗争只会恶化与政府和警方的关系，使双方暴力升级，切断谈判的可能性。这是在进行抵抗行动中获得的认识。

同时，行动者也了解到在其他地区也有越来越多相似的问题浮出水面，在全国范围内出现了对习俗法社会和习俗法权利讨论的思潮，在公民运动的圈子里建立起了"原住民对其世代居住的土地具有主权"这个新思维框架：政府联合私人资本共谋从原住民手中获得土地的行为从原住民权

[①] Wiradnyana, K. and Lucas Partanda Koestoro, "Kontribusi Arkeologi Dalam Penanganan Sengketa Tanah: Kasus Pada Masyarakat Pollung", *Berkala Arkeologi Sangkhakala*, Vol. 18, No. 1, 2015, pp. 40–56.

[②] Kompas. AMAN Desak Pemerintah Akui Tanah Adat (2015-03-16), url: http://sains.kompas.com/read/2015/03/16/21401721/AMAN.Desak.Pemerintah.Akui.Tanah.Adat.

[③] Ito, T., Noer Fauzi Rachman, and Laksmi A Savitri, "Power to Make Land Dispossession Acceptable: a Policy Discourse Analysis of the Merauke Integrated Food and Energy Estate (MIFEE), Papua, Indonesia", *Journal of Peasant Studies*, Vol. 41, No. 1, 2014, pp. 29–50.

利的角度来看不具有合法性，而保护原住民的社会权利已被写入宪法，将原住民与土地剥离的行为违宪。因此，唯一能彻底恢复民俗地权利的行动方向是帮助政府纠错，具体的步骤例如使林业部、土地局等相关机构不再接受公司对民俗地的使用权延期申请并要求归还使用权到期的土地；使县级政府确定民俗地的边界；使省（县）级政府颁布法令明确并保护原住民对民俗地的权利等。[1]

三 制度内方式

随着媒体对多巴湖民俗地争议的大量曝光，非政府组织和教会等外部力量介入并指导当地族群组织反抗运动，形成了超越地区的组织化的制度内反抗（2003年至今）。针对民俗地问题的族群动员出现了计划性和组织程度增强、暴力程度降低的变化。由于国家对集会和结社的管控放宽，关注环境保护、人权、司法正义等议题的非政府组织发展很快，起源于社群的草根社会组织层出不穷。在非政府组织和工会、农民联合会等有较大影响力的社会组织的帮助下，原本零散、独立的族群动员活动开始形成组织的雏形。民主制度在地方的深化，尤其从2005年起，地方领导人和地方议会直选提升了地方政治系统的开放程度，为族群动员提供了更多制度内途径，如合法的示威、请愿、游说和司法途径等。

随着地方民主制度的建立和扩展，族群动员开始越来越多地采用被制度允许的方式，大体可分为议会外合法的公民抵抗以及通过民主选举和议会过程产生的变化。当然，这两种类型在很多情况下并不能完全区分开：许多公民抵抗行动的目标就是敦促民主代表将争议提上议会日程。具体而言，在当前的地方民主制度下，通过民主选举和议会过程促进转变的方式有：

第一，动员者与县（市）级政府和议会建立联系、游说。得益于巴达克族同姓氏家族的密切的关系网，动员者容易与地方议员和政府官员建立起联系。一些议员早已离开家乡到周边地区做生意，甚至出生在其他县，不了解本地的情况。当地社会组织通过氏族关系与他们建立联系，博得他

---

[1] 协助地方政府出台地方法律规定的方式在苏拉威西的行动者中也被广泛接受，参见 Tyson, A., *Decentralization and Adat Revivalism in Indonesia: The Politics of Becoming Indigenous*, Abingdon: Routledge, 2010, pp. 29–50.

们的关注和同情。一些议员加入了抗争者的社会组织或同情动员者。KSP-PM 表示支持他们行动的高层人士有国会第二委员会、①斗争民主党派系的议员布迪曼·苏加特米科（Budiman Sudjatmiko）。在一次公开的讲话中，布迪曼表示国会斗争民主党派系尊重习俗法社会的土地权利，偿付了土地赔偿金也不能将民俗社会驱赶出土地。② 在省级，苏北省议会第一委员会议长、斗争民主党的萨尔玛·胡塔居鲁（Sarma Hutajulu）支持习俗法社会的土地权益，一直在推动省和县级议会立法，使民俗林脱离国有林。萨尔玛曾是非政府组织领域的活跃分子和律师。

这种联系对族群运动产生了三方面作用。一是同情动员者的地方官员或议员利用个人影响力或人际关系，或以机构的名义向上级政府反映问题，推动问题的解决。弘邦哈孙杜丹县议会组建了民俗地问题特别小组，制作出了民俗地地图，并以县长信的形式③提交给林业部，提出希望这些地区脱离多巴纸浆公司的用地许可范围。二是当公司与当地社会产生新矛盾或新情况时，民众可以及时电话联系到官员和议员，后者甚至可以在电话中做口头约定，有助于及时控制事态、避免矛盾升级。三是当公司与当地社会出现比较严重的冲突时，这些地方头面人物往往充当调解人，也作为担保人保释出与公司发生冲突而被警方拘留的行动者。

第二，抓住地方选举的机遇与地方领导候选人签订政治合作协议，以候选人当选后支持民俗社会的维权行动为条件保障候选人在本地的选票。2015 年 12 月 9 日苏北省县（市）领导选举之前，社区发展与研究小组（KSPPM）与弘邦哈孙杜丹县的 5 对候选人都签署了书面协议，与夏梦溪县的 2 对候选人签署了协议。协议约定一旦候选人当选，会支持民俗社会解决与公司的民俗地纠纷。AMAN 区域办公室与多巴夏梦溪县一号候选组合 Darwin Siagian - Hulman Sitorus 的竞选团队通过私人关系有接触。对方原则上同意 AMAN 提出的 7 点要求。AMAN 帮助竞选团队修改竞选章程，要求团队在重点项目里增加第五条"民俗法社会权利"。④ 由于没有签署书面

---

① 国会第二委员会分管内政、地方自治、国家机关、农业和选举委员会。
② 布迪曼·苏加特米科于 2011 年 10 月 18 日在帕拉玛蒂娜大学（Universitas Paramadina）发表"寻找土地问题的解决方式，促进国家发展"的演讲。
③ No. 522/083/DKLH/2012，2012 年 6 月 25 日。
④ 但是在竞选委员会印发的竞选宣传材料里只有四项重点项目。

第七章　民俗地运动中的族群动员

协议，AMAN区域办公室没有发布公告，但是在竞选期间帮助一号组合宣传。① 签订政治合作协议是最近几年才开始在印尼使用的新方法。AMAN对此方法的传播功不可没。2014年总统选举前，AMAN与总统候选人佐科签订了此种协议，使佐科向全国各地的民俗社会宣誓保护后者的固有权利。此后，这种新方式被其他社会组织习得并应用到地方竞选中。然而政治协议的约束力有限。当选者仍受制于法律和政策环境的不确定性，做出改变的空间有限。这种办法起到的实际效果主要在于提起地方领导的关注，控制土地矛盾，使情况不再恶化。

议会外合法动员方式有以下类型：第一，博取林业部、全国人权委员会等相关部门的关注。全国人权委员会两次实地考察并提出建议，要求弘邦县政府立即颁发地方法令停止砍伐乳香树，直到土地纠纷得到完全彻底的解决。② 村民以民俗仪式欢迎人权委员会，并联系县政府召开地方领导协商会（Muspida），最终与公司达成协议：公司暂时停止在争议土地上的一切活动，村民可以继续在森林中的采集活动，但不能兴建任何建筑。③ 同样，村民向林业部申诉后，林业部派国家林业委员会来实地考察并给出解决方案。尽管受困于法律和实践困境，相关部门没有能力彻底解决问题，但是其参与有助于推进案件的调查和信息的透明化。

第二，组织合法游行和示威。举行合法示威的地点一般是地方政府或议会，示威与请愿经常合二为一，目的是迫使政府或议会有所作为，唤起社会、媒体关注的目标则屈居其次。这一特点不仅出现在多巴湖周边地区中，在印尼其他地区的民俗地纠纷中也类似。合法示威的目标一般经历三个演变阶段。初期的示威是为了"暂停生产"，即迫使政府下令工厂暂停运营、停止砍伐、暂时从争议地块撤出，如2009年6月29日，千名群众来到弘邦哈孙杜丹县政府和议会门前示威，要求公司停止砍伐民俗林。有时，群众也直接到工厂门前示威。第二阶段的示威目标是"寻求解决"，即要求政府取消公司的用地许可、退还民俗地，或请求政府出面协商争议双方之间的经济赔偿。如果"寻求解决"不成功——正如在多巴湖周边地

---

① 2016年2月22日，与AMAN在巴里牙（Balige）办公室的主任罗干达·希曼君塔（Roganda Simanjuntak）访谈。
② 全国人权委员会公告（Surat Nomor 2.894/K/PMT/lX/2009）。
③ 即stanvast状态。

印度尼西亚族群动员的政治逻辑(1998—2017)

区发生的情况——则继续对政府施压以寻求"革新政策",即敦促地方政府依据国家法律出台保护民俗社会权利的地方政府规定(perda)或地方领导决定(keputusan bupati/wali kota)。目前泊西区巴达克族行动者组织的示威处于"革新政策"阶段。KSPPM协助组织的示威比从前更有组织,规模更大,一般能聚集500位以上的参与者,几乎每个月都有示威。

第三,争取司法和执法部门的同情。巴达克族以出律师和法官闻名,印尼律师会(Peradi)70%的会员是巴达克族,苏北省的司法界更是有被巴达克族"垄断"的现象。许多当地的社会组织和非政府组织主动向抗争者提供法律援助。曾发生过这样一起事件:"一次每月例行示威的前一天,组织者按规定通知警方示威的地点。第二天早上,示威者发现该地点被公司派来的大卡车挡住了。人们要求卡车司机离开,司机不同意。不久之后一位该公司的职员骑摩托车路过该地。示威者要求职员帮助他们劝离卡车。当天中午,警察告诉示威组织者,公司向警方通报示威者对职员施加了暴力。随后来了一百余名警察抓人。下午人们聚集在警察局门口要求放人。晚上,我们拿到三位县议员的担保,才让警察局放了人。庭审时,法官指出公司证人口供不一致,被抓的群众被无罪释放。负责审理案件的法官德尔曼·纳巴班(Derman P. Nababan)恰好一直同情我们行动者和当地社群。他时而来参加我们组织的活动。"①

尽管如此,动员者并不对通过司法途径解决问题寄予太大希望,只是希望在与公司出现冲突的时候能够逃脱处罚或减轻量刑。"国家法律还不健全,还没办案就已经输了。"② 群众普遍认为司法和执法部门仍然比较偏向公司。群众向警察局报告公司在民俗地上的非法行动,警察局经常置之不理。而公司一旦汇报群众阻碍交通或破坏公司财产,警察局马上抓人。这种情况在其他民俗地纠纷中也普遍存在。直到2015年年初,全国还有150多人因习俗法土地权利问题陷入司法纠纷中,这是因为警方和司法部门只根据确凿的证据和现行法律法规执法,而不考虑基于历史和习俗的合理诉求。要期待司法和执法部门做出有利于习俗法社会的行动,必须等待有关法令修改。

在多巴湖周边地区的斗争中,制度外动员方式越来越少。唯一可能出

---

① 2016年2月25日,与KSPPM研究和宣倡部协调员Suryati Simanjuntak访谈。
② 2016年2月25日,与KSPPM研究和宣倡部协调员Suryati Simanjuntak访谈。

现暴力动员方式的触发点往往是公司偷偷到森林活动（砍树或种树苗）被发现。如2013年某日在弘邦哈孙杜丹县坡珑区，在森林中劳作的男村民发现了公司在砍伐乳香树，听闻此事后，数名妇女携带厨刀等利器与公司安保对峙，险些酿成暴力事件。然而在大部分情况下，动员者已经基本放弃了制度外动员方式。他们不仅与议会、政府和司法机构建立起了非对抗性关系，甚至博得了部分权威人士的同情和支持。与公司的对抗性关系也有所缓解。

第四节 全国的民俗地动员（2008—2016）

本节将检验"在政治空间较大的前提下，族群凝聚力提高将减少动员中的暴力"假设是否可以推广到全国的民俗地案例中。基本假设是如果动员者形成了自己的动员组织或有外部组织参与到动员中来，动员者更有可能采取制度内方式动员。本节第一部分介绍数据和案例，第二部分进行假设检验和分析。

一 印尼民俗地运动的案例特征

笔者构建了一个有62个民俗地争端的案例数据集，方法如下：案例的来源首先是罗盘报（kompas）网站的数据库。选择罗盘报是因为该报纸在印尼的影响力最大。罗盘报于1965年开始发行，从1969年以来一直是印尼发行量最大的报纸。罗盘报在全国各省开设了办公室并派驻记者，能及时报道各个地区事务，保证了各省重要的集体行动都能纳入搜索的范围。此外，罗盘报不隶属于任何大型商业集团，不存在利益冲突导致的集团内部审查，与政党关系也不密切，新闻报道的态度较其他报纸更中立，[①]因此是比较理想的案例筛选来源。

利用罗盘报网站采集民俗地争端案例的方法是：下载罗盘报网站上在2008年1月12日至2016年5月31日[②]之间发布的所有新闻，以"tanah ulayat"或"tanah adat"为关键词筛选新闻，阅读筛选出的新闻并删除内

[①] 薛松：《改革时期印度尼西亚媒体发展与民主化》，《东南亚研究》2015年第6期。
[②] 2008年1月12日之前的在线新闻在kompas网站上已经不能获取。

印度尼西亚族群动员的政治逻辑(1998—2017)

容无关和不符合要求①的页面后,留下有效新闻 236 条,经整理涉及 62 个符合条件的案例,基本上可以涵盖 2008 年至 2016 年中期在印尼各地得到关注的、与族群有关的民俗地纠纷的所有案例。在确定了案例之后,通过地方报纸和在线新闻网站的渠道,补充案例前后发展的细节。

接下来对这 62 个案例进行编码,有关自变量的编码内容包括:卷入纠纷的双方和纠纷者的类型、参与到纠纷中的外来社会机构(包括非政府组织和外来社会组织)、参与到纠纷中的本地社会组织。有关因变量的编码内容主要关于社群在追求土地权利的过程中采取的集体行动方式。控制变量相关的编码内容包括争议土地的位置、纠纷持续的时间、土地争议的缘由、争议土地的面积、纠纷对象的回应方式和各级权威部门的决策和行动。

全部案例涉及印尼 20 个省。民俗地纠纷最多的地区是巴布亚和苏门答腊岛。巴布亚省和西巴布亚省贡献了 13 个案例。在苏门答腊岛,北苏门答腊省民俗地争端最多,有 8 个案例,其他案例出现在南苏门答腊省、西苏门答腊省、廖内省、占碑省、明古鲁省和楠榜省。

在这 62 个案例中,40 个案例是在社群与公司之间产生的民俗地纠纷。公司包括国内私营公司、合资公司和有政府背景的企业,即国企或地方企业,但绝大部分纠纷产生在社群与私营企业之间,只有 3 个案例与国企或地方企业相关。7 个案例针对国家机构,其中两起是与军队相关的土地侵占案件,分别发生于中爪哇省和东努沙登加拉省。8 个案例的纠纷对象是省级及以下的地方政府。6 个案例是两个社会群体之间关于民俗地权益的纠纷。1 个案例针对个人侵占民俗地。案例类型的分布大体能够概括当前印尼民俗地纠纷争议方的情况,即绝大多数直接卷入民俗地纠纷的是私营企业,而不是各级政府、军队、地方或国有企业——虽然政府和警察也许并非完全利益无涉。

外来社会机构参与了近一半的民俗地纠纷的解决过程,本地社会机构的参与也比较积极,但从数量上看略少于外来机构。在 27 个案例中有至

---

① 一些印尼的群体认为,例如巴布亚某些部族,民俗地包括个体或家庭拥有的土地,而不仅指所有权属于集体的土地。这样的民俗地纠纷不会导致族群动员,因此,有关家庭或个体间因为民俗地产生的纠纷不被采集为有效数据。另外,某些对民俗地权益的声索不直接与族群相关,而来源于地区习俗。这种情况也不会导致以族群为基础的群众动员,这样的案例也被排除在外。

少一个外来社会机构参与,占总数的43.5%。在参与解决问题的外来机构中,除了上文提到的AMAN以外,印尼农民联合会、印尼生存环境组织、农业改革运动联盟和法律援助协会这三个全国范围的社会组织在多个案例中出现。

在23个案例中至少有一个本地社会机构参与,占总案例数量的37.1%。在巴布亚省的民俗地案件中,几乎每起都伴随着本地族群组织的参与,如2011年,桑嘎瑟族(Sanggase)与种植园公司PT Medco Papua Industri Lestari就2800公顷土地协商经济赔偿时,马林德欧卡巴民俗机构(Lembaga Adat Marind Okaba)代表声索土地的社群与Medco公司形成对等的谈判主体。① 2010年,巴布亚省的阿蒙枚族(Amungme)与自由港公司协商土地和经济赔偿,本地族群组织巴布亚民俗机构(Lembaga Adat Papua)和缇米卡阿蒙枚族民俗协商机构(Lembaga Musyawarah Adat Suku Amungme Timika)作为族群的代言人,请求全国人权委员会介入调查,并提醒社会各界提防出现暴力冲突。既有外来社会机构又有本地社会机构参与的案例共有13个,占案例总数的21.0%。这样的案例没有集中在某些地理或行政单位,在苏门答腊、加里曼丹、巴布亚、努沙登加拉群岛都有出现。

在族群声索民俗地权利的过程中,社会群体使用制度外方式抗争的情况比较普遍,尤其是非法干扰公司正常运营的行动较多。在案例中出现的制度外方式包括妨碍公司运营(堵截道路或工厂大门、破坏工作场所、非法扣押公司财物)和暴力行动(对人身安全的恐吓、攻击争议对象的雇员、纵火、威胁公司工作人员、蓄意伤害、群体间肢体暴力或械斗)。在34个案例中,族群使用了至少一种制度外方式进行抗争,约占案例数量的54.8%。其中,妨碍公司运营的案例有18个,采取暴力行动的案例有16个。

在暴力活动中,纵火和威胁最为常见,极少出现人身攻击。在34个使用了制度外动员方式的案例中,有2个案例既采用了妨碍公司运营的办法,也使用了暴力。一个案例是2012年北苏门答腊省旧巴东县的多乐西郭普隆区(Kecamatan Dolok Sigompulon)与PT Tanjung Siram公司关于350

---

① Kompas, Hutan, Perundingan Tak Capai Titik Temu (2011-08-02), url: https://nasional.kompas.com/read/2011/08/02/13144385/perundingan.tak.capai.titik.temu.

印度尼西亚族群动员的政治逻辑(1998—2017)

公顷民俗地的纠纷。村民烧毁了公司员工的住所和办公室共计21处。另一个案例是南苏拉威西省东鲁勿县的卡伦丝部族（Suku Karonsie）与镍矿外资公司 PT International Nickel Indonesia（Inco）Tbk 的民俗地纠纷。公司在2004年5月22日的协调会上指出受到当地居民的恐吓和对正常工作秩序的干扰。次年，百余名村民又在9月28日封锁了公司。[1]

在28个案例中，族群只使用了制度内方式进行抗争。制度内方式在具体案例中指协商、申请政府或权威部门协调或仲裁、司法手段、合法的游行和示威以及间接抗争。合法示威是最常用的制度内抗争方式，在全部62个案例中有31个案例提到动员者举办了示威活动。申请权威部门仲裁也是使用频率很高的方式，在全部案例中有30个案例中的行动者主动要求权威部门协调或仲裁，与示威活动的重叠性很高。最常被要求插手的部门是县长、省长、地方议会和警方。动员者要求政府机关吊销公司的营业执照或返还土地。但在为数不多得到彻底解决的案件中，没有一家公司的营业执照被吊销，也没有争议土地被返还，最终都是通过政府作为中间人协商赔款的方式解决的。动员者要求与争端方直接协商的案例有12个，向法庭上诉的案例只有4个。

除了使用传统的协商、上诉、申请仲裁和合法示威方式，动员者也采取了一些间接抵抗的方式。在东加里曼丹省西古戴县，达雅克族的一个分支（Dayak Benuaq）的4000公顷民俗地从1971年起被多个种植园企业和煤矿企业[2]侵占。村民在种植园周围的空地上种植旱稻，防止民俗林被进一步砍伐和侵占。[3] 巴布亚省的卡莫罗族（Kamoro）反对自由港公司在米米卡县的抔码口码头（Poumako）建设冶炼厂。他们召开了新闻发布会。

从以上案例描述中可得知，社会组织比较积极地参与印尼全国各地的民俗地纠纷的解决。全国性社会组织和非政府组织的活跃程度非常高。外来社会组织的参与度甚至高于本地社会组织。动员者使用制度外动员手段的情况很普遍，目的是逼停争议方在民俗地范围内的活动、迫使其谈判，

---

[1] Franky, Y., Aksi Massa Melawan PT. Inco, url: http://www.downtoearth-indonesia.org/id/story/aksi-massa-melawan-pt-inco.

[2] 涉案企业包括：PT. Sumber Mas、PT. London Sumatra Tbk、PT Munte Waniq Jaya Perkasa、PT. Borneo Surya Mining Jaya 和煤矿企业 PT. Gemuruh Karsa、PT. Gunung Bayan Pratama Coal.

[3] BBC, Upaya Komunitas Adat Muara Tae Pertahankan Hutan (2015-12-15), url: http://www.bbc.com/indonesia/berita_indonesia/2015/12/151210_indonesia_komunitasadat.

第七章　民俗地运动中的族群动员

但较少使用可能危害生命安全的暴力手段。

二　族群凝聚力与动员方式

通过对多巴湖周边民俗地的案例分析，可得知社会组织的参与是提升族群凝聚力的核心原因，也是族群动员方式从制度外向制度内转变的关键。将这一结论推广到全国民俗地案例中，本节将讨论社会组织的参与是否会影响动员方式选择？因为案例数量没有达到大样本的标准，计算相关性的统计意义不大，因此仅描述自变量和因变量之间的相关趋势。

在没有使用制度外动员方式的28个案例中，有外部组织参与的案例15个（53.6%），有本地社会组织参与的案例18个（64.3%），在10个案例（35.7%）中本地和外来社会组织均有参与。在34个使用了制度外动员方式的案例中，有外部组织参与的案例13个（38.2%），有本地社会组织参与的案例6个（17.6%），在1个案例（0.03%）中本地和外来社会组织均有参与。在使用暴力手段的15个案例中，有6个案例中至少有一个本地社会组织或外来NGO的参与。从以上数据描述中可以看出，社会组织的参与和动员方式选择的联系符合假设的预期方向。

另一个支持假设的证据是：在有本地或外来组织参与的民俗地纠纷中，即使争议对方采用了暴力行动，社群也能够克制行动，不以暴制暴。在9个案例中争议对方使用了暴力。其中有4个案例吸引了本地或外部组织参与解决，其中仅在1起案例中，社群针锋相对地使用了暴力①，该社群与印尼镍矿国际有限公司［PT International Nickel Indonesia（Inco）Tbk］的民俗地矛盾可以追溯到20世纪80年代。该公司曾向社群递交威胁信、驱逐示威者、烧毁民众的房屋、以社群在公司的工作合同允许的地界内活动为理由抓捕当地人。公司在当地政府组织的协调会上曾控诉社群使用恐怖手段威胁公司员工。② 本地社会组织"矿业牺牲者群体团结论坛"（FSMT）全程参与了该案件的解决过程。而在另外5个没有本地或外部组织参与的案例中，社群全部使用了制度外方式：其中1个案例中社群使用

---

① 南苏拉威西省东鲁勿县，卡伦泗族（Karonsie）。
② AMAN, Aksi Massa Melawan PT. Incon, url：http://www.downtoearth-indonesia.org/id/story/aksi-massa-melawan-pt-inco.

印度尼西亚族群动员的政治逻辑(1998—2017)

了未经备案的示威游行;[①] 另一个案例中社群阻碍了争议方的正常活动;[②] 3个案例中出现了暴力手段。[③]

值得注意的是与假设预期相反的案例：在本地或外来社会组织参与的情况下，为什么某些族群动员仍采用制度外的动员方式？笔者发现只有当政府或警方不作为，或偏袒占用土地的争议方时，社群才倾向于使用制度外动员方式。从上文的案例描述中可知政府和警方在大多数案例中与争议双方都没有直接的利益关系，政府在土地纠纷的解决中往往扮演三重角色：纠纷中的中立调解人、有权吊销公司营业资格的执法者、有权认定民俗地合法权利的政策制定者。对于争执不下的纠纷双方，政府都是被努力争取的对象。在政府和警察切实参与协助解决矛盾的案例中，即使矛盾久而不决，纠纷双方也大多坚持通过合法、非暴力的方式协商。当政府或警方的态度偏袒占用土地的争议方或不愿帮助解决时，社群倾向于通过阻碍工厂生产或暴力的方式逼迫争端方谈判或迫使政府或警方插手。在采用制度外动员方式的案例中，有12个案例中出现了地方政府或警方偏袒占用土地的争议方的情况或表现出不作为的态度，而其中9个案例中有至少一个本地或外部社会组织参与。新变量（地方政府或警方的态度）的引入有益于在民俗地问题中解释现有理论框架不能解释的残余观察值。在未来的研究中，如果特别针对民俗地中的族群动员方式问题改善现有模型，需要

---

① 第一个案例是东努沙登加拉省本北中帝汶县，Naikofi、Ataupah和Taesbenu三个族群与PT Elgari Resorce Indonesia公司的民俗地纠纷。游行发生在2015年2月。

② 2011年4月16日，在中爪哇省加布棉县（Kebumen）Urut Sewu地区，村民阻断了通往陆军训练营的道路。双方发生冲突，军队发射橡胶子弹驱散示威者，导致多名村民受伤，参见Kompas, Tim Independen Belum Diperlukan (2011 - 04 - 19), url: http://nasional.kompas.com/read/2011/04/19/16144385/Tim. Independen. Belum. Diperlukan.

③ 3起没有社会组织参与且出现了暴力手段的案例分别是：（1）南苏门答腊省OKI县（Ogan Komering Ilir），2011年4月本地族群与PT SWA公司发生冲突，导致5人死亡，参见Kompas, Komnas HAM Temukan Konflik (2011 - 12 - 14), url: http://regional.kompas.com/read/2011/12/14/21282150/Komnas. HAM. Temuka. Konflik）；（2）巴厘省峇厘陵县，2010年10月5日，两个社群互相纵火，烧毁16栋居民房屋，参见Kompas, Konflik Adat Lemukih Hanguskan 30 Rumah (2010 - 10 - 22), url: http://regional.kompas.com/read/2010/10/22/22490759/Konflik. Adat. Lemukih. Hanguskan. 30. Rumah；（3）西苏门答腊省索罗克县，2008年5月，Muara Pingai和Saniang Baka两个"纳加里"民俗村（Nagari）因土地划界问题发生冲突，冲突中数十幢房屋被焚毁。此前在2003年，一人曾在冲突中死亡，参见Sulistyawati, A., Ketika Dua Nagari Berebut Tanah di Tapal Batas (2008 - 05 - 08), url: http://nasional.kompas.com/amp/read/2008/05/08/02164271/ketika. dua. nagari. berebut. tanah. di. tapal. batas.

第七章　民俗地运动中的族群动员

考虑纳入这个新变量，以捕捉地方政治生态对族群动员方式的影响。

此外，数据显示当争议双方都是社会群体的情况下，社会组织和NGO很少参加争议的解决过程，而在这种情况下，争议双方使用暴力的可能性也比较大。在案例中出现的6起社会群体间的民俗地纠纷中，有5起使用了暴力方式，甚至导致人员死伤。社会群体间的民俗地争议很少得到社会组织和NGO的关注。在上述6个社会群体间的土地争议案例中，只有1个案例中有本地社会组织参与，且这个案例没有引发制度外方式动员。①

控制变量对动员方式的选择影响不大。首先，土地争议开始的时间对动员方式没有影响。关于时间的合理假设是：在1998年民主化以前，族群能使用的制度内抗争方式有限，使用制度外手段的可能性提高。但是案例集表明在1998年以前产生的争议中，制度外手段的使用并不比1998年后的案例使用频率更高。其次，案例所在地点对动员方式也没有影响。根据在印尼流传广泛的固有思维，认为巴布亚、加里曼丹等偏远地区的现代化水平较低，族群文化更原始，使用制度外方式抗争的可能性更高。而案例集不支持此假设，使用制度外方式的案例出现在15个省，在五大岛都有出现，甚至在最现代化的爪哇岛也有一个案例。② 最后，产生土地争议的直接起因不影响抗争方式的选择。去森林化、水和空气污染等环境问题、不尊重族群习俗的文化冲突、对抗争者造成经济上的潜在损失甚至损坏社群的财物都不会导致动员者采取更不受控、更暴力的制度外方式。

通过以上对印尼全国民俗地案例集的分析，可以看出本地和外来社会组织参与到民俗地争端的解决过程中与族群的动员方式选择具有一定的关联性。支持了在本章第一节和第二节中通过多巴—巴达克族的民俗地案例得到的初步结论，即社会组织的参与引导和转变了动员方式的机制，即（1）转变了整个民俗地运动的动员目标，使动员者意识到在制度不完善的

---

① 2016年在东努沙登加拉省古邦市（Kupang），帝汶族的阿马比王国（Kerajaan Amabi）集体状告汤姆伯易家族（keluarga Tomboy）侵占其283公顷土地，参见 Bere, S., Namanya Dicatut dalam Kasus Tanah Ratusan Hektar, Tokoh Adat Lapor Polisi（2016-03-04），url：http://regional.kompas.com/read/2016/03/04/00591301/Namanya.Dicatut.dalam.Kasus.Tanah.Ratusan.Hektar.Tokoh.Adat.Lapor.Polisi.

② 2011年4月16日，在中爪哇省加布棉县（Kebumen）Urut Sewu 地区，村民阻断了通往陆军训练营的道路。双方发生冲突，军队发射橡胶子弹驱散示威者，导致多名村民受伤，参见 Kompas, Tim Independen Belum Diperlukan（2011-04-19），url：http://nasional.kompas.com/read/2011/04/19/16144385/Tim.Independen.Belum.Diperlukan.

背景下，其动员能力非常弱，必须寻求与国家合作；（2）统一了动员活动的目标，不再直接针对公司，而是力图推动制度完善，增强了动员组织的内部凝聚力；（3）引入了非物质资源，拓展了制度内动员方式的可选种类。

第五节 小结

本章多巴湖周边地区民俗地动员的案例详述了族群凝聚力提高和政治空间扩大的双重转变使动员方式从制度外向制度内转变。与其他族群动员类型不同，民俗地政治空间的扩大是由地方政府主导的渐进变化，与地方分权的深化息息相关。地方政府根据当地情况通过立法保护和管理民俗地、颁发地契、拒绝企业延长民俗地使用许可等方式逐步解决民俗地纠纷。

社会组织、非政府组织等外部组织对于扩展政治空间和提高族群凝聚力极为重要。外部组织通过引进西方的原住民权利思潮和直接援助向政府施加社会压力，通过司法诉讼的方式推动制度革新。外部组织直接参与原住民的动员活动，引进多种动员资源，使抗争活动更有组织性和效率，避免与执法部门出现暴力冲突。社群与政府和执法部门的联系通道打开，进一步优化了动员的政治空间。一些学者称这些外部组织为"善意的盟友"（benevolent allies）[1]或"委托人"（trustee）[2]，意思是动员者组织和外部组织的意图和行动已经无法完全区分开。最后一节对印尼全国民俗地运动的案例分析也间接印证了外部组织参与动员会减少动员中的暴力的假设。

当然，除了动员组织能力提高和动员目标变化这两个主要因素之外，还有其他因素影响了动员方式变化，尤其具有相关性的是公司和政府的行动方式。正如德拉波尔塔提出，"激进主义还是温和节制，也必须取决于社会运动在其环境中遇到的回应、当局的反应以及潜在盟友和对手的力量

---

[1] Tyson, A., *Decentralization and Adat Revivalism in Indonesia: The Politics of Becoming Indigenous*, Abingdon: Routledge, 2010, p. 37.

[2] Blair, H., "Assessing Civil Society Impact for Democracy Programmes: Using an Advocacy Scale in Indonesia and the Philippines", *Democratization*, Vol. 11, No. 1, 2004, p. 81.

第七章　民俗地运动中的族群动员

与姿态"。[1] 随着民俗地问题敏感度提升，加上 TPL 公司拥有的将近一半的土地租赁合约到期，公司在争议区的活动越来越克制。"如果公司不再在森林里活动，村民就不会与公司产生直接冲突。"[2] 当局的态度和行动同样有影响。一旦国家对习俗法权利减少支持，族群动员有可能再次拾起制度外方式。正如一位 NGO 行动者所言，"如果政府不承认我们，那么我们就不承认政府"。[3]

---

[1] ［意］多娜泰拉·德拉波尔塔：《社会运动、政治暴力和国家》，上海人民出版社 2012 年版。
[2] 2016 年 2 月 25 日，在 KSPPM 的访谈。
[3] 2016 年 2 月 22 日，在 AMAN 办公室访谈。

第八章

新建自治区中的族群动员

新建自治区是 1999 年以来印尼实现地方分权的重要辅助手段。根据法律，新建自治区需要从基层提议、逐层向上级政府报批，在新建自治区的过程中出现了大量以族群认同为口号的基层动员活动。可以说新建自治区为族群动员放宽了政治空间。本章第一节介绍新建自治区作为族群动员的政治机遇的制度背景，第二节和第三节分别详述两个对比案例。帕帕克族具有很高的族群凝聚力，尽管他们资源禀赋较差，但是在短时间内顺利完成了新建县的目标。与之形成对比的是重建塔帕努里省的案例。由于巴达克族各亚族群在宗教、历史和风俗习惯上的差异，更重要的是亚族群之间在政治力量上的悬殊差异和竞争导致巴达克族的族群凝聚力很低，使多巴—巴达克族主导的重建塔帕努里省的计划遭遇重重失败。在政府即将关闭新建自治区的政治机遇窗口前夕，多巴—巴达克族精英使用暴力迫使异见成员合作。

第一节 新建自治区的背景

一 新建自治区的制度背景

印尼是世界上最大的群岛国家，拥有五个主岛和一万三千多个岛屿，有效控制这样的一个国家不是易事，尤其关于如何处理中央和地方关系，不论是古代王国、殖民政府还是印尼共和国都在尝试。印尼古代历史中没有出现过一个大一统的历史时期。在西方殖民者到来之前，只有三佛齐、谏义里、新柯沙里、麻喏巴歇等为数不多的王朝形成了跨越主岛的政权，其中以在东爪哇兴起的麻喏巴歇王朝的版图最为广阔，东征巴厘、松巴，西平室利佛逝，北控婆罗洲，奠定了今天印尼版图的基础，常被看作是印

第八章 新建自治区中的族群动员

尼共和国的前身,但其控制的领土范围也远不及当今印尼的领土范围之广。不仅如此,古代王国既没有意愿,也没有能力对边缘地区实行有效控制,王国的权力越接近领土边缘越弱,这和现代的主权概念不同。

关于新成立的印尼共和国应建立何种制度调整中央和地方关系,爪哇族和外岛族群有截然不同的看法。本尼迪克特·安德森指出,爪哇人喜欢统一、憎恶权力分散,他们在潜意识中反对联邦制、多党制、三权分立等鼓励权力分散的制度。在1956—1958年间,中央政府对于地方分权的不情愿态度就反映了这种爪哇王国的统一观念。① 然而,如上文所述,爪哇岛以外的许多地区在古代被本地小政权控制,不隶属于爪哇岛上的王国,它们认为实现地方自治或联邦制是加入印尼共和国的前提条件。例如,西苏门答腊的米南加保族在历史上基于伊斯兰教和习惯法形成了广阔的自治空间,倾向于在印尼形成一个民主、分权的联邦政府。②

集中还是分权的问题在共和国成立初期一直困扰着执政者。在荷兰的干预下,印尼曾经实行过短暂的联邦制。1946年的林芽椰蒂协定规定印尼共和国、婆罗洲和东印尼三部分共同组建成印尼联邦国。1949年12月的海牙会议规定在同年12月27日成立印尼联邦合众共和国,由印尼共和国和殖民者控制的外岛联邦咨询会议的15个成员组成。③ 然而不久之后,外岛的成员国纷纷宣布加入印尼共和国,终于在1950年8月宣告联邦制度失败,印尼形成统一的共和国。

尽管如此,地方精英和地方军团要求自治的热情不减,出现了一系列地方分离活动,如1950年成立的南马鲁古共和国、20世纪50年代亚齐的达乌德·贝鲁(Teungku Daud Beureueh)领导的叛变等。1956年副总统哈达与苏加诺关于政治路线的矛盾公开化,哈达辞去副总统,哈达代表的外岛地方利益与中央的裂痕加深。1956—1958年,地方军团在中苏门答腊、北苏门答腊、苏拉威西、努沙登加拉、马鲁古④等地发动政变,⑤ 要求废除

---

① Anderson, B., *Language and Power: Exploring Political Cultures in Indonesia*, Ithaca: Cornell University Press, 1990, pp. 36 – 50.
② Kahin, A., *Rebellion to Integration: West Sumatra and the Indonesian Polity, 1926 – 1998*, Amsterdam: Amsterdam University Press, 1999.
③ 戴万平:《印尼族群政治研究:宗教,地域与种族》,博士学位论文,高雄:中山大学中山学术研究所,2003年。
④ 武文侠:《印度尼西亚的民族分离主义运动》,《世界民族》2005年第2期。
⑤ 即东部的全面斗争宪章运动(Permesta)和苏门答腊的印尼革命政府运动(PRRI)。

印度尼西亚族群动员的政治逻辑（1998—2017）

中央集权，赋予地方广泛的经济和政治自治权，要求限制总统苏加诺的权力、由哈达组阁、开除纳苏蒂安将军。

从 1959 年开始，印尼进入了较长时期的中央集权模式。为了应对地方分权的压力，苏加诺自 1959 年起实行有领导的民主，增强了总统的权力，对军队进行整改，禁止外岛驻军将领由本地人担任。地方叛乱危机在 1961 年解除。在苏哈托执政后，军人的政治和社会功能进一步增强，在军人的管控下形成了以爪哇为中心的权力向中央集中的模式，地方分权的意愿被压制下来。在以爪哇为重心的国家治理模式下，爪哇和外岛的发展极不平衡。

值得一提的是，苏哈托曾经尝试进行"地方分权"实验。中央政府于 1995 年在 26 个二级行政区①进行分权实验。然而，这次尝试并不是政治分权，而仅是为了减少冗余的行政步骤而设计的管理分权（management deconcentration）。② 这次分权实验的结果是失败的，许多印尼人甚至不知道曾经存在过这样一次"分权"改革。

从 1998 年苏哈托下台到 1999 年这段"关键时刻"（critical juncture），被禁锢了 32 年的地方势力迅速采取行动，在世界银行和国际货币基金组织的支持下重新商议与中央政府的关系。印尼的地方分权改革始于《1999 年第 22 号地方政务法》和《1999 年第 25 号中央和地方政府财政平衡法》。中央将财政、政治和行政权力下放给县（市）级议会和政府，使地方在基础设施、社会服务、教育、交通通信、土地、环境等广泛的领域承担责任。③ 应对 20 世纪 90 年代以来尤其是 1998 年民主改革后少数族群对自治权④的要求、族群间冲突和族群分离主义的压力，防止各地的"巴尔

---

① 这些实验地区被称为 Daerah Percontohan，是从每一个省中选择一个二级行政区作为分权实验区。

② Devas, N., "Indonesia: What Do We Mean by Decentralization?" *Public Administration and Development*, Vol. 17, No. 3, 1997, pp. 351 – 367.

③ Nasution, A., *Government Decentralization Program in Indonesia*, ADBI Working Paper 601, 2016.

④ 主要指对其区域内的自然资源的经济权利，见 Hadiz, V. R., "Decentralization and Democracy in Indonesia: A Critique of Neo - institutionalist Perspectives", *Development and Change*, Vol. 35, No. 4, 2004, pp. 697 – 718.

第八章　新建自治区中的族群动员

干化",[1] 是印尼中央政府同意分权的初衷之一。[2]

至于印尼的分权改革促进或抑制了族群动员,一个基本共识是分权虽然鼓励了族群地方主义的复苏,[3] 但是减少了族群间暴力动员,[4] 消除了某些地方族群分离主义的基础,[5] 具体表现为:至今地方分权没有引发新的族群分离问题;"监控印尼暴力冲突"数据[6]显示,族群间暴力事件的数量维持在较低水平;亚齐分离问题的成功解决也被认为是基于地方分权法律框架协商的特殊地方分权所取得的成就。印尼的分权改革抑制了族群分离主义的原因有二:首先,分权满足了族群地方主义群体自治的需求;其次,在政治分权和民主化进程中,不同族群的精英必须结盟以便在地方选举中获胜。在议会和政府中,族群精英共治使族群之间加深了合作关系。[7] 简言之,印尼的分权改革被认为是管控族群间冲突和族群分离主义的有效方案。

1999 年的两项地方分权法标志着代表地方利益的政治联盟取得了制度框架中的根本性成功。一些政治嗅觉敏锐的地区快速从原来的行政区脱离出来,建立了新的自治县(市),例如北苏门答腊省的多巴夏梦溪县和曼

---

[1] Mietzner, M., "Indonesia's Decentralization: The Rise of Local Identities and the Survival of the Nation-state", *Regional Dynamics in a Decentralized Indonesia*, Ed. by Hill, H., Singapore: Institute of Southeast Asian Studies (ISEAS), 2014, pp. 45–67.

[2] Mietzner, M., "Indonesia's Decentralization: The Rise of Local Identities and the Survival of the Nation State", in Hal Hill, ed., *Regional Dynamics in a Decentralized Indonesia*, Singapore: ISEAS - Yusof Ishak Institute, pp. 45–67.

[3] Tyson, A. D., *Decentralization and Adat Revivalism in Indonesia: The Politics of Becoming Indigenous*, New York: Routledge, 2012, pp. 1–20. Davidson, J. S., and David Henley, eds., *The Revival of Tradition in Indonesian Politics: The Deployment of Adat from Colonialism to Indigenism*, New York: Routledge, 2007, pp. 1–49.

[4] Mietzner, M., "Indonesia's Decentralization: The Rise of Local Identities and the Survival of the Nation-state", *Regional Dynamics in a Decentralized Indonesia*, Ed. by Hill, H., Singapore: Institute of Southeast Asian Studies (ISEAS), 2014, pp. 45–67.

[5] 例如廖内省源于石油收入分配的分离主义问题在实行地方分权之后就消失了,见 McGibbon, R., "Secessionist Challenges in Aceh and Papua: Is Special Autonomy the Solution?", *East - West Center Policy Studies*, No. 10, 2004, p. 4.

[6] "监控印尼暴力冲突"(Indonesia - Sistem Nasional Pemantauan Kekerasan 或 National Violence Monitoring System)是由世界银行资助,由印尼政府和哈比比中心合作维护的数据库。该数据库收录了印尼全部省份的地方报纸上刊载的暴力事件并加以分类和编码,见 http://snpk.kemenkopmk.go.id.

[7] Aspinall, E., "Democratization and Ethnic Politics in Indonesia: Nine Theses", *Journal of East Asian Studies*, Vol. 11, No. 2, 2011, pp. 289–319.

印度尼西亚族群动员的政治逻辑(1998—2017)

特宁纳达尔县①、楠榜省的东楠榜县和外加楠县（Way Kanan）② 等。

随着越来越多地区要求分立和新建自治区，中央政府颁布了《2000 年第 129 号关于新建、取消和合并行政区的条件和标准的政府规定》，用于规范和推动新建自治区进程。③ 仅在 129 号政府规定刚刚颁布的 2000 年，内政和地方自治部就接到了 13 个新建省和 44 个新建县的申请。2000—2005 年是新建自治区的高峰，新县（市）的数量从 326 个增加到 440 个。④ 截至 2014 年，印尼县市级政府数量达到 507 个、省级政府 34 个，⑤ 而在 1999 年，印尼仅有 298 个县市级政府和 27 个省。⑥ 尽管如此，2017 年 2 月，仍有 237 个新建自治区的申请积压在内政部等待审核。⑦

通过行政区地界的重新划分新建行政区的方式在印尼共和国历史上有不少先例。20 世纪 50—60 年代初期印尼共和国建立不久并解决了荷兰殖民政府的反攻的问题后，尽快建立大小和数量合适的地方政府以搭建国家的治理框架成为新政权面临的重要任务，因此通过地区间重新划界建立新地方政府的案例非常多。1945 年 8 月 17 日苏加诺宣布印尼独立后不久，只有 8 个省和 2 个特区加入了新成立的印尼共和国。⑧ 1950 年 8 月 17 日，印尼共和国恢复了对前荷兰殖民的东印度群岛的控制（巴布亚地区除外），1950 年至 1966 年出现了第一次以重新划分行政区地界的方式新建省的潮

---

① 1998 年 11 月 23 日颁布的第 12 号法律批准新建多巴夏梦溪县和曼特宁纳达尔县。
② 1999 年第 12 号法律批准新建外加楠县和东楠榜县。
③ 新建自治区在印尼文中称为 pemekaran daerah，英文中一般翻译为 proliferation 或 territorial splits，本意是地区的拓展或分离。为了读者理解的便利，本文中称之为"新建自治区"。
④ Agustino, L. and Mohammad Agus Yusoff, "Proliferasi dan Etno - Nasionalisme daripada Pemberdayaan dalam Pemekaran Daerah di Indonesia", *Bisnis & Birokrasi*, *Jurnal Ilmu Administrasi dan Organisasi*, Vol. 15, No. 3, 2008, p. 197.
⑤ Kemendagri, Pembentukan Daerah - daerah Otonom di Indonesia Sampai dengan Tahun 2014. url: http://otda. kemendagri. go. id/.
⑥ Firman, T., "Territorial Splits (pemekaran daerah) in Decentralising Indonesia, 2000 - 2012: Local Development Drivers or Hindrance?" *Space and Polity*, Vol. 17, No. 2, 2013, p. 181.
⑦ Padmasari, S., Mendagri Sebut 237 Daerah Mengantre untuk Dimekarkan (2017 - 02 - 28), url: https://www. merdeka. com/peristiwa/mendagri - sebut - 237 - daerah - mengantre - untuk - dimekarkan. html.
⑧ 即苏门答腊、婆罗洲、西爪哇、中爪哇、东爪哇、苏拉威西、马鲁古、小巽他、日惹特区和梭罗特区。

第八章　新建自治区中的族群动员

流,从原省份中分离出的新省份多达 20 个,① 新建县市级政府更是数以百计。

在苏哈托执政时期,建设国家机构的重点转移到县市以下的区级和村级基层政府层面,且政治权力集中在中央政府,使地方的意愿受到压制,因此通过重新划分地界建立新省和新县市的情况屈指可数,② 仅有以下几例:1968 年,新建的明古鲁省脱离了南苏门答腊省;③ 西爪哇省的普哇加达县(Purwakarta)和苏横县(Subang)在 1968 年分别从加拉璜县(Karawang)和展玉县(Cianjur)分立出来;④ 在 1978 年,雅加达特区分为 5 个市;楠榜省在 1991 年新建西楠榜县,在 1997 年新建汤加穆县(Tanggamus)和都郎巴望县(Tulang Bawang)。

印尼民主化后,中央政府在地方分权精神下进行的新建自治区活动有以下几个共同目标:从提供公共服务的角度,使群众获得行政、医疗、教育等公共服务更加便捷;从政治分权角度,赋权给基层社会群体、地方政府和地方议会;从经济发展角度,使公共预算的使用更有效地支持地方特殊的发展需求⑤。除了上述共同目标,在某些情况下,新建自治区也有通过人为制造隔离减少宗教和族群冲突,或削弱分离主义势力的考虑。

印尼民主化后的新建自治区实践未能达到预期效果,导致新建自治区实践在 2009—2013 年间中断。关于近十几年新建自治区的成效,出现了两种比较极端的、有代表性的态度。以世界银行为代表的乐观态度从理论

---

① 1950 年,苏门答腊省被分为北苏门答腊省、中苏门答腊省和南苏门答腊省。1956 年,加里曼丹省被分为西加里曼丹省、南加里曼丹省和东加里曼丹省。同年,亚齐达鲁萨兰省从北苏门答腊省分立出来。1958 年,中苏门答腊省被分为占碑省、廖内省和西苏门答腊省。同年,从小巽他省分立出巴厘省、西努沙登加拉省和东努沙登加拉省,从中加里曼丹省划分出南加里曼丹省。1960 年,苏拉威西省被分立成为北苏拉威西省和南苏拉威西省。1961 年,雅加达脱离西爪哇省成为特别行政区。1964 年,楠榜省从南苏门答腊省分立出来,中苏拉威西省脱离北苏拉威西省,东南苏拉威西省从南苏拉威西省中分立出来。

② Kemendagri, Pembentukan Daerah – daerah Otonom di Indonesia Sampai dengan Tahun 2014, url:http://otda.kemendagri.go.id/.

③ 实际上,将明古鲁省从南苏门答腊省分立出来的行动从 1962 年已经开始筹备了。这一计划在中央和南苏门答腊省都得到了政治精英的支持,包括苏加诺的夫人、生于明古鲁的法特玛娃蒂·苏加诺(Fatmawati Soekarno)也是筹备委员会的成员。

④ 见 1968 年第 4 号法律(UU No. 4 Tahun 1968)。

⑤ Holtzappel, C., "The Regional Governance Reform in Indonesia, 1999 – 2004", *Decentralization and Regional Autonomy in Indonesia: Implementation and Challenges*, Ed. by Holtzappel, C. and Martin Ramstedt, Singapore:Institute of Southeast Asian Studies, 2009, pp. 1 – 58.

角度预测新建自治区可以激发地方发展的潜能。① 消极的观点则从印尼的地方政治具体情境出发,几乎全盘否定新建自治区的成效,认为其结果仅仅是形成林立的"小王国",使下放给地方的权力和资源成为地方精英掠夺的目标和贪污的工具。② 在学界,更多的研究结论介于上述两种态度之间且偏向悲观,认为新建自治区给中央财政带来巨大压力,对地方发展的促进作用不及预期,仅仅在提供某些公共服务和发展地方文化等方面有有限的正向作用,引起纵向社会矛盾等。前总统苏西洛曾在 2010 年表示,"近十年来新建自治区 205 个,80% 都是失败的"。③ 正因如此,在 2009 年国会暂停审议新建自治区申请,在地方的压力下直到 2013 年才重新恢复审议。

二 新建自治区的过程

与地方分权之前的新建地方政府过程相比,地方分权下的新建自治区过程"速度更快、规模更大、自下至上且政治性强"。④ 尽管新建自治区成功案例有两百多个,但这并不意味着申请和审批过程易如反掌。新建自治区需要通过细致的设计和反复论证、实地考察和复杂的审批流程。从基层提出申请到国会批准,两年以内能获批已属罕见。根据 2000 年第 129 号政府规定第 16 条,新建自治区的申请和审批过程如下(见图 8.1):

1. 与之相关群众和地方政府的政治意愿;
2. 必须有地方政府进行的前期研究的支持;
3. 建立省的申请提交给政府,即地方自治和内政部,附上地方的研究结果、该省议会的批准函及该省范围内的县(市)议会的批准函;
4. 建立县(市)的申请通过省长提交给政府,即地方自治和内政部,

---

① World Bank, *Decentralizing Indonesia: A Regional Public Expenditure Review Overview Report*, East Asia Poverty Reduction and Economic Management Unit, World Bank, June 2003, url: https://openknowledge.worldbank.org/handle/10986/14632.

② Hadiz, V., "Decentralization and Democracy in Indonesia: A Critique of Neo‑Institutionalist Perspectives", *Development and Change*, Vol. 35, No. 4, 2004, pp. 697–718.

③ BBC Indonesia, DPR Setujui Pembahasan 65 Daerah Otonomi Baru (2013‑10‑13), url: http://www.bbc.com/indonesia/berita_indonesia/2013/10/131024_dpr_sahkan_65daerah_otonomi_baru.

④ Firman, T., "Territorial Splits (pemekaran daerah) in Decentralising Indonesia, 2000–2012: Local Development Drivers or Hindrance?" *Space and Polity*, Vol. 17, No. 2, 2013, p. 186.

第八章 新建自治区中的族群动员

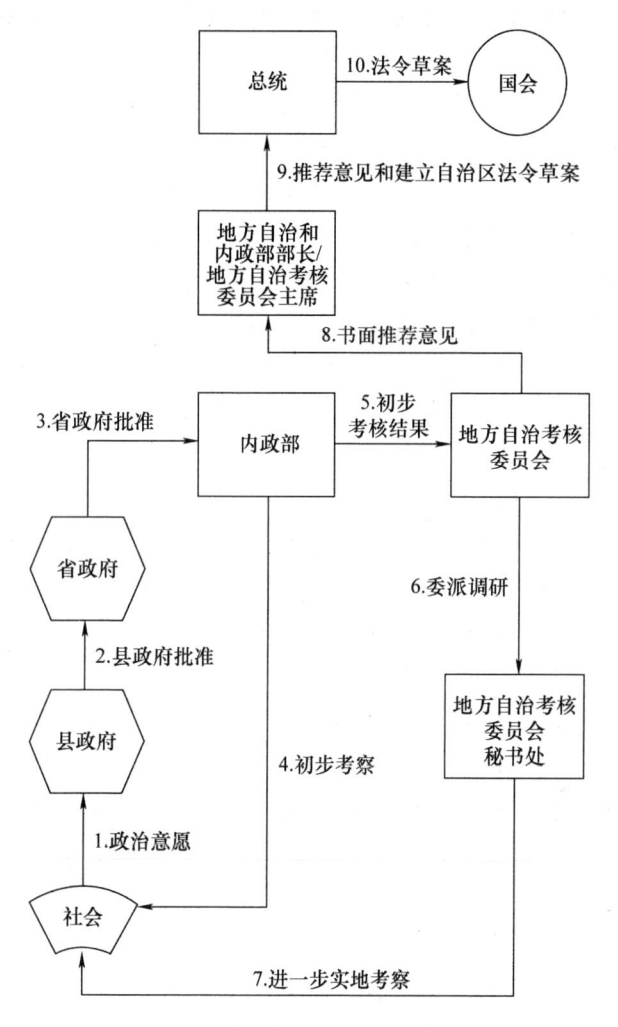

图 8.1 新建自治区的申请和审批过程

附上地方的研究结果、县（市）议会的批准函和省议会的批准函；

5. 在考量省长的推荐意见后，地方自治和内政部部长进行进一步操作且可以委派小组到地方进行考察，考察结果以推荐材料的形式递交地方自治考核委员会；

6. 根据第五条中的推荐意见，地方自治考核委员会主席征求地方自治考核委员会成员的意见，且可以委派地方自治考核委员会秘书处技术小组到地方进行进一步研究；

7. 地方自治考核委员会成员向地方自治考核委员会主席递交书面建议和意见;

8. 根据地方自治考核委员会的建议和意见,在地方自治考核委员会成员会议上形成建议成立某自治区的推荐意见;

9. 如果根据地方自治考核委员会成员会议决议结果,同意成立新建自治区,地方自治和内政部部长作为地方自治考核委员会主席向总统出具建立上述自治区的推荐意见和建立自治区法令的草案;

10. 如果总统批准,建立自治区法令的草案交付国会审议批准。

自2000年以来创建大量新行政区为中央财政带来巨大压力,因此在最近几次相关法律法规的变更中,提高了新建自治区的条件。2007年中央政府颁布的第78号政府规定要求省级行政区分立需满足该省已建立10年的条件,县(市)级行政区分立需满足该县(市)已建立7年的条件。此外,从前有4个区决定分立即可申请成立新县或市,新规定则要求至少5个区加入才可以提出申请。省级行政区分立也同样要求至少5个县(市)加入。这一规定在《2014年关于地方政府管理的第23号法律》的第35条中重申。除此之外,申请和审批的流程基本不变。

在审批过程中(1999年到约2005年),新建自治区的申请得到内政部的推荐并不是最困难的,最难的是获得母县和省的审批,[①] 因为新建行政区会减少原行政区从中央政府得到的财政预算,且新建行政区在试行期间的经费还要由原行政区政府支付,直到中央政府开始向新行政区政府拨款为止。[②] 正因如此,许多新建行政区的申请因拿不到县政府和议会审批就中途失败了。例如,北苏门答腊省日里雪利冷县曾在1992年和2002年两次申请分立,但母县的县长都不予支持。[③]

以上描述的申请和审批过程是法律规定的一般行政过程,然而在部分案例中也有政治因素插手,改变了上述的一般进程。例如,在北苏门答腊省新建巴杜巴拉县的过程中,亚沙汗县作为母县(kabupaten induk)不予批准。然而在内政部部长哈里·萨巴尔诺(Hari Sabarno)的支持下,新建

---

① 与北苏门答腊大学人类学系教授 Fikarwin Zuska 的访谈,2016年1月11日。
② Firman, T., "Territorial Splits (pemekaran daerah) in Decentralising Indonesia, 2000 - 2012: Local Development Drivers or Hindrance?" *Space and Polity*, Vol. 17, No. 2, 2013, p. 187.
③ Sinar Indonesia Baru, "Ribuan Massa akan Unjuk Rasa Desak Bupati Secepatnya Keluarkan Keputusan Politik Tentang Pemekaran Deliserdang", Sinar Indonesia Baru (2002 - 08 - 11), "D2/x5".

第八章 新建自治区中的族群动员

县的调研报告被直接送到总统手中,接替梅加瓦蒂继任的总统苏西洛授意亚沙汗县批准建立巴杜巴拉县的申请。① 再如,西巴布亚省的建立更多体现了雅加达的意志而不是地方的意愿,是自上而下的过程。② 在下文的新建帕帕克县的案例中,动员组织得到县级批准后立即到雅加达对国会和内政部游说,在得到雅加达的初步肯定之后才与省政府和省议会举行听证会。这说明虽然在地方自治的制度框架下县级和省级政府和议会应该做出独立的判断,但是来自雅加达的意见也具有相当的影响力。

内阁与国会对新建自治区的态度矛盾曾导致审批在2009—2012年出现中断,使政治机遇骤然缩小。因新建自治区被批评不能达到预期效果,徒增中央财政负担,从2006—2007年开始,雅加达的意见出现尖锐分歧:中央政府、内政部不愿意继续分立新自治区,尤其不愿意批准建立新省,而代表各地区利益的国会不愿意停止审批。2008年3月24日,中央政府和国会③终于达成一致,从彼时至2009年大选结束为止不再审议新提案,只完成积压的12个提案。2009年大选中苏西洛连任,因苏西洛的民主党派系在国会中是多数派,国会和内阁同意继续暂停新分立议案。但在2009—2012年暂停审议期间,国会一直受到地方的压力。后因北加里曼丹省在2012年成功分立,④ 内阁对国会非常不满。此后,国会从2013年开始恢复审批,但佐科政府对推荐新自治区仍极为小心。地方自治实践监督委员会(KPPOD)执行主任罗伯特·恩迪·加翁(Robert Endi Jaweng)认为,国会在新建自治区中起到的作用比内政部大,内政部只是提供客观的分析参考,而国会有批准权。⑤

从上述过程可知,成功新建自治区必须是制度机遇和各方协同合力叠加的成果。内阁和国会的政治博弈结果决定了制度能否为地方打开这个机遇窗口。木村惠人提出新建行政区需要在国家、地区和地方联盟和网络的背景下理解,形成多层次的纵向联盟,而不仅仅源于中央政府的意愿或某

---

① 与巴杜巴拉县长 OK Arya Zulkarnaen 的访谈,2016年3月18日。
② Kimura, E., *Political Change and Territoriality in Indonesia: Provincial Proliferation*, Oxon: Routledge, 2013.
③ 支持暂停新自治区审议的国会派系是专业集团党、民族使命党和民主党派系,占国会席位一半以上。
④ 见2012年第20号法律。
⑤ 2015年5月14日,与地方自治实践监督委员会(KPPOD)执行主任罗伯特·恩迪·加翁(Robert Endi Jaweng)访谈,于北京。

些地方精英的要求。[1]

在分立新自治区的纵向联盟中,地方的社会动员极为重要。在法律法规和实施办法中都强调了社会意见协同一致的重要性。有关新建自治区的法律法规强调了七项基本条件,即(1)地理,(2)人口,(3)安全,(4)社会政治、习俗和传统,(5)经济发展潜力,(6)地方财政,(7)政府治理能力。其中,"安全"会考虑引起社会冲突的可能性,而"社会政治、习俗和传统"会考虑社会各群体的协同性和社会组织。当地社群的意见是否统一直接关系上述两项条件能否满足,对提案能否得到上级政府和议会的推荐书有不可忽视的影响。

社会动员贯穿了新建自治区整个申报过程。从图8.1可见,当地社会首先需要动员起来,向母县政府和议会表达分立的一致意愿。在内政部和地方自治考核委员会两次深入地方的考察过程中,当地群众必须表现出一致、高昂的政治意愿。如果在基层群众中产生政治意愿分歧,会使中央政府产生新建自治区或许会导致政治不稳定的顾虑,对审批有决定性的负面影响。当地方政府和议会审批过程中出现难以推进的情况时,基层群众往往向雅加达派出代表团,或邀请内政部官员或议员来到地方,向他们展示出热切的政治意愿。这会增加中央政府和国会的同情和理解,甚至可能帮助疏导地方政府和议会审批中的困境。地方精英动员基层群众参与新建自治区运动的一个方式是唤起群众的族群认同。

三 新建自治区作为族群政治的制度机遇

在全世界范围,当一些多族群国家开始就行政区边界进行重新协商,族群政治很快成为分立新行政区的支持理由。在20世纪90年代早期,尼日利亚的地方政府从301个迅速增加到589个,[2] 建立新行政区的过程伴随着大量族群间暴力。在印度,部落族群在那加兰邦、梅加拉亚邦和米佐

---

[1] Kimura, E., *Political Change and Territoriality in Indonesia: Provincial Proliferation*, Oxon: Routledge, 2013, p.416.

[2] Fitrani, F., Bert Hofman, and Kai Kaiser, "Unity in Diversity? The Creation of New Local Governments in a Decentralising Indonesia", *Bulletin of Indonesian Economic Studies*, Vol.41, No.1, 2005, p.58.

第八章 新建自治区中的族群动员

拉姆邦的建立中发挥主要作用。[1] 乌干达的行政区划界也受到族群因素的驱动。[2] 相似的情况也发生在印尼。地方精英和民众联合以族群和文化一致性作为理由要求分割出新自治区。国民使命党的国会议员萨尤蒂·阿斯雅特里（Sayuti Asyathri）在2008年曾评价，印尼分立自治区的原因越来越偏向族群因素，长此以往会威胁到统一的印尼共和国（NKRI）。[3]

族群因素与其他社会—经济元素的结合经常用于证明新建自治区在促进政治赋权、保证发展机遇和文化权利平等等方面的正当性。常见的论点有：某族群的人口占本地人口多数，与原自治区下属其他政治单位的族群人口构成不同，族群关系紧张；某族群作为本地区的原住民在外来族群移民的竞争压力下被剥夺了发展空间；少数族群曾受到不公正待遇，政治和经济地位低于其他族群；某些族群起源于古代王国，他们认为当前的行政区划界缺乏历史依据和文化上的共同起源，希望恢复历史上的行政管辖地界。具有以下特征的社会群体更容易使用族群认同作为新建行政区社会动员的有利条件。

第一，在族群人口构成复杂的地区，本地原生族群提出新建自治区的诉求。印尼的许多省份有主体族群单一性的特征，例如亚齐省的绝大多数人口是亚齐族，西苏门答腊省对应的族群是米南加保族、南加里曼丹省对应班加尔族（Banjar）、中爪哇和东爪哇对应爪哇族、万丹省对应万丹族、南苏拉威西以布吉斯族（Bugis）为主体等。但也有一些省份的族群构成较复杂，如北苏门答腊省和雅加达早已成为国内移民目的地，原生族群在人口上已经不占据优势。类似的情况还出现在苏拉威西和巴布亚，这两个地区的原生族群本身的分布复杂。在这样的省份中，一些本地原生族群认为，外来族群剥夺了他们对这一地区与生俱来的天然权利，要求建立以本地族群为居民主体的行政区。例如，尼亚斯族要求脱离北苏门答腊省，建立尼亚斯省。曼特宁族要求脱离南塔帕努里县，建立曼特宁纳达尔县。也

---

[1] Singh, M. and Narendar Pani, "Territories beyond Geography: an Alternative Approach to the Demands for New States in India", *Commonwealth & Comparative Politics*, Vol. 50, No. 1, 2012, p. 130.

[2] Ssentongo, J., Uganda: District Splitting May Breed More Tribal Conflict Than It Solves (2016-10-19), url: http://allafrica.com/stories/201610190167.html.

[3] Kompas, Pemerintah Mengerem Pemekaran di 15 Wilayah (2008-03-25), url: http://perpustakaan.bappenas.go.id/lontar/file?file=digital/kliping/Pemerintah%20mengerem-Kps.pdf.

有地方领导人利用原生的氏族复杂性进一步割裂行政区,将领导职务和国家资源下放给其追随者和地区作为奖赏,如巴布亚省托利卡拉县县长约翰·拓博(John Tabo)将该县从10个区分成46个区。[1]

第二,当族群分布与历史上的行政区或古代王国边界重合时,族群以历史依据增强其诉求的正当性。荷兰殖民政府对东印度群岛各族群采用的"分而治之"(devide et impera)政策和相应的政府机构设置成为当今族群建立新自治区诉求的历史依据。例如,在荷兰殖民时期曾在今天北苏门答腊省的西部建立塔帕努里省(Karesidenan Tapanuli),以实武牙为首府。该省与多巴—巴达克族的分布范围基本一致。而至今,塔帕努里省是荷印政府建立的所有省中唯一一个没有在印尼共和国恢复的省份。多巴—巴达克族精英以此历史划界作为依据支持其建立塔帕努里省的诉求。

第三,产生相对剥夺感的族群。产生相对剥夺感的原因可能是外来族群抢夺了工作机会或政治权力,也可能是受到歧视性族群政策的影响使族群发展水平相对落后,抑或少数族群文化面临濒危消亡的危机,或本地的自然资源被公司或中央政府攫取而极少用于改善本地族群的生活水平。相对剥夺感一旦被套上族群被边缘化的政治话语,容易激发起族群动员的热情。[2]

第二节 新建帕帕克县

北苏门答腊省的原住民族群帕帕克族在殖民历史、倾斜的国家政策和其他族群竞争的影响下被长期边缘化,但他们抓住了新建自治区的政治机遇,通过全部族群成员的共同努力顺利实现了建立帕帕克县的自治目标。帕帕克的案例对应了族群动员目标不冲击政府执政目标(政治空间大)和族群凝聚力强的变量组合。

---

[1] IPAC, *Policy Miscalculations on Papua*, IPAC Report No. 40, 2017, Institute for Policy Analysis of Conflict, p. 15.

[2] Lubis, Z., "Menanti Wangi Bunga dan Manisnya Buah Pemekaran Wilayah: Sebuah Catatan Pengamatan Atas Perjalanan Desentralisasi di Sumatera Utara", *Proc. Seminar Nasional Pemekaran Wilayah Sumatera dalam Perspektif Sejarah*, Medan, 2007, p. 4.

第八章　新建自治区中的族群动员

一　新建帕帕克县的背景

帕帕克县的建立是基于族群身份认同的号召，在地方精英与民众共同努力下实现的结果，是北苏门答腊省众多新建县中突出族群网络作用的典型案例。[1] 帕帕克族认为他们被殖民政府削弱，在印尼共和国中受到长期忽视，使他们在自己的土地上被边缘化，族群的发展受到威胁。[2]

帕帕克县位于北苏门答腊省西部，北部与戴里县接壤，西部与亚齐省交界，南部是中塔帕努里县，东边是弘邦哈孙杜丹县和夏梦溪县。帕帕克县的县治是沙叻市（Salak）。该县主要产业是农业和种植园产业。绝大多数居民都属于帕帕克族，被认为是巴达克族的一个子族群。总人口共44274 人，其中52.10% 的居民是新教徒，43.3% 的居民是穆斯林，4.6%是天主教徒。[3] 该县成立于2003 年6 月，[4] 从母县戴里县中分立出来。

帕帕克族在荷兰人到来之前已经在祖先的土地上活动，帕帕克族属地北临亚齐和嘉罗，南接北塔帕努里和中塔帕努里，东依嘉罗、西玛隆坤和多巴夏梦溪，西傍印度洋。属地分为五个区域（suak），即 Simsim、Keppas、Pegagan、Boang 和 Klasen。[5]

帕帕克族社群由族群领袖依据习俗法管理。族群领袖有三种类型[6]：（1）拉惹（Raja Ekuten 或 Takal Aur）是一个区域（suak）的首领，而一个区域由若干个村庄组成；（2）百大齐（Pertaki），比拉惹低一个等级，是一个村庄的领导；（3）苏朗苏立玛（Sulang Silima），既是百大齐的亲属，也是他的助手。

帕帕克族属地曾经是苏门答腊岛西部的商贸重镇。位于西部沿岸的巴鲁斯（Barus）是帕帕克族的商贸中心，也是苏门答腊岛最早与中国、阿

---

[1] 与棉兰国立大学的学者达马尼克（Erond L. Damanik）的访谈，2016 年5 月18 日；与北苏门答腊大学人类学系教授 Fikarwin Zuska 的访谈，2016 年1 月11 日。
[2] 见戴里县新建自治区委员会编纂的建立帕帕克县的申请材料，编号05/KPKD/2001，2001年6 月1 日。
[3] BPS, *Kabupaten Pakpak Bharat Dalam Angka* 2016, Pakpak Bharat: BPS, 2016, p. 128.
[4] 根据2003 年关于在北苏门答腊省建立南尼亚斯县、帕帕克县和弘邦哈孙杜丹县的第9 号法律。
[5] Wahyudhi, Dina Lumbantobing, and Lister Berutu, eds. *Etnis Pakpak dalam Fenomena Pemekaran Wilayah*, The Asia Foundation and Yayasan Sada Ahmo, 2002, pp. 2 - 4.
[6] 参见戴里县政府网站，https://www.dairikab.go.id/sejarah。

印度尼西亚族群动员的政治逻辑(1998—2017)

拉伯和印度等外部地区通商的国际港口。主要出口的货物包括咖啡、乳香、樟脑、藤条、广藿香油、硬树胶等农林产品。辛吉尔港①是帕帕克族属地的另一座港口。现在帕帕克县的首府沙叻市的所在地曾是商人的必经之路。稻米、盐、鱼等生活必需品经由沙叻运输到北塔帕努里、夏梦溪、西玛隆坤和嘉罗等地。由于沙叻处在贸易通路上的重要位置,德国传教士最先在此地传教,伊斯兰教也由阿拉伯商人经此地传入周边地区。

帕帕克族的实力在抗击荷兰殖民者的斗争中被削弱。当荷兰企图将势力深入帕帕克族属地的时候,遭遇了帕帕克族拉惹 Parube Haji 的反抗。著名的反殖民英雄、多巴—巴达克族拉惹西辛雅芒卡拉查(Sisingamangaraja XII)在对抗殖民者的后期也转移到今戴里县所在地继续斗争。这一地区的反抗殖民活动的旺盛势头使荷兰殖民者尤其担忧。殖民者在完全征服此地后,将帕帕克族属地划分到四周不同的行政区中,包括北塔帕努里、中塔帕努里、嘉罗、亚齐和西玛隆坤,而留在现在戴里县地界的只剩下三个区域,即 Simsim、Keppas 和 Pegagan,并在此地建立称为戴里(Dairi Landen)的子辖区(Onder Afdeling),②由一名荷兰人和他的原住民助手管理。如此划分行政区的结果是促进了其他族群,尤其是与帕帕克族比邻的多巴—巴达克族移居到帕帕克属地,与帕帕克人竞争生存空间和资源。此外,殖民者将戴里的首府从沙叻迁移到了诗地加兰(Sidikalang),此后沙叻在国际贸易中的地位一落千丈。

因帕帕克族参与反抗,荷兰殖民者加强了对帕帕克族的文化和经济管控。殖民者实施愚民政策,反对普通人读书识字,只有少数不对抗殖民者的族群首领的子女可以接受教育。这与毗邻的多巴—巴达克族的待遇全然不同:多巴—巴达克族在19世纪中叶接受了新教传教士布道,殖民政府拨款支持教会为多巴族平民建学校。被剥夺了受教育机会导致帕帕克族由盛转衰,开始落后于其他巴达克族子族群。殖民者也限制帕帕克族传承本族文化,不允许他们演奏民乐和举行仪式,不允许兴建有族群特色的建筑,已建成的族群建筑被拆毁。殖民者夺走了帕帕克族的谱系记录、星象和医药资料并送往荷兰。在经济上,殖民政府要求帕帕克人缴纳高额赋

---

① 辛吉尔港(Singkil)现在在亚齐省境内,与帕帕克县首府沙叻市距离约100公里。
② 戴里子辖区的上级管理机构是巴达克辖区(Afdeling Batak Landen)。此管理结构一直维持到1942年日本接管。

第八章　新建自治区中的族群动员

税，如果无力承担，则需参与强制劳动抵消税金。

印尼独立后，共和国继承了荷兰殖民者对帕帕克属地的行政分区方式，Simsim、Keppas 和 Pegagan 三地被纳入北塔帕努里县。20 世纪 50 年代后期到 60 年代初，因印度尼西亚共和国革命政府（PRRI/Permesta）在苏门答腊的反叛活动，印尼共和国政府与北塔帕努里断绝了关系。经过帕帕克族人的努力，他们在 1964 年 9 月 23 日成功将 Simsim、Keppas 和 Pegagan 分立出来并建立了戴里县。① 而 Boang 区因为穆斯林较多，被划分在亚齐，Kelasen 区仍然在北塔帕努里。

然而帕帕克族没有在戴里县获得有利的政治地位，地方政府和议会被外来族群控制。从 1964 年戴里县建立起到 1999 年 4 月，前后五任戴里县长只有一位来自帕帕克族。② 几乎九成的公务员职位被有教育背景优势的多巴—巴达克族人或其他外来族群占据。③ 地方议会大部分议席被分配给外来族群。④ 帕帕克族的控制区域逐步缩小到现在帕帕克县的所在地，也是戴里县最贫困的地区。作为原住族群的帕帕克族被边缘化了。⑤

另一方面令帕帕克社群感到不满的是基础设施的欠缺。从戴里县首府诗地加兰到沙叻距离仅 50 公里，因道路崎岖难行，乘车竟需 3 个多小时。在 2001 年，沙叻区只有 16 个固定电话，更没有人用手机。⑥ 学校数量很少，只有富有的家庭才有经济条件送孩子到诗地加兰读中学。在当地一个妇女赋权组织 YSA 眼中，"帕帕克族被政府和其他北苏门答腊省族群边缘化，成为他们的受害者，以至于他们的生活难以为继，前途渺茫"。⑦

帕帕克族的文化传承也面临危机。帕帕克的传统礼俗越来越受到多巴—巴达克族移民的影响，这一方面是因为帕帕克族的礼俗过于烦琐，例

---

① 关于戴里县的建立参见 1964 年第 15 号法律和 1964 年第 4 号政府规定。
② Sabam Isodorus Sihotang，一般被称为 SIS Sihotang，1994—1999 年间任戴里县县长。
③ 与帕帕克县政府政治处主任访谈，2016 年 2 月 29 日。
④ Damanik, E., "Contestation of Ethnic Identity in Forming Ethno‐territorial Pakpak Bharat Regency, North Sumatra", *International Journal of Sociology and Anthropology*, Vol. 2, No. 2, 2016, pp. 1–15.
⑤ Damanik, E., "Memahami Akselerasi Pembangunan dengan Isu Pemakaran Daerah", *Sinar Indonesia Baru* (2002‐11‐18).
⑥ 与帕帕克县政府政治处主任访谈，2016 年 2 月 29 日。
⑦ Oxfam, *Women Leading Change – Case Studies of Five Asian Organisations*, Oxfam, 2011, pp. 37–40.

印度尼西亚族群动员的政治逻辑(1998—2017)

如现在位于弘邦哈孙杜丹县的帕帕克族原属地 Klasen 区，那里的帕帕克居民已经改用多巴—巴达克族的结婚仪式，因为要集齐帕帕克婚礼仪式需要的所有物品过于困难。[①] 而且多巴—巴达克族具有文化自豪感和进攻性，这与他们是巴达克族中最强势的子族群有关。即使多巴—巴达克族人移居到帕帕克族属地，他们仍然坚持多巴—巴达克族的习俗。[②] 在与帕帕克人的接触中，多巴—巴达克族人逐渐影响了帕帕克族的礼俗。地方政府偏爱多巴—巴达克族文化，对帕帕克文化的衰落也要负一定责任。[③] 直到1998年，在帕帕克属地的小学基础教育内容中没有出现族群文化相关的课程，连用帕帕克语书写的书籍都很少能看到，学校中的老师都是外来教师。

帕帕克族作为少数族群，与当地的多数族群的社会关系紧张或被歧视。由于戴里县的帕帕克人在政治、社会发展和文化上都处于劣势地位，他们在自己祖先的土地上已经无法与从塔帕努里移民来的多巴—巴达克族竞争，甚至连人口数量都无法与后者匹敌。在戴里县全体人口中，帕帕克人的总数不到一半。[④] 多巴—巴达克族认为帕帕克族懒散、文化程度低，因祖先有食人的恶习使后代受到诅咒，所以帕帕克族的事业注定都会失败，而帕帕克人认为多巴—巴达克族反客为主、傲慢自大。[⑤] 两个族群之间虽然没有发生过暴力冲突，但是关系一直比较紧张。在亚齐省辛吉尔县的帕帕克人在与亚齐人的接触中也极为小心。一位帕帕克领导人在公开的论坛中说，在2000年辛吉尔县还没有分立出来以前，他和许多帕帕克人不敢公开使用帕帕克族姓氏，"因为害怕影响在政府中的升迁仕途"，"希

[①] Tumanggor, M., "Pengaruh Budaya Batak Toba Terhadap Masyarakat Pakpak Kelasen Di Kecamatan Manduamas (1946 – 1992)", MA thesis. Medan：Universitas Sumatera Utara, July 2015, Chapter 4.3.

[②] Sihombing, E., "Hubungan Antara Suku Batak Toba Dan Batak Pakpak (Studi Kasus Di Desa Bangun Kecamatan Parbuluan Kabupaten Dairi)", MA thesis. Medan：Universitas Sumatera Utara, 2016, Chap.3, 4.

[③] 与帕帕克县选举委员会两名监事 Bancen 和 Berutu 的访谈，2016年2月29日。

[④] 在人口普查时，帕帕克族和多巴—巴达克族等都被分在巴达克族中统计人数，虽然帕帕克人对外不愿承认自己是巴达克族，而是帕帕克族。因此，帕帕克人占戴里县人口比例是估计数字，来源于2016年2月29日与委员会成员、民主国民党地方支部主席 Erah Banurea SA 的访谈。

[⑤] Sihombing, E., "Hubungan Antara Suku Batak Toba Dan Batak Pakpak (Studi Kasus Di Desa Bangun Kecamatan Parbuluan Kabupaten Dairi)", MA thesis. Medan：Universitas Sumatera Utara, 2016, Chap.4, 6.

望被当地的亚齐族接受"。①

帕帕克族在 20 世纪 70 年代就有逐步自立的意愿，但是遭到外来族群和政府的干预。帕帕克族从前没有自己的教会组织，而是加入多巴—巴达克族的巴达克族新教会，使用巴达克语唱赞美歌、布道。在 70 年代末期，帕帕克族的牧师开始使用本族语言布道。在 1990 年年初，帕帕克教区从棉兰得到资金援助，计划从巴达克族新教会分离出去，却受到巴达克新教会的阻挠，而后又被军队威胁和干预。一些支持教会分立的人不得不躲进森林里逃避军队的抓捕，他们被禁止出现在教堂或其他地方礼拜。② 直到 1995 年，帕帕克族才建立了戴里帕帕克基督教会（GKPPD）。

在高度集权的威权主义制度下，像帕帕克族这样面对政治权力、经济发展、生活水平和文化认同多重危机的社群具有普遍性。作为外岛、非穆斯林的少数族群，从前他们没有合法的方式扭转这一被动的局面，也不具备像巴布亚那样拒绝承认印尼共和国政府的历史依据、易于藏身和游击战的地理条件、国际组织的支持等与中央政府抗衡的自助能力，所以在地方分权以前，除了充满挫折的教会分立以外，他们几乎没有进行过族群动员。

二 政治空间大、凝聚力强：制度内动员（2001—2003）

面对帕帕克族被长期边缘化的困境，2000—2005 年的新建自治区浪潮为帕帕克族敞开了短暂的机遇窗口。帕帕克族在"戴里县分立委员会"的组织下，迅速动员了本地、县级、省级和首都四层的宗亲氏族力量，显示出很高的目标一致性和行动的协调性，在不到两年的时间完成了新县建立目标，成为北苏门答腊省新建自治区案例中最典型的族群动员成功案例。

（一）政治空间大

如上一节所述，《2000 年第 129 号关于新建、取消和合并行政区的条件和标准的政府规定》颁布后到 2008 年形成了新建自治区的高峰期。族群和宗教分布复杂的北苏门答腊省是这一时期印尼全国各省中新建县最多

---

① Wahyudhi, Dina Lumbantobing, and Lister Berutu, eds. *Etnis Pakpak dalam Fenomena Pemekaran Wilayah*, The Asia Foundation and Yayasan Sada Ahmo, 2002, pp. 2 - 4, 10.

② Sihombing, E., "Hubungan Antara Suku Batak Toba Dan Batak Pakpak (Studi Kasus Di Desa Bangun Kecamatan Parbuluan Kabupaten Dairi)", MA thesis. Medan: Universitas Sumatera Utara, 2016, Chap. 4, 6.

的省，2000—2008年间共分立出14个新县，且所有新建县的背后多多少少都有族群因素推动。① 由于申请新建县的成本不高、程序不复杂，各县级下属区都跃跃欲试。

（二）族群凝聚力强

2001年4月初，帕帕克族的宗教人士、学者、妇女代表、青年代表、社会组织和宗亲组织举行了一次讨论，认为新建自治区是解决帕帕克困境的一个可行办法。他们成立了非正式组织"戴里县分立小组"（TPKD），形成了社群讨论新建县事宜的平台。会后，他们在可能有意加入新县的地区广泛征询意见，有三个区支持这个计划并要求加入计划新建的帕帕克县，即科拉惹安区、沙叻市和Sitellu Tali Urang Jehe，即Simsim区的全部属地。Silima Pungga Pungga区的部分地区也有兴趣加入。4月22日，小组和上述四个区的代表再次举行会议，约85人参加。会上成立了"戴里县分立委员会"。2001年5月，"戴里县分立委员会"成员、有意加入新建县的各地区的代表、来自棉兰、先达、雅加达等城市的帕帕克宗亲又举行了一次会议，建立了正式组织"戴里县分立委员会"（KPKD, Komite Pemekaran Kabupaten Dairi，以下简称"委员会"）。该委员会在推动新建县过程中起到领导核心的作用。

委员会的领导结构如下：设总主席一名，另设五名顺位主席；设总秘书长一名，另设五名顺位秘书长；设顾问团22名。职能部门分为历史部（10人）、法务部（10人）、财务部（36人）、组织部（7人）、公共关系部（7人）和联络部（14人），共计118人。

历史部由3名知识分子和7名民俗领袖组成，负责梳理帕帕克族的发展沿革，为新县建立提供史料依据。在2002年6月11日的研讨会上，历史部门代表委员从族群史角度阐述了为何要新建帕帕克县。这篇演讲稿是委员会成立以来形成的最完整的历史事实梳理，被收录在委员会向县、省和内政部提交的申请资料中。讲稿中以大篇幅阐述了荷兰殖民和日本占领对帕帕克族造成的伤害，为日后帕帕克族的衰落埋下伏笔。从这篇演讲稿的文本来看，可以发现历史组所做的工作并不是严肃的史学研究，而是使用概括性的历史叙述创造一种宣扬族群被边缘化的合理政治话语，支持新县分立的主张。

---

① 与北苏门答腊大学人类学系教授Fikarwin Zuska的访谈，2016年1月11日。

第八章　新建自治区中的族群动员

讲稿刻意轻描淡写的是印尼共和国成立后的抑制族群文化以防止地方主义的政策、以爪哇为中心的发展政策，以及来自多巴—巴达克族移民的竞争对帕帕克族的负面影响。然而对国家政策的不满和族群关系的紧张却在与帕帕克人的访谈中每每被提及，正如民主国民党地方支部主席、委员会成员所言，"帕帕克不单单是处境边缘，而是被边缘化了"（"Pakpak bukan terpinggir, tapi dipinggirkan"）。① 历史部这样做是因为，一方面，有关族群关系的话题仍然是印尼的禁忌话题之一；另一方面，内政部拥有决定是否推荐建立新县的权力，帕帕克族必须博得雅加达的同情。实际上，帕帕克地区人口稀少、人力资源欠缺且贫困，在建立新县后无法达到自立的最低技术标准，会给中央政府增添财政负担，新县申请不通过的可能性比较大。殖民统治下的被害者叙事是他们仅有的博得中央同情的"弱者的武器"，而在叙事中一并追责雅加达的政策失误显然是不明智的。

委员会设立负责筹款的财务部，设1位主席和35位成员。这些成员来自印尼的不同地区或集团，包括雅加达、苏门答腊省的日里雪利冷县、先达市、亚齐省辛吉尔县、占碑省、楠榜省、西爪哇万隆市、东加里曼丹省巴厘巴板市、巴布亚自由港公司、Nusantara X 种植园公司等，负责联系所在地的帕帕克宗亲筹集捐款。在申请前期，因为县政府和议会比较支持，委员会不需要向县议员或县政府行贿，因此付出的附加成本不高，所以没有进行公开筹款。初期的活动经费来自委员会成员捐款、支持者和企业家捐助。将申请和县级推荐材料送达省级部门时，代表团也是自费支付到省会棉兰市的活动费用。

只有当需要雅加达介入的时候，委员会才进行了公开筹款。公开筹款信在2002年5月14日发出，正是在代表团到雅加达请愿之后和国会代表团来帕帕克调研之前。筹款信中写明需要500000000盾（按当时汇率约合72000美金），用于支付初期由个人垫付的活动经费和此后的经费。这个数目对于分立新县而言是很小的金额。与之对比，2000年新建哥伦打洛省仅用于初期社会宣传的资金就是这个数字的三倍。②

顾问团由在其他地区生活的帕帕克族宗亲和族群社团组成，共22名，

---

① 与民主国民党帕帕克县地方支部主席 Erah Banurea SA 访谈，2016年2月29日。
② Zalukhu, A., "Kajian Dimensi Sosial Politik Terhadap Rencana Pembentukan Provinsi Tapanuli di Pulau Nias", MA thesis, Medan：Universitas Sumatera Utara, 2008, p.89.

印度尼西亚族群动员的政治逻辑(1998—2017)

其中来自戴里县诗地加兰的顾问有6名，棉兰8名，雅加达8名。22名顾问中10人代表族群社团，例如帕帕克五区民俗管理会、戴里帕帕克基督教会、帕帕克文化机构、帕帕克县群众协会（棉兰）、印尼帕帕克青年联合会、戴里帕帕克家族联合会（雅加达）、帕帕克表演武术协会、帕帕克大学生联合会（棉兰）、印尼帕帕克学者联合论坛（雅加达）等。其余的12名顾问以个人身份参加，都是帕帕克族有一定公众影响力的人士，如公共知识分子 Dr. Jansen Hulman P. Sinamo（雅加达）、信息系统学教授 Drs Abdul Muin Angkat, MM（雅加达）、记者 Christ Tumangger（雅加达）、陆军上校 H. Kadim Berutu, SH（棉兰）、前戴里地区秘书长 Drs. M. T. Banurea（1982—1989年）、公证师 Jatim Solin（棉兰）、棉兰师范大学语言和艺术系教授 Mutsyuhito Solin 等。

除了委员会以外，还有一些业已建立的本地社会组织和非政府组织为新建帕帕克县贡献了力量，如帕帕克县群众协会、印尼帕帕克妇女联合会、戴里帕帕克家庭联合会、印尼帕帕克青年联合会等。一些组织加入了委员会的顾问团，如帕帕克县群众协会和印尼帕帕克青年联合会曾与委员会一起参加了与省政府和议会的听证会。未参加委员会的社团中贡献较突出的是总部在戴里县的女性援助组织 YSA（Yayasan Sada Ahmo，以下简称"YSA"）[1]，成立于1990年10月，是最早开始帕帕克女性赋权运动的本地组织。YSA认为改变帕帕克族贫困落后面貌的根本在于使女性拥有并学会利用资源，从改变每个家庭开始改善帕帕克族的生活境遇。这个组织支持帕帕克女性参与到新建县的政治活动中，学习如何与男性一同平等地实践民主权利。[2] YSA在2002年6月11日组织了关于新建帕帕克县的研讨会。研讨会的发言稿在2002年8月与亚洲基金会（The Asia Foundation）联合出版并命名为《新建自治区现象中的帕帕克族——在民俗社会中探寻女性的政治参与》。

委员会的组织工作分为三个阶段：第一阶段（2001年4月初—6月1日），确定有意加入新县的地区，划定新县地理范围，制订行动计划。在商议的最初阶段，成员们提出新建帕帕克省或新建县两种方案。新建省的

---

[1] 现已改名为 Perkumpulan Sada Ahmo，简称"Pesada"，活跃于苏门答腊北部和尼亚斯岛。
[2] Oxfam, *Women Leading Change - Case Studies of Five Asian Organisations*, Oxfam, 2011, pp. 37 - 40.

第八章 新建自治区中的族群动员

方案希望将帕帕克族五个区域（suak）从北苏门答腊省和亚齐省分离出来合并成为一个新省。这个方案需要打通两个省的关系，且当时亚齐分离主义问题尚未彻底解决，考虑到难度较大，所以这个念头很快夭折了，成员们决定先分立出帕帕克县。

2001年4—5月间，委员会到周边地区向区政府和民众征集初步意见。委员会到上述四个区各举办了意见征询会。科拉惹安、沙呦、Sitellu Tali Urang Jehe 的区长都是帕帕克族人，非常支持新建县的提议。而在 Silima Pungga Pungga 区中有不同意见。委员会与村民商议出解决办法，即该区8个村子决定先分立并建立一个新区，而后将此区并入新的帕帕克县。5月，委员会暂定加入新县的地区有科拉惹安、沙呦、Sitellu Tali Urang Jehe 和 Silima Pungga Pungga 四个区，即"Cibro"和"Sambo"家族民俗地覆盖的全部地界。确定了地域范围后，委员会立即撰写申请书，并于6月1日向县政府和县议会提交了将戴里县分立为两个县的申请书（No.5/KPKD/2001）。

第二阶段（2001年6月2日—2002年4月23日），协助县政府和县议会调研并完成审批。2001年8月，为了使县政府和议会深入了解民众的意愿并敦促政府机关进行下一步行动，委员会主动提出与县政府和议会举办听证会。9月22日，委员会和一百余名身穿族群服饰的居民在戴里县议会举行了听证会。同日，委员会和代表团与县政府会见，县长表示将立即组建调研小组。会后，委员会经常动员民众写信给各选区的议员，表达新建县的意愿。见议会迟迟没有行动，委员会要求进行第二次听证。2002年1月17日，委员会和代表团再次到县政府和县议会举行第二次听证会，敦促议会行动。终于在4月23日拿到了县级审批。

第三阶段（2002年4月24日—2003年6月），到雅加达请愿、协助省级部门完成审批。2002年4月末，组织代表团先到雅加达向国会和内政部传达建立新县的意愿。5月，到省政府和议会举办听证会，之后接待了国会第二委员会考察团。这一阶段还进行了第一次公开筹款。

帕帕克族的凝聚力曾遭遇挑战。2001—2002年，帕帕克族的政治活动使戴里县的外来族群产生了不安情绪。帕帕克族用于支持新建县的政治话语，关于殖民历史、外来族群的竞争、帕帕克族被边缘化等，在外来族群听来非常刺耳。还有谣言称帕帕克族要把外来族群驱逐出戴里县。紧张的关系使多巴—巴达克族也开始动员，多巴族青年建立了"多巴—巴达克青

印度尼西亚族群动员的政治逻辑(1998—2017)

年联合会",与印尼帕帕克青年联合会针锋相对。该组织在戴里县多巴—巴达克族中获得了广泛支持,一时间在戴里县建立了许多分支机构。多巴族和帕帕克族一触即发的紧张关系使巴达克族政治精英想通过与帕帕克族政治精英协商的方式使其放弃建立新县的要求。在国会代表团进行实地调研之后,来自外部族群的压力达到了顶峰。帕帕克族精英内部也有人的态度出现了摇摆。他们怕新县建立之后,留在戴里县的帕帕克族人口比例减少,导致帕帕克族进一步边缘化。

为了巩固帕帕克精英的凝聚力,在2002年6月召开了两次会议,一次是上文提到的6月11日由YSA主办的研讨会,另一次是6月22日,在印尼发展计划咨询机构的提议下召开了Simsim区全体大会。会后成立了一个新组织"帕帕克家族联合会"(Arisan Keluarga Phakpak),大部分成员是戴里县政府的帕帕克族官员。[①] 在两次会议上,帕帕克族精英达成了继续分立的一致意见。

虽然帕帕克族人显示出极强的团结性和凝聚力,但是不同意见和争论是不可避免的。这也是新建自治区中常见的现象:社群在与地方政府和国家打交道的时候协同一致,而在内部"分蛋糕"的时候起冲突。[②] 一个突出的分歧是新建县的首府选在哪个城市。新建县计划刚提出时打算把首府安置在希班德,因为希班德有通往诗地加兰和亚齐的公路,当地氏族甚至主动要求捐出20公顷家族土地用于建设新县的政府大楼,而后另一种意见提出县政府设在帕帕克属地曾经的商贸中转中心沙呦。委员会征求了国会的意见,又对两个城市15个方面的情况进行了客观的比较和打分后形成正式决定,将首府定在沙呦。帕帕克社群能够通过委员会实现民主代议和决策,避免了组织分裂,维护了族群的内部凝聚力。

(三)制度内动员

委员会进行了如下活动:2001年6月1日,委员会向戴里县议会和县长提交戴里县分立申请(编号05/KPKD/VI/2001)。9月27日,与戴里县

[①] Damanik, E., "Contestation of Ethnic Identity in Forming Ethno-territorial Pakpak Bharat Regency, North Sumatra", *International Journal of Sociology and Anthropology*, Vol. 2, No. 2, 2016, pp. 1–15.

[②] Lubis, Z., "Menanti Wangi Bunga dan Manisnya Buah Pemekaran Wilayah: Sebuah Catatan Pengamatan Atas Perjalanan Desentralisasi di Sumatera Utara", *Proc. Seminar Nasional Pemekaran Wilayah Sumatera dalam Perspektif Sejarah*, Medan, 2007, p. 8.

第八章 新建自治区中的族群动员

县长和议会代表举行第一次听证会。2002年1月初，与戴里县县长和议会举行第二次听证会。2002年4月9—10日，戴里县议会和县政府与委员会负责人深入地方搜集资料。2002年4月23日，获得县议会和县长批复当天，委员会将批复推荐材料递交给北苏门答腊省省长和省议会。在两次听证会之间，戴里县还完成了一件重要任务，即从沙叻区中分立出来Sitellu Urang Jehe区，这样加上沙叻区和科拉惹安区，刚好满足至少三个区组合成一个县的要求。

戴里县政府对新建帕帕克县的支持的重要性不亚于帕帕克社群动员的作用。戴里县政府接到委员会的申请书后，在11个月内完成了社会调查、数据搜集、完善申请和议会批准的手续。县政府于2001年9月20日与委员会进行了第一次听证会。同年12月21日通过第400号戴里县长令组建了数据、建议和意见收集小组。2002年1月17日与委员会进行第二次听证会。4月，小组、委员会和戴里县议会深入到四个区，向政府机构、社会群体、非政府组织和普通民众广泛搜集意见，完善申请资料。2002年4月19日戴里县议会召开委员协商会议，3天后，戴里县议会召开全体会议通过帕帕克县分立的申请（议会决议编号：35/K – DPRD/2002）。次日4月23日，戴里县县长向内政部部长、北苏门答腊省省长和国会议长出具了推荐信（编号：136/1653/2002）。

北苏门答腊省本地报纸《新印尼之光》将帕帕克县的成功建立称为新建行政区申请中的范本，认为帕帕克县获得成功源于社会各个领域的支持，来自母县戴里的县长和县议会的支持尤为重要。[1] 一般情况是新县分立的申请在母县县长和县议会这一关最难通过，但是帕帕克族遇到了一个极好的机遇：县长杜芒戈（Master Parulian Tumanggor）[2] 是帕帕克族人，且在雅加达有人脉资源。杜芒戈是戴里县历史上第二个来自帕帕克族的县长。1999年4月，他被戴里县议会代表通过投票选举成为县长。在担任县长之前他在雅加达工作，是国企部二等职员并兼任财政部培训师，熟悉不少雅加达的高层人物。杜芒戈全力支持帕帕克县分立，被人称为"新县的

---

[1] Sinar Indonesia Baru, "ISNI: Pemekaran Nias Harus Contoh Realisasi Humbang dan Pakpak Barat", Sinar Indonesia Baru (2002 – 08 – 01), A14.

[2] Tumanggor是帕帕克族常见的姓氏，其他常见姓氏还有，如Berutu、Manik、Boang Manalu、Banurea、Padang、Solin等。

助产士"（bidan pemekaran）。他是委员会元老之一并担任顺位第四主席，将县长办公室用作委员会举办大型活动的场地，亲自率领帕帕克代表团到棉兰和雅加达游说。

新建县的申请在母县政府中进展顺利离不开帕帕克族官员的支持。1994—1999年任戴里县县长的席宏当（SIS Sihotang）是戴里县历史上第一位帕帕克族县长。他在任期间提拔了一批帕帕克族精英在县政府和下属的各区任职，[①] 一定程度上缓解了帕帕克族在政治上被孤立的情况，为杜芒戈继任县长和新建县在戴里县政府的顺利推进埋下种子。

和一般情况相似，分立新县的申请在省级审批没有遇到困难，但与一般情况不同的是，委员会先向省政府和议会递交了县级推荐函，却没有等待省政府和议会研究、批复，马上前往雅加达与国会、内政部会面。2002年4月23日，委员会、戴里县政府官员和议员代表前往省会棉兰市将县级推荐材料提交给省政府和议会。当代表团从雅加达回来之后，委员会于5月6日再次前往棉兰，先与省政府举行听证会。省长表示立即处理分立申请，并要求戴里县县长按规定重新规划区和村的边界，为新建县做准备。

委员会通过专业集团党（Golkar）北苏门答腊省支部时任副秘书长的昂卡特（H. Abdul Aziz Angkat）联系到了省议会。昂卡特是帕帕克族，生于诗地加兰市。在他的引荐下，委员会得以与省议会各党派联系上。5月7日，帕帕克代表团和县级行政、立法职能代表与8名不同党派的省议员以及警方代表习雷佳上校（Bachtiar Sonar Siregar）举行听证会。到棉兰参加听证会的有委员会戴里办公室、委员会棉兰办公室、学者和社会组织，共计15人左右。[②] 省议员在听取汇报之后评价委员会、县政府和议会"十分特殊，值得成为榜样"（sangat unik, patut dicontoh）。2002年6月20日，省议会召开全体议员会议表决戴里县和北塔帕努里县分立事宜。省政

[①] Damanik, E., "Contestation of Ethnic Identity in Forming Ethno-territorial Pakpak Regency, North Sumatra", *International Journal of Sociology and Anthropology*, Vol. 2, No. 2, 2016, pp. 1-15.

[②] 代表委员会戴里办公室的有：（1）委员会总主席 Dj. Padang, Bth，（2）第四主席、戴里县县长杜芒戈，（3）第三主席、曾任科拉惹安区长（1997年）的 Drs. RM Kaloko，（4）第一秘书长 Drs. B. Banureah。委员会棉兰办公室代表分别是：（1）Drs. Anwar Padang，（2）St. S. Manik，（3）St. M. Cibro。学者代表有：（1）Drs. T. Solin, Drs. MJ. Bancin，（2）Juanda Banurea BBA，社团有 IKPPI 和 Himpak。

府获悉省议会的态度后，也决定支持。①

委员会向省政府提交材料后，立即组织代表团前往雅加达，向政党、内政部和国会游说。2002年4月24日，委员会、戴里县政府代表、戴里县议会各党派主席共计15人②到达雅加达，向国会各党派表达分立帕帕克县的愿望，与国会第二委员会举办了听证会，并邀请国会第二委员会到帕帕克亲自考察。4月25日，帕帕克代表团与国会议长、各党派派系领导举行了听证会。4月26日，代表团向内政部地方自治司司长表达分立的请求。帕帕克—戴里代表团起初没有国会的关系，而是通过雅加达的同乡联系到了国会第二委员会。

约两周后代表团回到戴里县，戴里县县长在5月8日向国会议长寄送了邀请国会第二委员会来帕帕克考察的邀请函（编号005/3294）。5月20日，国会第二委员会主席率代表到达戴里县首府诗地加兰进行调研、采集信息。5月21日，国会第二委员会共三人来到沙叻实地考察，③在沙叻的公立小学前受到千名民众欢迎。国会代表向民众直接询问分立新县的意愿。全体参加活动的民众、族群领袖、宗教人士和社会组织向国会代表再次提交联名申请信。如此一来，雅加达方面确信建立新县是民之所向，符合法律法规的要求。2003年2月，印尼政府正式批准帕帕克县成立（2003年第9号法律）。

第三节　新建塔帕努里省

一　新建塔帕努里省的背景

塔帕努里曾是荷兰殖民时期的一个行政分区。在荷印政府时期，苏门答腊岛被分为10个地区，④即亚齐、邦加—勿里洞、明古鲁、占碑、楠榜、巨港、廖内、西苏门答腊、东苏门答腊和塔帕努里。塔帕努里地区于

---

① 与民主国民党帕帕克县地方支部主席 Erah Banurea SA 访谈，2016年2月29日。
② 与戴里县民俗机构间交流论坛（FORKALA）主席拉惹·阿尔丁·乌琼（Haji Raja Ardin Unjung）访谈，2016年3月6日。
③ 与帕帕克民俗领袖 J. H. Manik 在沙叻访谈，2016年3月1日。
④ 这里的"地区"是指荷印政府时期类似省的行政单位"karesidenan"（印尼语）或"regentschappen"（荷兰语）。"地区"以下的行政单位是分区，即"afdeeling"（荷兰语）。

印度尼西亚族群动员的政治逻辑(1998—2017)

1843年建立，大致坐落在今天北苏门答腊省的西部多巴湖周边地区和西部沿海，首府设在西部沿海城市实武牙市。从1919年起，塔帕努里地区下设四个分区（afdeeling），即首府在巴东实淋泮市的昂科拉和希比罗克分区①、首府在塔鲁同的巴达克分区②、首府在古农西托利市的尼亚斯分区③、首府在实武牙的实武牙及周边分区。④ 1945年印尼共和国成立时，苏门答腊省是加入共和国的八个省之一。1950年，苏门答腊省分立为北苏门答腊省、中苏门答腊省和南苏门答腊省。1959年，亚齐省从北苏门答腊省中分出去。现在的北苏门答腊省的范围包括曾经的塔帕努里和东苏门答腊地区。

1999年以后在印尼全国各地新分立出许多省和县级自治区。许多新自治区都具备古代王国或殖民政府下划界的历史依据，如殖民时期苏门答腊十个分区之一的邦加—勿里洞在2000年从南苏门答腊省分出，曾经的万丹王国属地在2000年从西爪哇省分立出万丹省，2007年历史上的西阿克王国（Kerajaan Siak）属地巴杜巴拉县从亚沙汗县分立出来等。在苏门答腊岛上，荷印政府的十个分区中除了巨港、东苏门答腊和塔帕努里以外，其他七个都已经成为省。

恢复塔帕努里省的活动约从2002年开始，在2009年苏北省议长因此事猝死后偃旗息鼓了一段时间。之后一段时间国会不再审议新建自治区申请，直到2013年国会才重新启动对65个积压申请的审议，其中包括（北）塔帕努里省，⑤ 但中央政府并不愿意继续分立新自治区。

新建塔帕努里省背后有经济、历史、宗教、族群等多方面的理由。在官方材料和公开场合，"建立塔帕努里省委员会"提出两个理由支持新省分立。

第一，加快塔帕努里地区的发展速度。北苏门答腊省的东部地区地势

---

① 昂科拉和希比罗克分区的地理范围包含现在的巴东实淋泮市、南塔帕努里县、旧巴东县、北旧巴东县、曼特宁纳达尔县。
② 巴达克分区的地理范围包含现在的多巴夏梦溪县、夏梦溪县、北塔帕努里县、弘邦哈孙杜丹县、戴里县、帕帕克县。
③ 尼亚斯分区的地理范围包含现在的尼亚斯县、西尼亚斯县、北尼亚斯县、南尼西亚斯县。
④ 实武牙及周边分区的地理范围包含现在的中塔帕里县和实武牙市。
⑤ "BBC Indonesia", DPR Setujui Pembahasan 65 Daerah Otonomi Baru (2013-10-13), url: http://www.bbc.com/indonesia/berita_indonesia/2013/10/131024_dpr_sahkan_65daerah_otonomi_baru.

第八章　新建自治区中的族群动员

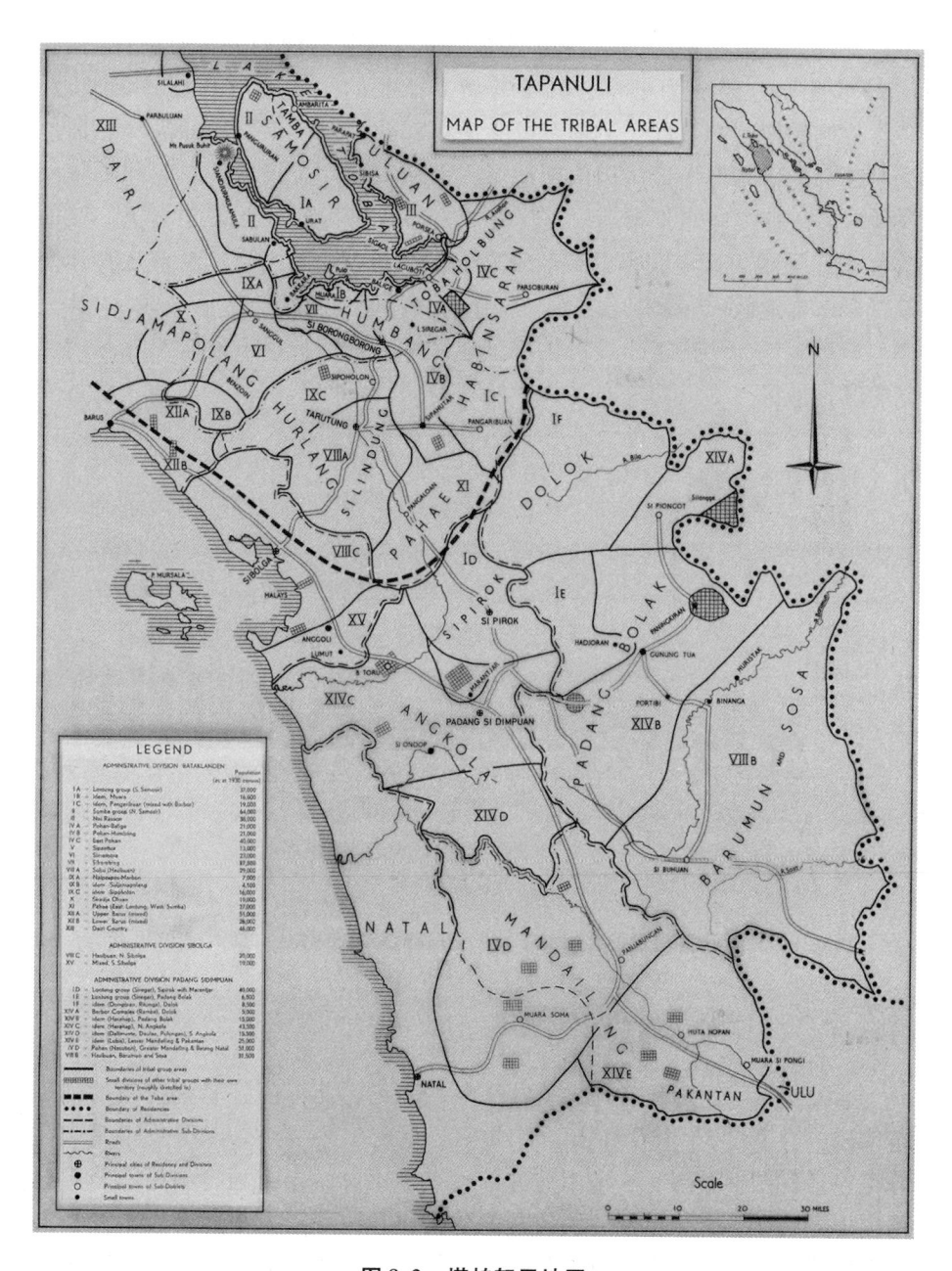

图 8.2　塔帕努里地区

资料来源：莱顿大学图书馆，url：http：//digitalcollections.universiteitleiden.nl/view/item/813071.

印度尼西亚族群动员的政治逻辑(1998—2017)

平坦开阔,有棉兰北部的勿拉湾海港和丹戎巴莱的海港,交通条件便利,从20世纪初已经成为烟草、咖啡等贸易产品的主要产地和贸易集散地,现在棕榈和橡胶产品取代了烟草成为中东部的主要大宗贸易商品。然而地处中西部的塔帕努里地区因山地地形,不利于开发大规模的农业和种植园产业,发展速度较东部落后。从图8.3和8.4可以看到,塔帕努里地区的县(市)从中央政府获得的一般转移支付金和人均国内生产总值从整体上都低于东部地区。《新印尼之光》报纸将塔帕努里描绘为落后地区,"建立塔帕努里省是为了快速建设塔帕努里地区,一直以来这个地区比北苏门答腊省其他地区(尤其是东部沿海)和印尼整体的发展速度慢"。[1] 新省支持者认为塔帕努里地区的农业、地热和矿产资源丰富,在新省政府的支持下会得到更快发展。

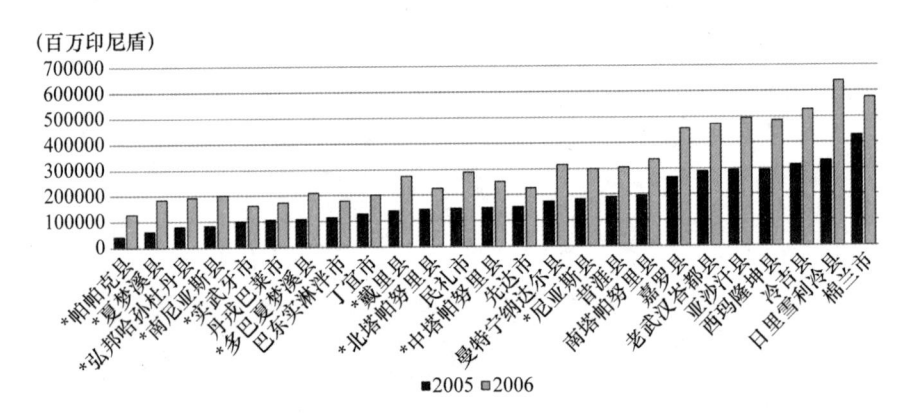

图8.3 北苏门答腊省各县(市)的一般政府转移支付金(2005—2006年)

注:*号表示塔帕努里地区。

资料来源:北苏门答腊省统计局。

第二,为了缩短政府提供公共服务的距离。北苏门答腊省跨越的地理范围较广,下设33个县和市,省会棉兰在东北部沿海。该省公路基础设施很差,且在中西部有一条南北向的巴里散山脉尚未打通,沟通山脉东西两侧地区的交通十分不便,因此从内陆山地和西部沿海地区到省会办事需要支付很高的交通成本,例如从北塔帕努里县的塔鲁同到棉兰使用陆上交

---

[1] Pohan, S., "Pertarungan Wacana Sinar Indonesia Baru Dan Waspada Dalam Isu Provinsi Tapanuli", *Komunika*, Vol. 12, No. 2, 2011, pp. 1-8.

图 8.4 北苏门答腊省各县（市）人均国内生产总值（2005—2006 年）

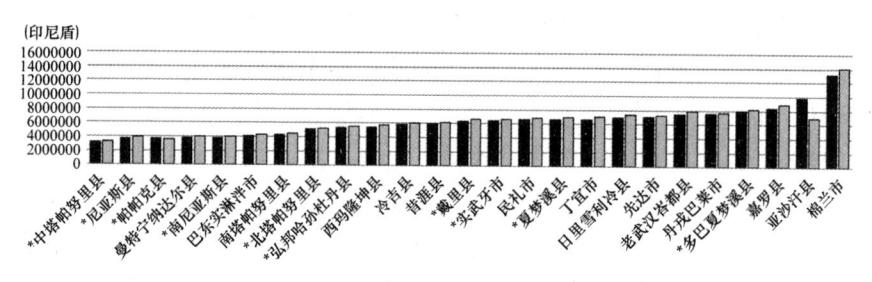

注：＊号表示塔帕努里地区。

资料来源：北苏门答腊省统计局。

通工具需要七个小时。而如果分立出新省，省会将设在中部山地或沿海，可以缩短中西部地区到省政府的距离，也会刺激省政府加快建设到新省会的公路交通。新建省委员会顾问卢胡特·潘查伊丹表示，恢复塔帕努里省的"首要目标是缩短政府服务的距离"。[①] 2009 年，建立塔帕努里省委员会主席西莱伊特（Sabar Martin Sirait）在会见内政部地方秩序和特殊自治司长阿赫玛德·祖白第（Ahmad Zubaidi）时也表示，建立新省是民众的意愿，为了缩短政府机构的距离。

苏北省关于新建塔帕努里省调研小组也提出类似的四条理由支持分立，即（1）塔帕努里作为殖民地时期的一个独立行政区的历史因素；（2）加快苏门答腊西部发展；（3）塔帕努里地区实现本地人自治；（4）缩短政府公共服务的距离。

而从倡导者的角度也有个人和小群体因素使之为建立新省努力。特里·拉特纳瓦蒂（Tri Ratnawati）指出，至少有四方面的原因刺激地方精英分立新自治区，即提升政府服务效率；基于宗教、族群、语言等因素使地区单一化；从中央财政援助中使地方获利；官僚和政治寻租。[②] 针对新建塔帕努里省的提案，人们认为也有寻求族群、宗教单一化以及政治精英

[①] Sinar Indonesia Baru, Wapres Jusuf Kalla Terima Panitia Pembentukan Propinsi Tapanuli（2007 – 02 – 23），url：http：//niasonline. net/2007/02/23/wapres – jusuf – kalla – terima – panitia – pembentukan – propinsi – tapanuli/.

[②] Ratnawati, T., *Potret Pemerintahan Lokal di Indonesia di Masa Perubahan*, Jakarta：Pustaka Pelajar, 2006, p. 333.

寻租的因素。新建省的提案被认为有建立一个基督教徒占主体的自治省的用意。这种猜测来自领导新建省活动的政治精英都是多巴—巴达克族的基督教徒，而他们试图建立的新省是以信仰新教的巴达克族聚居地为中心的。另外，许多反对者认为多巴族精英想通过新省创造和瓜分新的议会和政府职位。多巴—巴达克族的普通民众乐意与本族精英共谋分食国家的财政资源，如扩大公务员的数量、得到政府设施和基础设施建设的项目等。

围绕着新省提案，支持者和反对者都进行了族群动员，最终各地区做出的决定与族群分布基本一致，这从新省计划包含的行政区范围变化中可窥见一斑。最初计划将13个县/市纳入塔帕努里省，即殖民时期的塔帕努里地区全境，包括曼特宁纳达尔县、南塔帕努里县、北塔帕努里县、多巴夏梦溪县、弘邦哈孙杜丹县、夏梦溪县、中塔帕努里县、尼亚斯县、南尼亚斯县、戴里县、帕帕克县、巴东实淋泮市和实武牙市。[①] 在提交正式申请的时候变成了10个县/市，因为信仰伊斯兰教的巴达克亚族群曼特宁族和昂科拉族占人口多数的曼特宁纳达尔县、南塔帕努里县和巴东实淋泮市强烈反对加入新省。而后，尼亚斯族所在的尼亚斯县和南尼亚斯县因为要共同创建尼亚斯岛省，退出了塔帕努里省。戴里县、帕帕克县的帕帕克族因与多巴—巴达克族的关系素来紧张，不愿加入将被多巴族控制的新省。以沿海族群为主的实武牙市和中塔帕努里县始终态度不坚定。最终留下四个信仰基督教的多巴族为人口主体的县，即北塔帕努里县、多巴夏梦溪县、弘邦哈孙杜丹县和夏梦溪县，是塔帕努里省的坚定支持者。

二 政治空间大、凝聚力弱：制度内动员（2002—2007）

（一）政治空间大

从北苏门答腊省中分立出塔帕努里省的行动始于2002年，当时正值全国新建自治区的高峰期。虽然新建省成功案例的数量远远小于新建县的数量，但也有一些成功的先例，如哥伦打洛省（2000年）、北马鲁古省（1999）和万丹省（2000）。这些新省的分立背后的政治和社会考量多于经济发展的考量：哥伦打洛省的建立源于本地族群强烈的相对剥夺感和抗

---

① Lubis, Z., "Menanti Wangi Bunga dan Manisnya Buah Pemekaran Wilayah: Sebuah Catatan Pengamatan Atas Perjalanan Desentralisasi di Sumatera Utara", *Proc. Seminar Nasional Pemekaran Wilayah Sumatera dalam Perspektif Sejarah*, Medan, 2007, p. 8.

第八章　新建自治区中的族群动员

争运动对中央政府的压力；北马鲁古省的建立是为了平息族群和宗教暴力；新建万丹省背后有强烈的族群和历史因素支撑。可见，新建省这一制度空间为地方主义的各色目标提供了实现的平台。

(二) 族群凝聚力弱

建立塔帕努里省涉及的核心族群力量是巴达克族各亚族群，包括多巴—巴达克族、帕帕克—戴里族、曼特宁族和昂科拉族。主张建立新省的是信仰基督教的多巴—巴达克族，但由于宗教差异、政治和经济竞争等原因，多巴—巴达克族的提议在其他亚族群中没有共鸣。建立新省的委员会只成功团结了本地和雅加达的多巴—巴达克族人士，在游说各巴达克族亚族群所在地政府、省政府和议会的过程中处处碰壁，导致在地方动员活动持续了6年也没有成功。

2002年4月6日，来自雅加达、棉兰和塔帕努里本地的精英和上万人在塔鲁同发表《塔鲁同的塔帕努里人民宣言》，宣布事实上建立塔帕努里省，[①] 此后建立塔帕努里省委员会（Panitia Pembentukan Provinsi Tapanuli, P3T，以下简称"委员会"），是申请建立新省的核心社会组织。委员会的核心全部是信仰新教的多巴—巴达克族的政治精英。族群身份可以从他们的姓氏轻易看出。主席赞德拉·庞加贝安（Ir GM Chandra Panggabean）的家族拥有《新印尼之光》报社和Universitas Sisingamangaraja XII大学。副主席布迪曼·那达达普（Budiman Nadapdap）是苏北省斗争民主党派系议员。副主席艾隆·鲁邦高（Eron Lumbangaol）是苏北省议会民主党派系顾问。秘书长哈苏洞安·布塔布塔（Hasudungan Butar-butar）是北苏门答腊大学农学系教师。其他核心成员还包括：前苏北省议员布尔哈努丁·拉惹古古（Burhanuddin Radjaguguk）、律师和法学教授达杜米拉·西玛骏达（Datumira Simanjuntak）、《新印尼之光》编辑主任维克多·西阿哈恩（Viktor Siahaan）等。

委员会在苏北省和雅加达的政界有众多支持者。在多巴—巴达克族的控制区有北塔帕努里县议长费尔南多·西玛骏达（Fernando Simanjuntak）、夏梦溪县议长乔尼·奈巴和（Jhony Naibaho）、弘邦哈孙杜丹县议长邦文·西拉班（Bangun Silaban）、多巴夏梦溪县议员达姆·谭璞波隆（Damu

---

[①] Zalukhu, A., "Kajian Dimensi Sosial Politik Terhadap Rencana Pembentukan Provinsi Tapanuli di Pulau Nias", MA thesis, Medan: Universitas Sumatera Utara, 2008, p. 67.

Tampubolon)、中塔帕努里县议员安东尼·胡塔巴拉（Antonius Hutabarat）等。此外，在苏北省非多巴—巴达克族控制区也有不少政客支持，如南尼亚斯县副议长法内拉玛·萨鲁玛拉（Fanelama Sarumala，非多巴—巴达克族）、实武牙市副议长迈达·胡塔加隆（Maida Hutagalung）等。在雅加达，委员会聘请了同族顾问卢胡特·潘查伊丹（Luhut Binsar Panjaitan）和TB·西拉拉西（TB Silalahi）。生于棉兰的国会议长阿贡·拉克索诺也支持建立塔帕努里省。

在知识和媒体界，委员会的支持者也都是来自多巴—巴达克族，例如，北苏门答腊国立大学（USU）的教授哈苏东安·布塔布塔（Hasudungan Butarbutar）、律师和法学教授达杜米拉·西玛骏达（Datumira Simanjuntak）。① 在2006年8月19日在棉兰举办的研讨会上，北苏门答腊大学文化专业教授罗伯·西巴拉尼（Robert Sibarani）提出塔帕努里地区在文化和自然资源方面适宜分立出来。北苏门答腊省三大地方报纸之一的《新印尼之光》是支持新省的媒体阵地，在2006—2007年间共刊登了12篇专题文章支持建立塔帕努里省。② 这份报纸的所有人正是委员会主席赞德拉·庞加贝安的父亲葛尔哈德·慕利阿·庞加贝安（Gerhard Mulia Panggabean）。葛尔哈德·慕利阿·庞加贝安是最早提出建立塔帕努里省的先驱。③

多巴—巴达克族能在短时间内形成从地方、省级到雅加达的族群精英联盟，与该族群的社会组织结构分不开。巴达克族群以通过婚姻关系拓展的父系血缘家族为社会关系的核心。其亚族群多巴、曼特宁、昂科拉族称这种亲（姻）缘关系为"Dalihan Na Tolu"，④ 字面意思是"三块彼此距离相等的石头共同托平一口锅"。三块石头比喻巴达克人社会的三种亲（姻）缘基本关系："kahanggi"指上溯3—6代的父系家族，"anakboru"指娶了"kahanggi"家族女性的姻亲家族，"mora"指"kahanggi"男性成员妻子的原生家庭。这三者具有平等的社会地位。虽然巴达克族属于父系氏族，

---

① 哈苏东安·布塔布塔因和达杜米拉·西玛骏达因参与组织2009年2月针对苏北议长阿齐兹·昂卡特的暴力活动分别被判刑11年和7年。
② Pohan, S., "Pertarungan Wacana Sinar Indonesia Baru Dan Waspada Dalam Isu Provinsi Tapanuli", Komunika, Vol. 12, No. 2, 2011, pp. 1-8.
③ Simatupang, S., GM Panggabean Dimakamkan Malam Hari (2011-01-25), url: https://nasional.tempo.co/read/308935/gm-panggabean-dimakamkan-malam-hari.
④ 其他亚族群对亲缘关系制度有不同的名称，但内容相似。

第八章 新建自治区中的族群动员

后代的姓氏和遗产都沿父系血缘传承,但家族中的女性和姻亲家庭亲属的地位也很高。[1] 这与巴达克族女性是农业生产的主要劳动力有关。影响巴达克族社会关系和政治认同的首要因素是同姓家族,其次是姻亲家族。

巴达克族社会关系的亲疏影响个体参与政治时的态度。在影响巴达克人的政治认同的因素中,同姓具有最高的优先权,其次是宗教,再次是同乡。[2] 如果一个巴达克人参加选举,不仅与他有直接亲属关系的三个家庭(原生家庭、妻子的娘家、姐妹的夫家)会支持他,与他同姓的远亲也会举行仪式宣布支持他竞选。候选人在竞选中经常使用族群语言、服饰,仪式等因素宣传。

然而,委员会没能吸纳其他巴达克族亚族群的精英参与动员活动,主要原因是族群间的紧张关系。其他被邀请加入新省的族群有两方面的忧虑。一方面,信仰伊斯兰教的巴达克族亚族群(主要指曼特宁和昂科拉族)不愿意加入信仰新教的多巴—巴达克族占人口多数的省;另一方面,长期受到政治上强势的多巴—巴达克族压制的巴达克族亚族群(如帕帕克族)不愿意再次在自己的土地上被外来者边缘化,[3] 因为几乎所有人都相信塔帕努里省将会被信基督教的多巴—巴达克族控制。

巴达克族亚族群曼特宁族和昂科拉族被合称为"南方巴达克人"。他们的控制区在曼特宁纳达尔县、南塔帕努里县和巴东实淋泮市。南方巴达克人在传统社会和亲族秩序方面与多巴—巴达克人十分相似,主要认同差异在于宗教。在 19 世纪以前,曼特宁族和昂科拉族已经接受了伊斯兰教,而多巴—巴达克族则在 19 世纪德国传教团的影响下皈依了基督新教。[4]

---

[1] Simanjuntak, B. and Netty Flora Hutabarat, "Politik Identities Oritentasi Etnisitas Agama dan Ruang Kewilayahan dalam Dinamika Politik Lokal (kasus Pemilih Etnis Batak Toba di Sumatera Utara)", *Pemikiran Tentang Batak*, Ed. by Simanjuntak B. Pusat Dokumentasi dan Pengkajian Kebudayaan Batak, Universitas HKBP Nommensen, 2011, p. 219.

[2] Simanjuntak, B. and Netty Flora Hutabarat, "Politik Identities Oritentasi Etnisitas Agama dan Ruang Kewilayahan dalam Dinamika Politik Lokal (kasus Pemilih Etnis Batak Toba di Sumatera Utara)", *Pemikiran Tentang Batak*, Ed. by Simanjuntak, B. Pusat Dokumentasi dan Pengkajian Kebudayaan Batak, Universitas HKBP Nommensen, 2011, pp. 231 – 232.

[3] Lubis, Z., "Menanti Wangi Bunga dan Manisnya Buah Pemekaran Wilayah: Sebuah Catatan Pengamatan Atas Perjalanan Desentralisasi di Sumatera Utara", *Proc. Seminar Nasional Pemekaran Wilayah Sumatera dalam Perspektif Sejarah*, Medan, 2007, p. 8.

[4] Smail, J., "The Military Politics of North Sumatra December 1956 – October 1957", *Indonesia*, 1968, pp. 128 – 187.

印度尼西亚族群动员的政治逻辑(1998—2017)

  经过一个多世纪的各自发展，南方和北方巴达克亚族群的文化认同已经产生隔离。棉兰师范大学（Unimed）人类学教授吴思曼·佩里（Usman Pelly）认为，从荷兰殖民时期到现在，南方巴达克人与多巴—巴达克人的文化和宗教差异无法弥合，新建省在社会文化方面将面临不小的问题。南方巴达克人宁愿留在北苏门答腊这个多元文化的省份中，也不愿意加入新教徒巴达克族占优势的塔帕努里省。南方巴达克人控制的三个县（市）最早宣布不加入塔帕努里省。南方巴达克族的地方议员提出，如果塔帕努里省成功分立，他们将立即准备另起炉灶，建立塔斯曼拉巴省（Tasmanlaba），即被信仰伊斯兰教的南方巴达克人控制的南塔帕努里县、曼特宁纳达尔县和老武汉峇都县的缩写，与北部的塔帕努里省抗衡。如果此举行不通，他们宁愿脱离北苏门答腊省并加入西苏门答腊省，相对于新教徒多巴—巴达克人，他们在情感上更亲近信仰伊斯兰教的米南加保族。[①]2007—2008 年委员会活动最频繁的时候，南方巴达克人联合沿海族群和尼亚斯族提出建立西塔帕努里省的提案，以对抗塔帕努里省。

  南方巴达克族不仅坚决拒绝加入塔帕努里省，而且反对多巴—巴达克人建立塔帕努里省。他们认为多巴—巴达克族建立塔帕努里省有恢复殖民秩序的意味。在多个公开场合，南方巴达克族学者援引 1972 年耶鲁大学博士朗斯·卡斯特尔（Lance Castle）的博士论文结论，文中指出多巴族的北塔帕努里地区是荷兰殖民者在亚齐和南方巴达克人之前建立的新教缓冲带，[②]多巴族成为新教徒本身即是殖民政策干预的结果，而建立一个新教徒占多数的省份有延续殖民时期宗教隔离和族群隔离政策的弦外之音。曼特宁族知名学者巴斯拉尔·哈拉哈普（Basyral Hamidy Harahap）在 2002 年 4 月 3 日向内政部部长哈利·萨巴尔诺（Hari Sabarno）递交了这篇论文的印尼文译本和亲笔信。巴斯拉尔·哈拉哈普还提出，建立新省还会导致族群间冲突，"会引发巴达克族社群中的不良竞争"。[③]

  南方巴达克人在媒体中以《警醒报》和《巴达克邮报》为动员阵地，与多巴—巴达克族的《新印尼之光》针锋相对。《警醒报》是北苏门答腊

[①] Harahap, B., Tribalisme: Sisi Gelap Otonomi Daerah, url: http://www.basyral-hamidy-harahap.com/blog/index.php?itemid=18.

[②] Castles, L., "The Political Life of a Sumatran Residency: Tapanuli 1915-1940", PhD thesis, USA: Department of History, Yale University, 1972.

[③] Batak Pos, "Berpotensi Memecah Harmoni", Batak Pos (2006-11-11), 2.

第八章 新建自治区中的族群动员

省三大地方报纸之一,有伊斯兰教背景,因此在巴达克族群体中代表曼特宁和昂科拉族的主流意见。《警醒报》选登的文章对新建省持否定态度,认为新建省只是为了一小部分人的利益服务,会导致社会的纵向分裂和族群、宗教的冲突。①《巴达克邮报》在2006年10月4日刊登了马来族学者登古·鲁克曼·西纳尔(Tengku Luckman Sinar)的文章,文中写道:"建立塔帕努里省等于全盘接受了荷兰殖民者的分而治之政策,因为塔帕努里地区的建立起初就是为了便于荷兰挑拨印尼民族,尤其是在北苏门答腊省。"同日刊发的编辑部社论暗讽新建省只是一小部分人为了争权夺利而为之。

帕帕克族的大部分人分布在帕帕克县和戴里县。如上节所述,帕帕克族因在戴里县竞争不过多巴—巴达克族而被边缘化,刚刚在2003年从戴里县中分立出帕帕克县。2006年,委员会邀请帕帕克县加入塔帕努里省,但帕帕克族基于三点原因不愿加入:第一,塔帕努里地区是贫困区、百废待兴,加入塔帕努里省不仅不能支持本县快速发展的需求,而且会使帕帕克人获得省政府服务变得更加困难。第二,帕帕克家族的民俗地的管理方法与多巴—巴达克族民俗地的管理方法不同。在帕帕克族和多巴—巴达克族混居的戴里县已经发生过多起因土地问题产生的争议,②因双方的民俗法有差别,只能请双方的民俗领袖出面调解,费时费力而且容易产生社会矛盾。帕帕克族倾向于维持与多巴—巴达克族的民俗地的隔离状态。第三,帕帕克族在政治和经济地位上不如多巴—巴达克族优越,他们惧怕在塔帕努里省中再被多巴—巴达克族排挤。

帕帕克族的政治参与的意识和能力很强,尤其在新建县的活动中了解到通过社会团体和家族团体直接向上方表达政治意愿的效果。在拒绝加入塔帕努里省的动员中,他们仍然走社会组织和家族团体动员的道路。2006年12月14日,"帕帕克大学生论坛"的几十名成员到苏北省议会示威,

---

① Pohan, S., "Pertarungan Wacana Sinar Indonesia Baru Dan Waspada Dalam Isu Provinsi Tapanuli", *Komunika*, Vol. 12, No. 2, 2011, pp. 1 - 8.
② 大约十年前,在戴里县北兰普区(Berampu)出现过帕帕克族与多巴—巴达克族因土地争议导致的命案。管理坟地的多巴—巴达克族不愿意帕帕克族人埋在基督教徒的墓地里,于是把穆斯林的坟地分配给帕帕克人,导致双方的暴力冲突并有一名多巴—巴达克人死亡。双方的族群袖出面,使用帕帕克族的民俗仪式解决了问题,此后只根据宗教、不依据族群分配墓地。与戴里县民俗机构间交流论坛(FORKALA)主席拉惹·阿尔丁·乌琼(Haji Raja Ardin Unjung)访谈,2016年3月6日。

印度尼西亚族群动员的政治逻辑(1998—2017)

拒绝帕帕克县和戴里县加入新省。2007年2月，帕帕克县曾派出7人代表、戴里县派出11人代表到雅加达抗议建立新省。① 以下帕帕克家族 Banurea、Manik、Boang Manalu、Bancin、Berutu Sitellu Tali Urang Julu、Berutu Sitellu Tali Urang Jehe、Solin、Sinamo、Sitakar、Angkat、Padang Batang Hari、Cibro、Munte、Tinendung 和 Maharaja 联合声明拒绝加入塔帕努里省，并成立了"帕帕克地区拒绝加入塔帕努里省委员会"。②

在2003年帕帕克县从戴里县分立出去以后，戴里县中多巴—巴达克族的比例进一步增加。塔帕努里省的提案在戴里县成为一个敏感的话题，多巴—巴达克族和帕帕克族的态度针锋相对，一时间有引发社会冲突的可能性。帕帕克族的县议员拉惹·阿尔丁·乌琼（Haji Raja Ardin Unjung）在2006年10月4日接受戴里县本地报纸《全球日报》（Harian Global）的采访时说，戴里县三个区（Gunung Sitember、Tigalingga 和 Tanah Pinem）决定如果戴里县加入塔帕努里省，他们将脱离戴里县，加入巴达克族亚族群嘉罗族控制的嘉罗县。③ 后在2009年为新建省一事死于非命的苏北省议长、帕帕克族的昂卡特（H. Abdul Aziz Angkat）于2006年8月13日在某帕帕克族网站上发文称，"没有任何一个在戴里县拥有民俗地的人愿意加入塔帕努里省"，"如果强迫加入，帕帕克县的 Sitellu Tali Urang Jehe 区宁愿脱离戴里县，加入南亚齐县"。为了避免社会分裂，戴里县决定不加入新省。

除了巴达克族各亚族群不愿加入动员以外，新省即将覆盖的其他县的主体族群也有族群文化、宗教和社会方面的顾虑，包括沿海族群和尼亚斯族。位于北苏门答腊省西海岸的实武牙市属于沿海文化。中塔帕努里县的巴鲁斯④和实武牙在荷兰殖民以前就是商贸港口。实武牙在殖民时期被确定为塔帕努里地区的首府。因与印度和阿拉伯商人之间有繁荣的贸易往来，沿海地区吸引了大量国内移民，形成了独特的沿海文化。市民被称为沿海族群（suku pesisir），特指几世纪以来西苏门答腊的米南加保族移居到

---

① 与帕帕克民俗领袖 J. H. Manik 在沙叻访谈，2016年3月1日。
② Bancin, J., "Resistensi Masyarakat Terhadap Pembentukan Propinsi Tapanuli Di Kabupaten Pakpak Bharat (Kajian Sosoilogi Politik Terhadap Perlawanan Masyarakat Dalam Pembentukan Propinsi Tapanuli)", MA thesis, Medan: Universitas Sumatera Utara, Nov. 2011, chap 4.
③ 见2006年10月5日《全球日报》。
④ "巴鲁斯"即得名于它的贸易产品樟脑，印尼语中称为 kapur barus。

第八章　新建自治区中的族群动员

这里，与多巴—巴达克族、马来族、曼特宁族等族群融合之后形成的族群。当前实武牙市族群人口构成比较复杂，有61%人口是巴达克族，[①] 第二大族群是尼亚斯族，约占总人口的10%。实武牙市对新建省的提案态度有多次变化。沿海族群与巴达克族有天然的联系，但是又发展出了不同于巴达克族山民的沿海文化。实武牙市是一个多元宗教社会，加入以新教徒为主体的塔帕努里省令该市的穆斯林感到不安。然而从发展前景来看，如果加入新省，该市将成为新省最大的贸易港口城市，甚至可能成为省会。新省提案在市民群体中引发了激烈讨论，地方政治精英内部随后也出现分歧。

实武牙市一些市民组织反对加入塔帕努里省。2006年10月31日，一个名为关心塔帕努里群众运动的组织（Gerakan Masyarakat Peduli Tapanuli, Gemapeta）举行反对新省的示威。[②] 2007年1月，约1000名来自七个沿海县市的群众到实武牙市议会示威，提出新建省可能引起冲突。[③] 实武牙市默罕默德协会主席纳滋然（Nadzran）认为如果南方巴达克族三地不加入，实武牙市也不应该加入。委员会中有北塔帕努里省的教会人员，他担忧其中另有图谋。印度尼西亚乌拉玛委员会（MUI）实武牙市支部发出正式通知禁止组织成员支持塔帕努里省。[④]

由于实武牙社会对新建省激烈辩论、没有结论，市政府和议会内部也出现了尖锐的态度分裂。市政府的态度是一以贯之地支持加入新省。在新省计划的初期，实武牙是最早通过加入新省决议的城市。当时的市长、多巴—巴达克族的撒哈特·庞加贝安（Sahat P Panggabean，2000—2010年任两届市长）是新省坚定的支持者，他在2002年10月28日颁布了编号为070/6097/2002的推荐信。市长的支持态度毫不令人惊讶，因为他和委员会主席都来自庞加贝安家族。然而市议会的态度前后有变化。2002年10月3日，市议会颁布了编号为19的决议同意加入塔帕努里省，但此后因为市民中有许多反对声音，地方精英的态度受到一定影响，而后内部出现

---

① 2010年印尼全国人口普查。
② 见《巴达克邮报》11月1日第一版。
③ Aritonang, P. and Amal Rambe, Pembentukan Provinsi Tapanuli Ditolak Warga（2007-01-24），url：http：//news.liputan6.com/read/136314/pembentukan-provinsi-tapanuli-ditolak-warga.
④ Waspada, Ada Tiga Buku Penelitian Tentang Protap, Dua Tak Beredar Di Sumut, Masyarakat "STPDN" Tegas Menolak（2007-04-27），Harian Waspada.

印度尼西亚族群动员的政治逻辑(1998—2017)

了意见分歧，属于南方巴达克族的穆斯林议员尤其不愿意加入新省。市议会副主席尤思兰·帕萨里布（Yusran Pasaribu）曾对牵头煽动建立新省的基督徒公开表示不满。2006年9月21日，正值新省计划即将经国会审批之时，市议会突然发布第15号决议，不再支持加入塔帕努里省，尽管市长庞加贝安仍然坚持原决定，并在2008年9月24日内政部来苏北省考察时重新提交了一份推荐书。① 由于市政府和议会未能达成一致意见，实武牙不能加入新省。2013年国会重新审议新建塔帕努里省提案后，实武牙市向委员会提出如果将新省省会设定在实武牙市，则愿意加入，如果多巴—巴达克族坚持将省会设在北塔帕努里县的西博隆博隆区，实武牙市便不参加。②

尼亚斯族所在的尼亚斯岛也是新建省最初计划中涵盖的一部分行政区域。尼亚斯族生活在尼亚斯岛上，与苏门答腊岛西海岸隔海相望、自成一体，岛上95%以上居民都是尼亚斯族，80%以上的居民信仰新教或天主教，③ 种植园业是主要产业。尼亚斯岛曾在1864年被纳入塔帕努里地区。1946年建立了尼亚斯县。2003年，南尼亚斯县从尼亚斯县中分立。

从客观条件分析，是否加入新省对尼亚斯都不会产生很大影响。第一，建立新省不会对尼亚斯产生宗教冲击，甚至可能对发展族群文化有好处，因为新省中信仰基督教的居民将成为多数，与尼亚斯族的宗教信仰一致。第二，尼亚斯族和巴达克族的关系素来和平，没有出现过社会冲突，虽然尼亚斯族如其他族群一样也感受到巴达克族过于强势，④ 然而这种对巴达克族的刻板印象是极为普遍的，并非只有尼亚斯人才有此感受。加入巴达克族占主体的新省不会使两个族群的关系更恶化。第三，可以预期多巴—巴达克人将控制新省的政治权力，尼亚斯将仍然被相对边缘化，正如尼亚斯目前在北苏门答腊省的现状一样。唯一的差别是可能尼亚斯族的省议员人数会比现在在苏北议会中多一些。第四，因与苏门答腊主岛隔

---

① 即关于塔帕努里省名称、首府、资金分配、财产移交和人员转移的同意函，编号135/209/tahun 2008。

② JPNN, Ibukota Calon Provinsi Tapanuli Jadi Rebutan (2014-08-01), url: https://www.jpnn.com/news/ibukota-calon-provinsi-tapanuli-jadi-rebutan。

③ 见2016年尼亚斯县和南尼亚斯县统计年鉴。

④ 在尼亚斯族中有"GBHN"的双关语，原意是"国家大政方针"（Garis-Garis Besar Haluan Negara），在这里指"巴达克族大败尼亚斯族"（Gara-gara Batak Hancur Nias）。

第八章 新建自治区中的族群动员

海相望，尼亚斯几乎不能借新省首府建设搭上基础设施建设的便车。除非新省首府设在离尼亚斯最近的实武牙市将有助于尼亚斯的旅游业和贸易发展。因此，尼亚斯岛在此事中几乎无得无失，相对其他族群处于较超然的地位。

出人意料的是，在2006—2007年尼亚斯岛南北做出了截然相反的决定：北部的尼亚斯县拒绝加入新省，而南尼亚斯县支持加入新省。在委员会发出邀请后，尼亚斯县县长一直以来的表态是"支持（建新省）但不一定加入"。[①] 2006年9月暂定新省首府设在北塔帕努里县后，新省对尼亚斯县的吸引力就更低了。最终在2007年年初，尼亚斯县议会颁布决议拒绝加入塔帕努里省（编号02/KPTS－DPRD/2007）。2007年5月3日，省议会特别委员会与预计加入新省的地方领导召开会议，尼亚斯副县长表示，尼亚斯县不加入新省有若干原因，其中一个原因是新省建立的历史依据是恢复之前的塔帕努里地区，然而最后加入新省的地区却和该区的历史界限不同。另外，尼亚斯认为首府仍设在棉兰更便利。从尼亚斯岛到省会棉兰乘飞机只需要50分钟，而乘船到新省计划的首都实武牙却需要10小时。[②] 对尼亚斯县全体议员的问卷调查显示，75%的议员认为建立塔帕努里省只是出于一些地方政治精英的一己私利，尼亚斯县没必要为其添砖加瓦。县议员也经常收到群众的信件，反对加入新省。[③] 也有流言称因为尼亚斯县要求指定一名本地人成为新省副省长但遭到拒绝，因此拒绝加入。[④]

在尼亚斯县作出决定以前，南尼亚斯县议会在2006年已经颁布决议，决定参加塔帕努里省（编号04/kpts/2006）。在同样的问卷调查中，只有46.7%的县议员认为建立塔帕努里省的初衷是地方精英的私欲。县议员收到的群众来信几乎全部支持加入新省。苏北省议员阿里奥子索奇·法乌（Aliozisokhi Fau）认为，造成尼亚斯南北两县决策差异的原因是南部在

[①] Sinar Indonesia Baru, "Mengapa Nias Harus Bergabung ke Propinsi Tapanuli", Sinar Indonesia Baru (2007－01－22).

[②] Zalukhu, A., "Kajian Dimensi Sosial Politik Terhadap Rencana Pembentukan Provinsi Tapanuli di Pulau Nias", MA thesis, Medan: Universitas Sumatera Utara, 2008, p. 32.

[③] Zalukhu, A., "Kajian Dimensi Sosial Politik Terhadap Rencana Pembentukan Provinsi Tapanuli di Pulau Nias", MA thesis, Medan: Universitas Sumatera Utara, 2008, pp. 163－165.

[④] Sinar Indonesia Baru, "Mengapa Nias Harus Bergabung ke Propinsi Tapanuli", Sinar Indonesia Baru (2007－01－22).

2003年刚分立出独立的县，亲身体验到了分立自治区的好处。[1] 另外，南部的旅游业发展较快，使尼亚斯南方人的心态开放，能较快接受新事物可能也与此有关。[2] 另一个不能忽略的事实是，南尼亚斯县议会副主席马萨雷纳·杜哈（Marthalena Duha）是新省分立委员会的一员，自然对议会的决策有一定的影响力。

但最终，整个尼亚斯岛无缘加入塔帕努里省，因为尼亚斯也着手建立尼亚斯群岛省。建立尼亚斯群岛省的提案进展相当顺利，与塔帕努里省一起65个提案[3]提交给国会，并已经在2013年通过了国会审议。[4]

综上所述，塔帕努里省覆盖的主要地区是巴达克族亚族群所在地。在建立新省的动员中，信仰基督教的多巴—巴达克族是领导者和绝对支持者，而信仰伊斯兰教的南方巴达克人不仅不参加新省而且反对在周边出现一个基督教占优势地位的省，帕帕克族因与多巴—巴达克族长期社会关系不和而拒绝加入，沿海族群社会内部不同的宗教信徒态度两级分裂，尼亚斯族对新省认同感不强而只看发展利益。各族群，尤其是巴达克族亚族在此事上没有形成凝聚力，导致审批任务在县级和省级政府和议会卡了5年有余。

（三）制度内动员

2002—2007年，新建省的提案在苏北省政府和议会引起了激烈争议，耗时甚久。当委员会提出分立塔帕努里省的计划时，他们的打算是完全恢复殖民时期的地区划界，即将苏北省分割成塔帕努里省和东苏门答腊省，苏北省不再存在。他们到原属于塔帕努里地区的十个县、市进行宣传，在各地引起了争议。支持者获得了四个多巴—巴达克族占人口主体的县的坚

---

[1] Sinar Indonesia Baru, "Mengapa Nias Harus Bergabung ke Propinsi Tapanuli", Sinar Indonesia Baru (2007-01-22).

[2] Zalukhu, A., "Kajian Dimensi Sosial Politik Terhadap Rencana Pembentukan Provinsi Tapanuli di Pulau Nias", MA thesis, Medan: Universitas Sumatera Utara, 2008, pp. 163-165.

[3] 2013年提交给2009—2014届国会审议的有两个提案包，一个含有65个提案（65 RUU），另一个含有22个提案（22 RUU）。在前一个提案包中有四个北苏门答腊省的分立提案，即北塔帕努里省、尼亚斯群岛省、西玛隆坤哈塔兰省县和曼特宁西海岸县。因为塔帕努里省不能凑齐殖民时期塔帕努里地区下的全部四个分区，而只覆盖北塔帕努里地区，所以该省更名为北塔帕努里省报送给国会。

[4] Aritonang, D., Pemekaran Daerah Cuma Proyek Bagi-bagi Kursi (2013-11-25), url: http://nasional.kompas.com/read/2013/11/25/1128142/Pemekaran.Daerah.Cuma.Proyek.Bagi-bagi.Kursi.

第八章　新建自治区中的族群动员

定支持,曼特宁和昂科拉族控制的三个地区坚决不加入,而尼亚斯岛、实武牙和中塔帕努里县迟迟没有确定是否加入。

当时的苏北省省长、有马来族和米南加保族血统的登古·里扎尔·努尔丁（Tengku Rizal Nurdin,1998年6月至2005年9月）不赞成建立塔帕努里省,所以省政府审批被拖延。直到2004年9月21日,登古·里扎尔·努尔丁才组织了塔帕努里省分立调研小组（决议编号130.05/2442/k/2004）,对六个县/市进行调研,即北塔帕努里县、多巴夏梦溪县、弘邦哈孙杜丹县、夏梦溪县、中塔帕努里县和实武牙市。小组在2004年11月21日形成了调研报告（编号130.05/2442/2004）,由省长登古·里扎尔·努尔丁签字。报告提出三项主要结论:认为塔帕努里省尚未准备好分立;如果硬要分立,可能引发族群和宗教冲突;关于省会城市的位置有争议。①

2005年9月5日,省长登古·里扎尔·努尔丁在棉兰不幸遭遇飞机事故去世,接替他的是副省长、多巴—巴达克族的鲁道夫·帕尔德得（Drs. Rudolf M. Pardede,2005年9月至2008年6月）。委员会认为这是一个突破省政府关卡的机遇窗口。如其所愿,2006年6月15日,省长帕尔德得下达决议（SK no. 130.05/1263/K/2006）,再次成立一个研究小组重新考察建立新省的可能性并得出肯定的意见。9月15日,省政府与委员会开会确定了北塔帕努里县的西博隆博隆区成为新省首府。同年12月7日,帕尔德得向省议会提交支持建新省的推荐信（No. 130/8719）,提到十个县/市的民众有意愿加入新省,虽然这时戴里县、帕帕克县和尼亚斯县尚未表明态度。②

---

① 塔帕努里省的首府有三个备选项,即北塔帕努里县的西博隆博隆区、实武牙市和中塔帕努里县的潘丹市。西博隆博隆区是在初期就确定的省会,是多巴—巴达克族的中心地带,庞加贝安家族在当地势力强大,甚至决定将临时省长办公室设在当地的 Universitas Sisingamangaraja XII 大学,该大学是庞加贝安家族开设的。实武牙市是委员会顾问 TB·西拉拉西推荐的地点,因为地理位置临海,交通条件更便利,基础设施也更好,见 Waspada, Ada Tiga Buku Penelitian Tentang Protap, Dua Tak Beredar Di Sumut, Masyarakat "STPDN" Tegas Menolak (2007 – 04 – 27), Harian Waspada.

② Detik News, Usulan Provinsi Tapanuli Segera Masuk DPRD Sumut (2006 – 09 – 16), url: https://news.detik.com/berita/d - 676536/usulan - provinsi - tapanuli - segera - masuk - dprd - sumut.

· 201 ·

三 政治空间小、凝聚力弱：低暴力制度外动员（2007—2009）

（一）政治空间小

由于在全国建立新自治区的数量过多，而且大部分自治区不能财政自立，只能依靠中央拨款，中央财政压力过大。进入 2007 年，中央政府放出随时可能暂停新建自治区的风声。总统苏西洛在 2007 年曾多次提出无限期暂停新建自治区的建议，在 8 月份国会全体会议上再次重申了这一点。2008 年 8 月 16 日，苏西洛正式宣布暂停新自治区提案的审议直到 2009 年大选结束，但已在国会审议的提案仍将继续。

（二）低暴力制度外动员

政治机遇关闭令新建省支持者们极为紧张，他们急迫地要求加快省议会审批速度，以至于开始使用无政府主义的暴力行动。与省政府的支持态度相反，苏北省议会并不是一边倒地支持建立塔帕努里省，支持者开始使用强迫手段要求省议会颁布推荐函。2007 年 4 月 24 日，五千余名支持新省分立的群众涌入省议会大楼，打断全体议员的会议，逼迫议长出具支持建立塔帕努里省的推荐书。如果不立即出具，他们威胁将不离开议会大楼。议长只好在当天下午根据各地方政府和议会出具的推荐信，在意见书中写明七个地方愿意加入，其中没有尼亚斯县、戴里县和帕帕克县，这与省长出具的推荐信不符。2007 年 5 月 18 日，又有一波群众来到省议会大楼，要求议长出具拒绝新省分立的决议。议长便又出具了第二封态度完全相反的意见书，提出苏北省一些群众和地方政府不同意建立塔帕努里省，并将支持和反对的两封意见书都提交给了雅加达，表示听候雅加达的决定。国会全体会议认为省议会没有完成审批，将申请材料退回给国会第二委员会，要求继续完善材料。

此后在 2008 年 1 月，塔帕努里省的提案得到国会的初步认可，允许立案并进入审批流程。然而苏北省议会一直没有给出确定的意见，耽误了国会审批进程。2008 年 9 月 25 日，内政部技术小组在苏北省实地考察后得出结论，建立新省需要的 25 个条件中尚有两个条件未满足，即苏北省议会和省长的决议书。新上任的苏北省省长、马来族的山慕苏·阿里分（Syamsul Arifin）在 9 月 26 日立即签署了同意建立新省的决议（编号 130/3422/K 2008），而省议会仍然没有表态。2008 年 10 月 27 日，内政部和国

第八章 新建自治区中的族群动员

会第二委员会邀请苏北代理议长哈斯布拉·哈迪（Drs. H. Hasbullah Hadi）参加会议，要求苏北省议会尽快做决定。10月29日，国会再次召开全体会议，塔帕努里省的提案第三次没有通过。2008年11月13日，在上一节帕帕克县分立案例中曾伸出援手的帕帕克族的阿齐兹·昂卡特（Aziz Angkat）被选为苏北省议长，并在11月12日率领苏北省议会派系代表到雅加达与国会第二委员会举行听证会，后者要求苏北省尽快开会作出决定。当时雅加达对新建自治区的态度变得消极，已不再受理新的提案，加之阿齐兹·昂卡特本人不赞成塔帕努里省的建立，省议会中对该议案也多有不满，① 因此苏北省议会没有召开全体大会审议该议案。省议会拖延的态度彻底激怒了支持者。

2009年2月，支持者进行了有组织的暴力活动。一千余名示威者在全体议员会议结束两分钟之后强行闯入省议会大楼。示威者几乎全部是信新教的多巴—巴达克人，许多示威者身着Universitas Sisingamangaraja XII大学的校服，这所学校的所有者是委员会主席庞加贝安的家族。示威者肆意打砸，要求议员立即召开全体大会批准建立塔帕努里省。他们准备好了横幅，上书"阿齐兹·昂卡特是塔帕努里省的叛徒"、"阿齐兹·昂卡特受死"等内容，② 甚至准备了一副棺材抬进了议会大楼。议长阿齐兹·昂卡特遭遇示威者的肢体暴力，突发心脏病晕厥，在送往医院途中猝死。

这一悲剧令北苏门答腊省和印尼全国震动，导致新建省计划暂停。共有69位参与这次行动的人被指控，③ 委员会主席赞德拉·庞加贝安因主使骚乱被判处8年徒刑，④ 达杜米拉·西玛骏达（Datumira Simanjuntak）、维克多·西阿哈恩（Victor Saihaan）等委员会骨干都被判刑。苏北省和雅加达的政治精英借此契机纷纷谴责委员会的行为。舆论也要求停止分立塔帕

---

① 在阿齐兹·昂卡特去世后，省议会副议长哈斯布拉·哈迪（Hasbullah Hadi）表示当时议会已经决定不再继续进行新建塔帕努里省的相关活动，参见 Tempo, Gubernur Akui Keliru Teken Persetujuan Provinsi Tapanuli, url: https://nasional.tempo.co/read/159974/gubernur-akui-keliru-teken-persetujuan-provinsi-tapanuli.

② Pohan, S., "Pertarungan Wacana Sinar Indonesia Baru Dan Waspada Dalam Isu Provinsi Tapanuli", *Komunika*, Vol. 12, No. 2, 2011, pp. 1–8.

③ Simanjuntak, B., *Dampak Otonomi Daerah Di Indonesia: Merangkai Sejarah Politik Dan Pemerintahan Indonesia*, Jakarta: Yayasan Pustaka Obor Indonesia, 2013, p. 19.

④ Simatupang, S., GM Panggabean Dimakamkan Malam Hari (2011-01-25), url: https://nasional.tempo.co/read/308935/gm-panggabean-dimakamkan-malam-hari.

印度尼西亚族群动员的政治逻辑(1998—2017)

努里省,如团结伊斯兰信众论坛(FUIB)苏北省支部要求政府解散委员会,要求媒体委员会严厉处分支持委员会的《新印尼之光》报社。苏北省长山慕苏·阿里分为自己在 2008 年 9 月 26 日草率签署了决议而懊悔。①此后,新建省的提案被搁置。

第四节　小结

本章形成了两处对比。第一处是在政治空间扩大时,族群凝聚力高的帕帕克族与凝聚力低的巴达克族亚族群之间的对比。在帕帕克案例中,在民主改革以前,帕帕克族在政策缺席和其他族群的竞争情况下寸步难行。在放开新建自治区的制度后,帕帕克地区的资源禀赋和社会发展水平相比其他想新建自治区的地方落后太多。动员资源更是匮乏:动员领导者们在初期几乎在省议会、内政部和国会都没有人脉资源,连差旅费也要靠代表们先行垫付。帕帕克族能利用新自治区分立的制度进行族群动员,完全是依靠族群的一致性和组织的有效性。族群凝聚力高使得帕帕克属地、县级、省级和雅加达的族群宗亲都有加入到分立活动中,整合起来了分散的人脉和资金。尤其来自母县县长的支持,使县级批准这项最困难的任务顺利完成。委员会越过省级直接游说国会和内政部的策略大为缩短了审批过程。当时印尼全国都在进行新建自治区,因此产生的社群间矛盾、社群与县级、省级政府和议会的矛盾非常普遍。像帕帕克分立这样展示出团结的意愿和有效组织的案例凤毛麟角,正因如此,帕帕克县得到了国会和北苏门答腊省的赞赏,成功联合了地方、县、省和中央四个层次,形成了纵向联盟。帕帕克县分立的案例能够支持前文的理论假设,即当制度提供了解决族群愤懑或相对剥夺感的方式时,族群如果凝聚力强,就有可能抓住这个政治机遇窗口,通过制度内方式来改善集体境遇。

而新建塔帕努里省的案例正好相反。多巴—巴达克族在雅加达的政治影响力、在各界的人脉和资金都充足,然而较强的自助能力并没有使新省

---

① Tempo, Gubernur Akui Keliru Teken Persetujuan Provinsi Tapanuli (2009 – 02 – 13), url: https://nasional.tempo.co/read/159974/gubernur – akui – keliru – teken – persetujuan – provinsi – tapanuli.

第八章 新建自治区中的族群动员

分立的过程变得一帆风顺。由于族群、宗教和文化的差异以及其他族群长久以来对多巴—巴达克族傲慢态度的不满,委员会要求全部原塔帕努里属地加入新省的提议激起南方巴达克人、帕帕克族等巴达克族亚族群以及沿海族群和尼亚斯族的反抗或不满,使动员过程磕磕绊绊并不断修改成员的边界,可以认为没有形成有效的社会动员。

第二处对比是对于族群凝聚力低的巴达克族,在政治空间扩大和缩小时的行为对比。在国家支持新建自治区、政治空间较大的时候,多巴—巴达克族在努力走制度内道路,但是因内部矛盾尖锐而始终无法形成社会动员。当国家暂停新建自治区、政治机遇突然缩小时,多巴—巴达克族为了迫使不服从的成员加入集体行动,进行了一次性的小规模暴力动员,此后新建自治区的动员被立即叫停。多巴—巴达克族的国家精英卢胡特在2007年10月委员会组织的筹款晚宴上曾说,"一直以来人们只知道巴达克人喜欢争斗(tumbuk),但是我在此地看到巴达克人如此团结一致,我为此自豪"。[1] 讽刺的是,新建塔帕努里省过程中的曲折的根本原因恰恰是巴达克族各亚族群不能达成统一意见。

比较帕帕克县和塔帕努里省案例中族群动员的不同情况,可以发现当族群决定使用制度内方式满足其诉求的时候,族群的凝聚力极为重要,而资源和精英能力的高低对动员是否能组织起来的影响不大,即使内阁和国会向地方施加压力也不能保证实现目标。这是因为:第一,民主原则和社会安全有最高优先性。印尼地方分权的原则、法律法规和实施办法中都体现了对群众参与和社会意见一致性的高度重视。出于对社会和政治安全的考虑,省政府和议会、国会和内政部都不得不仔细考察社会各界的看法,摒除引发族群冲突的可能性。在印尼所有需要社会参与的行动都要依法进行前期的社会宣传与咨询。第二,制度有明确的实践过程准则。制度中对于新建自治区、恢复民俗村等社会自治形式的条件、标准和步骤有着明确的规定,某些动员能力,譬如与省政府和议会的关系、与中央政府和国会的关系、组织大规模请愿的财力和能力等,虽然可以加快实现的速度,但仅仅是锦上添花的条件,不可能本末倒置、颠覆社会协商一致和地方自决的原则。第三,政治机遇对动员自助条件的要求较低。在2000—2005年

---

[1] Sinar Indonesia Baru, "Dana Propinsi Tapanuli Terkumpul Rp 2 Miliar Lebih", Harian Sinar Indonesia Baru (2007-02-12).

新建自治区爆炸期，内政部和国会对即将分立地区在经济和发展能力方面的约束条件很宽松，只要满足法律规定的基本的行政条件就可以搭上自治区分立的制度机遇快车，基本的行政条件主要指直接上级地方政府和议会同意分立。而上级政府和议会的决定往往如实反映该地区长期的政治矛盾、族群和社会关系，无法通过贿赂或施加政治压力等方式左右。

第九章

结 论

本研究试图回答的问题是印尼族群运动在民主化时代选择何种方式进行动员。本书从政治机遇和族群动员能力的视角出发，提出族群动员目标对政府执政目标的冲击和族群凝聚力是解释族群选择动员方式的核心变量。研究中的案例类型囊括了民主化后在印尼全国具有普遍意义的族群动员议题，包括族群分离运动、新建自治区（族群自治）和民俗地运动（族群平等权利）。本节将首先概述本研究的主要结论，继而基于研究结论简要讨论对印尼未来族群关系的看法，最后尝试提出未来的研究方向。

第一节 主要结论

一 政府执政目标与族群独立运动

本研究提出政府执政目标影响动员的政治空间大小，对印尼政府执政目标的分析有两点略有创新。第一是提出了不同时期的印尼政府执政目标的定义方法，即通过《国家总体方针》（*GBHN*）、《国家长期建设规划》（*RPJPN*）和《国家中期建设规划》（*RPJMN*）文本分析出政府执政目标的内容。这一概念的提出和操作化不仅对研究族群政策有裨益，而且对研究印尼的央地关系、外交、经济等政策空间的变化也有借鉴意义。

第二是讨论了印尼三起影响最大的族群独立运动（东帝汶、亚齐和巴布亚）是否削弱了政府执政目标？本书对这个问题的历史发展进行了较为详细的论述。在从前的研究中，尤其在跨国的族群分离运动比较研究或数据集中方面，往往将这三个案例视为同样性质的事件。本书的贡献在于展示了这三个案例的性质差异和分别如何一步步被定性为触犯民族团结统一政府执政目标的发展过程。简言之，印尼民族的概念包含三个要素，即前荷兰殖民地、人种、古代王国的联系。亚齐符合全部三个标准，因此"亚齐分离运动威胁印尼民族团结统一"这一判断在历届政府和印尼社会中从没有被质疑过，因此历届政府赋予亚齐分离运动的政治空间很小。巴布亚案例不符合人种一致性和古代王国联系两个要素，但满足前荷兰殖民地这一印尼民族主义的强要素，因此巴布亚人是否属于印尼民族、是否允许巴布亚脱离印尼这个问题的答案在哈比比和瓦希德前期没有肯定的答案，这导致这一时期印尼政府对巴布亚分离主义运动的态度缺乏确定性。事实上，直到苏西洛上任之后，不允许巴布亚举行公投，并且通过经济扶助消解分离运动的政策才正式确定下来，并延续到佐科时期。而东帝汶案例不满足前荷兰殖民地这个构成印尼民族的强要素。自东帝汶被强行并入印尼之后，在印尼社会中很少有人认为东帝汶是印尼民族的一部分，因此哈比比满足东帝汶公投脱离印尼的愿望没有引发有关印尼民族团结的政府执政目标危机。通过以上分析得出结论，三起族群独立运动在多大程度上被定义为民族团结和主权完整问题，政府是否认为其触犯了政府执政目标，是决定其动员政治空间的主要原因。

二 政治空间对族群动员方式的影响

印尼地方民主和地方分权的深化作为结构性的政治空间为和平、合法解决族群问题提供了制度保障和多种途径。本书中成功转向制度内方式动员的三个案例都直接或间接得益于地方分权制度和民主化：新建帕帕克县顺利使用了预设的地方分权的制度机遇；针对亚齐分离主义运动，行动者、中央政府和国会在地方分权的基本框架上共同商议和创造了亚齐的特殊地方自治制度；民俗地运动得益于民主化后宽松的社会运动氛围，得以用和平的方式持续推动各级政府进行制度改革。这印证了既有研究的判断，即政治权力在多层次和多领域的分散有利于引导族群动员走制度内路径。

然而，对于印尼这个年轻的民主国家，政治空间不是一直朝着一个方向不断深化的，而是持续地在民主和民主倒退、分权与集权之间寻找平衡，表现为政治空间中的议题空间和行动空间的反向背离或同时压缩。当动员者感到行动空间被压缩时，可能会刺激他们转向支持制度外的族群动员方式。例如，2000年前后亚齐市民组织的和平动员被镇压后，采用制度内动员方式的空间被压缩，社会组织转而支持亚齐独立运动的军事斗争。针对巴布亚分离运动，佐科总统和其所在的斗争民主党拒绝与巴布亚独立组织直接对话，重新协商新特殊地区自治条款的制度内途径被堵塞，于是独立组织寻求巴布亚问题国际化，暴力行动亦有抬头的趋势。

即使地方分权从整体上看处于不断深化的过程中，但是实践分权的政策重心也有变化，从哈比比到苏西洛第一任期以省级和县级分权为重点，约从苏西洛第二任期到佐科政府更着重于基层的村级自治能力构建。结构性的调整使得在某些节点上的政治空间遭到相对挤压，但动员者对政治空间持续拓展的心理预期较高，于是突然的政治空间挤压会产生相对剥夺感，可能引发制度外动员方式的暂时回归，例如在新建塔帕努里省的案例中，由于新建自治省的政策机遇窗口即将关闭，动员者急于求成，组织了围攻省议会的暴力行动。

政治空间与动员方式关系结论的现实意义是：持续深化民主和分权有益于将社会中的族群诉求以制度内的和平方式融合进制度中或渐进地推动制度改革。面对制度变革过程中的调整，政策制定者在进行结构性调整之前应注意调控利益相关者的心理预期。通过民主协商广泛听取意见、在政策讨论的重要节点及时向社会公布信息、在调整执行以前留出合理的缓冲时间、设计合理的执行步骤、为利益受损者提供其他弥补损失的方案。

三　对政府执政目标的冲击和族群凝聚力对动员方式的影响

族群动员目标是否冲击政府执政目标和族群凝聚力两个自变量中的任何一个都不能单独影响族群动员方式。上文中的案例分析说明族群凝聚力不论高低，都有可能选择通过制度内或制度外方式动员。当动员目标不冲击政府执政目标，则政治空间较大时，族群也有可能使用制度外方式动员。

只有当这两个自变量的取值同时纳入考虑中，才对族群动员方式产生影响。当族群动员目标不冲击政府执政目标时，即政治空间较大时，凝聚力高的族群更有可能具备足够的能力采用制度内方式动员，这是因为：其一，从集体行动的成本角度，凝聚力高的族群更有能力承担集体行动的成本，同时面对更少的成员不合作问题。这从新建帕帕克县和新建塔帕努里省的案例对比中可以看出。帕帕克族虽然解决问题的自助能力较低，表现为物质实力和人脉资源不足，且地处贫困地区，申请新建县的硬件指标

印度尼西亚族群动员的政治逻辑(1998—2017)

不理想,但他们恰逢拓展自治区的政治空间,加之其族群组织凝聚力强、行动迅速,在雅加达、苏北省和戴里县形成了政治同盟,使其在最佳的机遇窗口内顺利实现了分立新建县;相反,新建塔帕努里省的提案因无法得到几个巴达克亚族群所在县的认可而始终不能确定新省的行政边界,即无法解决成员不合作问题,在向上审批和推进的过程中遭遇困难。其二,从政治代表权角度,凝聚力高的族群有明确的政治代表实体,在与国家协商的过程中表达明确的意见并作出有效的决定。亚齐独立运动作为唯一一个被亚齐族群授予政治代表权的组织,在半年之内完成了与政府的特殊自治协商。相反,巴布亚有多个动员组织,没有任何一个具有政治代表权,因此无法说服中央政府就特殊自治协议进行重新谈判。

当族群动员目标冲击政府执政目标时,即政治空间小的时候,凝聚力高的族群更有可能采用制度外方式动员,且暴力程度可能更高。凝聚力高的族群与凝聚力低的族群有同等的倾向使用制度外方式或暴力,以迫使动员对象(当动员对象不是国家时)在政治空间关闭之前回到谈判桌上并做出妥协,或迫使国家开放政治空间,但区别是凝聚力高的族群更有可能具有足够的自助能力实现制度外动员和组织化暴力。对比亚齐和巴布亚案例,中央政府在1998—2004年间对两地的分离运动采取相似的政策,即拒绝公投脱离印尼的要求,亚齐独立运动成为唯一具有代表权的动员组织,而在巴布亚没有推选出统一的族群组织,其结果是亚齐独立运动的武装斗争席卷了该省的大部分地区,而巴布亚因为各个组织间没有达成共识、相互竞争、内耗严重,几乎失去了有组织的武装动员能力,只能采用分散的低强度暴力和国际化的动员方式。

族群动员目标对政府执政目标的冲击、族群凝聚力与动员方式关系结论的现实意义是:如果族群动员目标不冲击政府执政目标,则政治空间较大,那么培育族群的凝聚力和组织能力有利于族群的需求以正式、和平的方式传达和融进制度中。这一逻辑的推论是在制定族群政策时支持法团主义的主张,即创立族群代表组织并在制度中为这个组织设立固定的位置,其任务是协调市民社会中的族群组织并代表它们的利益。制度保障这个族群代表组织向国家传达族群意愿的权利和义务,使这个组织成为沟通国家与族群社会的中间桥梁。北苏门答腊省已经对这种模式进行了尝试。2005年省长登古·里扎尔·努尔丁(Tengku Rizal Nurdin)为了解决和预防族群冲突,在该省所有下属县级行政区创立了民俗机构间交流论坛(Forkala),

选举原住民族群组织代表作领导，成员包含本地区全部民间族群组织。该组织在地方政府和议会的日常工作中起到提供咨询的作用，对解决和预防族群间矛盾也起到积极作用。[①] 有关印尼族群政策的法团主义实践，在未来的研究中值得进一步深挖。

当族群动员目标冲击政府执政目标时，凝聚力高的族群可能采取制度外、暴力的方式向政府施压。虽然最终结果仍然取决于国家镇压能力和族群动员能力的对比，但毕竟国家不是在真空中行动，而是存在诸多限制，不能倾注全部的能力镇压族群动员。一旦国家开始镇压却没有坚持到底，反而会引发更多的族群问题。对于凝聚力低的族群，不论政治空间大还是小，其动员行动都容易形成僵局。当政治空间扩大时，应对他们给予组织化和制度化的引导。当政治空间缩小时，他们可能暂时销声匿迹或转向影响有限的制度外动员，但真正解决问题的方法还是需要与族群认可的代表组织进行有效商议从而将族群的意愿通过正式的制度安排实现。

第二节 对未来印尼族群关系的判断

未来印尼族群关系主要取决于动员的政治空间大小，而后者在很大程度上取决于印尼政府执政目标定义的变化。上文已经对历届政府定义的政府执政目标和政治空间的关系有充分的阐述，在结论部分做一个简单的总结：20世纪90年代初期，经济整体增速是居于第一位的政府执政目标，因此中央政府不惜牺牲少数族群的集体土地权益，支持林业部和企业兼并林地，发展种植园、木材、纸浆等产业。同样，政府不惜牺牲地方利益，掠夺地方的自然资源，导致族群进行制度外动员。哈比比时期，建设民主制度和恢复社会秩序是政府执政目标，因此降低了强制机构的镇压力度，拓展了所有类别的族群动员的整体政治空间，族群动员的规模更大，但没有变得更暴力。在瓦希德执政后期，国会重新将主权完整和民族统一纳入政府执政目标中，政府收紧对亚齐和巴布亚分离主义运动的政策，加重了

---

① 与戴里县民俗机构间交流论坛（FORKALA）主席拉惹·阿尔丁·乌琼（Haji Raja Ardin Unjung）访谈，2016年3月6日。与丹戎巴莱市民俗机构间交流论坛主席 Drs Haji Arifin 访谈，2016年3月16日。

印度尼西亚族群动员的政治逻辑（1998—2017）

两地的本地族群与强制机构及外来族群的冲突。在梅加瓦蒂时期，将团结统一在政府执政目标中的位置提升到首位，中央政府下令对亚齐独立运动组织进行军事镇压，亚齐的制度外暴力动员达到顶峰。苏西洛政府在2007年定义的政府执政目标将自立和进步作为最重要的方面，关注点转移到寻找一种健康、可持续的国家发展方略，因此暂停批准消耗大量财政资源的新自治区，族群地区自治的空间随之缩小，引起了一些族群的不满和社会的短暂不稳定。佐科政府将提升国家机构的权威和加强社会宽容上升到政府执政目标的高度。面对煽动族群间和宗教间仇恨的某些团体，佐科政府颁布了《2017年第2号社会组织管理法》，司法人权部依据新法解散了违反建国五基和宪法的"伊斯兰解放阵线（HTI）"。佐科政府的举措得到了非穆斯林族群的支持，稍稍平衡了因钟万学亵渎伊斯兰教案引起的非穆斯林少数族群的恐慌。

未来，印尼总统在设置"政府执政目标"议程中将扮演更重要的角色。在《国家总体方针》（*GBHN*）时期，政府执政目标反映了人协中各党派和地方理事会的集体意见，尤其在哈比比、瓦希德和梅加瓦蒂任总统时期，国会的权力甚至可以超过总统。而自苏西洛执政以来，印尼民主秩序进入巩固阶段，总统的权力有所提升。印尼颁布新的《国家长（中）期建设规划》制度以来，建设规划由国家建设规划局（部级单位）起草，由总统签字批准，无须经过国会审议和批准，则主要反映总统对国家发展前景的看法。总统受到选民监督的压力，不得不将竞选时期的承诺纳入建设规划中。那么如果身份政治继续对印尼民主选举产生重大影响的话，将在国家建设规划中有所体现，相应的会影响族群政策。

尽管影响族群关系的因素有诸多不确定性，但印尼社会的伊斯兰政治化趋势和寻求"自立"的政府执政目标最有可能对未来的族群关系提出挑战。一方面，在苏西洛执政的十年中，印尼社会的伊斯兰化已经突破社会领域的界限进入政治领域，表现出对其他宗教信仰者和伊斯兰少数教派越来越低的容忍程度。近十年来，发生了一系列具有标志性的伊斯兰政治动员事件，例如2008年通过基于伊斯兰道德标准的《反色情法》，2011年苏西洛政府纵容激进分子袭击阿玛迪雅（Ahmadiyah）少数教派，2014年总统选举中一些反对人士质疑候选人佐科的穆斯林身份，2017年雅加达省长候选人阿尼斯·拉希德·巴斯威丹等精英利用钟万学的"双重少数"（少数族群、少数宗教）身份进行政治动员，同年钟万学在亵渎伊斯兰案中败诉。某些精英和政客利用宗教进行政治动员，使信仰伊斯兰教的族群和非穆斯林族群之间的关系已经产生了裂隙，不仅如此，在现代派穆斯林（如西爪哇省和万丹省的巽他族、西苏门答腊省的米南加保族）与传统派穆斯林（东爪哇的爪哇族）之间也出现了宗教思想和政治思想上的矛盾。如果精英继续进行身份政治动员，借压缩少数族群尤其是非穆斯林少数族群的政治空间来增加自身的影响力，根据本研究的结论，产生暴力的制度外族群动员的风险会增加。

另一方面，《国家长期建设规划2005—2025》提出的首要目标是实现"经济自立"。"经济自立"是指提升国内产业的生产力以满足国内消费需求。苏西洛和佐科①政府都努力实现这个目标，尤其在粮食自给自足方面做出了努力：苏西洛制定了巴布亚的"马老奇综合食品和能源产业规划"（MIFEE），佐科政府限制国外大米进口，提升国内农业生产力。伊藤毅指出，在扩大国内农业生产的过程中，国家与私企联手从原住民手中征收大量土地，将农民与土地剥离，然而获得的大量土地只有很少一部分用于粮食生产，大部分土地分配给公司种植经济作物、牟取暴利。② 这种现象与苏哈托时期强征民俗地的现象十分相似，极有可能导致新的族群怨愤。类似在追求粮食自给的"经济自立"过程中，将依靠国家对经济要素（土地）进行重新分配，可能会触及外岛少数族群的利益。另外，"经济自立"有可能被煽动形成排外的民族主义情绪，引发国民对国外进口产品、技术和人员的抵制，对印尼本国有较多海外关系的族群与"原住民"族群之间的关系可能有消极影响。

第三节　未来研究方向

一　多元群体利益的制度保障

本书关注的问题是少数族群的利益以何种方式与制度整合或推动制度

---

① O'Rourke K., "Reformasi Weekly Review", *Reformasi Weekly Review*, 2015 - 08 - 21.
② Ito, T., Noer Fauzi Rachman, and Laksmi A Savitri, "Power to Make Land Dispossession Acceptable: a Policy Discourse Analysis of the Merauke Integrated Food and Energy Estate (MIFEE), Papua, Indonesia", *Journal of Peasant Studies*, Vol. 41, No. 1, 2014, pp. 29 - 50.

改变，从广义上来讲，这关系到多元社会如何处理与国家的关系，是一个社会群体如何输出需求、制度如何回应社会群体的需求并输出控制的问题。社会运动的"制度化"从20世纪80年代以来在西方社会得到了许多关注，研究从社会运动自身的变化与国家政治系统的开放性两方面解释社会运动"制度化"的趋势。[1] 在印尼这个后威权主义和新兴的民主国家中，除了少数族群动员，其他多元利益群体也正在面对如何推动自身的利益被制度接纳的问题，例如信仰万物有灵论、祖先崇拜等的少数宗教信仰者、艾赫迈迪教派（Ahmadiyya）等少数教派信仰者、在"九·三零"反共运动中被迫害的前政治犯、同性恋和变性者等。相对这些多元群体的诉求，国家和社会对少数族群诉求的争议较少，正因如此族群推动制度改革或利用制度实现利益的阻力相对较小，本文对族群与制度的分析展示了多元利益群体实现与制度适应的一个较成功的领域。未来的研究可以更多关注在社会舆论争议较大的领域，多元群体的诉求如何实现向制度的传导，如何与制度相互适应。

二 重新审视精英的影响力

本书讨论的族群动员略涉及了市民社会—精英—国家制度三者之间的关系问题。在讨论后苏哈托时期印尼政治改革时，大部分学者赞同精英在政治中的主导作用。强版本的寡头理论提出印尼的国家政治进程仍然被少数政治精英或寡头控制并为其服务。[2] 弱版本的精英俘获理论（elite capture）提出在地方政治研究中，地方精英为谋取个人私利领导政治动员。

---

[1] 丁晔：《从国家与社会运动的互动看社会运动的"制度化"》，《国外理论动态》2013年第9期。

[2] 参见 Robison, R. and Vedi Hadiz. *Reorganising Power in Indonesia: The Politics of Oligarchy in an Age of Markets*, Oxon: Routledge, 2004. Slater, D., "Indonesia's Accountability Trap: Party Cartels and Presidential Power After Democratic Transition", *Indonesia*, Vol. 78, 2004, pp. 61 – 92. Winters, J., "Oligarchy and Democracy in Indonesia", *Indonesia*, Vol. 96, No. 1, 2013, pp. 11 – 33. Hadiz, V., *Localising Power in Post – authoritarian Indonesia: A Southeast Asia Perspective*, Stanford University Press, 2010. Fukuoka, Y., "Oligarchy and Democracy in Post – Suharto Indonesia", *Political Studies Review*, Vol. 11, No. 1, 2013, pp. 52 – 64.

第九章 结 论

简言之，精英主导的资源动员理论是分析地方政治的主要视角。[①] 受到长期的威权主义和庇护制度残余的影响，印尼精英对这个新兴民主国家的重要影响无须怀疑，然而随着印尼制度和社会的革新，国家层级的精英在政治中的绝对主导作用是否依然成立？当精英利益与制度发生矛盾的时候，国家扮演什么样的角色，精英能否贯彻他们的意志？

本文中详述的五个案例恰好展示了与以上两种精英理论相反的情况：在国家政治层面，亚齐和巴布亚分离主义案例展示了族群与国家精英可以就地方实现何种政治制度讨价还价。在民主制度下，精英受到国内社会和同为民主国家的外交压力，贯彻精英集体利益的能力受到限制。在地方政治层面，帕帕克族新建县的案例说明并非全部新建自治区提案都仅仅是地方精英为了获得资源而发起和组织的，市民社会与地方精英的利益有时是一致的，二者可以形成协同的合力与国家谈判。民俗地和新建塔帕努里省案例贯通了国家制度和地方政治。多巴湖民俗地案例说明地方和国家的选举民粹主义促使精英与市民社会采取一致的态度，甚至签订政治合约换取选票。新建塔帕努里省案例则证明国家精英在地方的动员能力受到制度、历史和族群关系的局限。从上述政治行动的发起动机、议程设置、政治过程和结果来看，地方和国家精英在大多数情况下都被正式制度确定的政治过程所限制，被宗教、习俗差异和族群之间的历史积怨所限制，而不是相反。制度中的一些原则和设计迫使精英向市民社会的利益靠拢。

对精英在族群动员中作用的反思同时回应了来自族群竞争视角的挑战。族群竞争视角有三个主要论点：第一，对资源贪婪而不是族群怨愤导致族群动员；第二，族群身份有较强的流动性，依据引入的资源和群体间的竞争情况改变；第三，精英在族群身份构建和族群动员中起到相当大的作用。而本文对上述三个判断都提出了质疑。首先，族群动员的原因往往是复杂的，即使在一个动员活动中，不同的行动者在不同的历史时期针对动员原因会提出不同的解释，尤其对于亚齐、巴布亚等持续时间较长的族

[①] 参见 Erb, M., and Priyambudi Sulistiyanto, *Deepening Democracy in Indonesia? Direct Elections for Local Leaders（Pilkada）*, Institute of Southeast Asian Studies, 2009. Nordholt, H. and Gerry Van Klinken ed., *Renegotiating Boundaries: Local Politics in Post - Suharto Indonesia*, Leiden: KITLV Press, 2007. Aspinall, E. and Greg Fealy, *Local Power & Politics in Indonesia: Decentralisation & Democratisation*, ISEAS - Yusof Ishak Institute, 2003. Choi, N., *Local Politics in Indonesia: Pathways to Power*, Vol. 38, Routledge, 2011.

印度尼西亚族群动员的政治逻辑(1998—2017)

群动员，它们产生的原因本身就是复杂的，不能单单归纳为资源动机的搅动。其次，族群身份的流动性没有族群竞争视角所预期的那么强。尽管自荷兰殖民政府第一次人口普查起巴达克族就被视为一个族群，尽管苏哈托政府提出抑制族群、提倡统一的印尼民族的政策，但是在新建塔帕努里省和新建帕帕克县的案例中，我们仍然看到巴达克亚族群之间的关系泾渭分明，并没有融合成为一个族群，虽然联合起来更有利于他们与国家讨价还价、获得新省的资源。最后，如上段所述，精英的动员能力被制度和族群凝聚力限制。

诚然，对族群动员一个领域的分析并不足以挑战精英理论适用于当前印尼政治普遍情况的判断，但它引出了一个值得深入研究的问题，即市民社会作为精英政治的反面在民主化政治过程和制度演化中起到的作用，正如伯特兰德①所说，"政治的琐碎形式可能对限制国家的所及范围产生巨大的累积力量"。② 埃斯皮诺③同样认为，尽管精英俘获是考察印尼地方政治的一个重要入口，但他质疑寡头对国家政治的决定性作用，提出印尼国家民主制度深化的动力是市民社会分散在各领域的社会运动和选举民粹主义。在未来，继续研究族群、工人运动、女性运动等各领域的市民社会运动将是解开印尼社会—国家关系和制度变革的钥匙。

---

① Bertrand, J., *Nationalism and Ethnic Conflict in Indonesia*, Cambridge: Cambridge University Press, 2004, p. xiii.

② "Nibbling forms of politics could have tremendous cumulative power to limit the reach of the state",

③ Aspinall, E., "Popular Agency and Interests in Indonesia's Democratic Transition and Consolidation", *Indonesia*, Vol. 96, No. 1, 2013, pp. 101 – 121.

附录 A　多巴湖地区民俗地争议中相关方的行动（1987—2003）

时间	动员者	军队和警察	政府和议会	公司
1987年6—8月	Sianipar I、Sianipar I 和 Simanombak 三村代表抗议公司修路导致山体滑坡破坏稻田、致人死亡			
1989年	Silaen 区 16 名村民破坏公司的建筑工地	村民被拘捕		
20世纪90年代初	当地船运公司发起联合抵制运动（Gerakan Kapal），不运输公司的木材			
1990年	苏佳帕村的 10 名妇女因破坏公司种植的桉树被警察逮捕			
1993年11月5日	村民破坏工厂后勤设施，包括 125 间工人住房、摩托车等交通工具、小超市和电台，堵截工厂运输通道		地方领导协商会要求公司暂停运营	

· 217 ·

印度尼西亚族群动员的政治逻辑(1998—2017)

续表

时间	动员者	军队和警察	政府和议会	公司
1993年11月12日			产业部长 Ir Tunky Ariwibowo 同意公司恢复生产	公司向居民道歉，将通过 Yayasan Sinta Nauli 基金会进行补偿，并将邀请第三方机构听证
1993年11月15日			北塔帕努里县长和副省长召开新闻发布会，表示直到得到中央的正式指令，工厂才能恢复运营	
1993年11月21日				公司恢复运营
1994年4月—1995年10月			在环境部长 Sarwono Kusumaatmaja 的推荐下，美国 Labat-Anderson 被指定为环评听证方	
1998年6月9日	千名居民和大学生向省政府和议会示威，不得到回应誓不解散		省长 Raja Inal Siregar 迫于示威压力下令暂停工厂运营	
1998年6月15日—7月	7月中旬，多巴夏梦溪县居民发现工厂仍在运营，再次堵住工厂的运货通道			

· 218 ·

附录 A　多巴湖地区民俗地争议中相关方的行动（1987—2003）

续表

时间	动员者	军队和警察	政府和议会	公司
1998年6月21日			环境部长 Panangian Siregar 表示公司将停止运营并进行第三方环境影响评估，但是这一决定在 10 月 6 日被撤销	
1998年11月22日	动员者在工厂举行示威，烧毁 25 辆卡车、4 辆汽车和 7 辆摩托车，破坏了约 23 幢支持公司的居民的房屋	军队鸣枪示警并打伤名叫 Panuju Manurung 的示威者		
1998年11月23日	一万余名示威者与军队发生冲突	警察使用了催泪瓦斯，拘捕了 79 人		
1998年11月26日	Panuju Manurung 死亡，千余名大学生要求释放 79 名被拘捕者	与警察发生冲突，39 人受伤		
1998年12月21日	非政府组织（Forum Bona Pasogit 和 YPPDT）、省长与总统哈比比会谈			
1999年3月	3 名公司职员和 1 名职员亲属失踪，其中 3 人被证实死亡，据称是被当地居民绑架		哈比比总统的口头指示暂停公司运营。该命令没有执行	

续表

时间	动员者	军队和警察	政府和议会	公司
2000年1月24日—5月			环境部长Sonny Keraf下令公司暂停运营；3月，多巴夏梦溪县议会在民众的压力下决定公司暂停运营；5月，内阁会议提出公司满足整改条件后可以恢复运营	
2000年6月21日	泊西区居民示威 & 与警方发生冲突，一名学生死亡			
2000年7月			国会第八委员会批准一年时间重新听证	
2000年11月15日				公司大股东会议同意整改，2001年3月计划重新运营
2001年3月31日	千名居民示威，要求禁止工厂重新运营，也有来自棉兰和雅加达的参与者			
2002年5月2日			省长Tengku Rizal Nurdin表示公司可以重新运营	
2002年11月20日	千名妇女到泊西区长Dra Rosmida Br Situmorang办公室质询区长意见			

附录A 多巴湖地区民俗地争议中相关方的行动（1987—2003）

续表

时间	动员者	军队和警察	政府和议会	公司
2002年11月21日		警察以破坏区长办公室为名在泊西区拘捕18名示威者，导致13人受伤		
2003年1月27日	5000名居民阻拦公司运输道路			
2003年3月1日				公司悄悄开始运营

资料来源：笔者编制。

附录 B 印尼文专有名词翻译对照

表 B1　　　　　　　　　　印尼地名及中文翻译对照

省名称（印尼语）	县/一级市名称	二级市/区名称	中文翻译
Provinsi Aceh			亚齐省
	Pidie		比地亚县
	Singkil		辛吉尔县
Provinsi Bali			巴厘省
	Buleleng		峇厘陵县
Provinsi Gorontalo			哥伦打洛省
Provinsi Jambi			占碑省
Provinsi Lampung			楠榜省
	Tanggamus		汤加穆县
	Tulang Bawang		都郎巴望县
	Way Kanan		外加楠县
Provinsi NTT			东努沙登加拉省
Provinsi Papua			巴布亚省
	Intan Jaya		因潭查亚县
	Jayapura		查亚普拉市
	Jayawijaya		查亚维查亚县
	Wamena		瓦梅纳市
	Mimika		米米卡县
	Paniai		帕尼艾县
	Puncak		蓬查县
		Ilaga	伊拉加区
	Puncak Jaya		查亚峰县

附录B 印尼文专有名词翻译对照

续表

省名称（印尼语）	县/一级市名称	二级市/区名称	中文翻译
	Tolikara		托利卡拉县
Provinsi Papua Barat			西巴布亚省
	Manokwari		马诺夸里市
	Sorong		索龙市
Provinsi Sulawesi Selatan			南苏拉威西省
	Luwu Timur		东鲁勿县
Provinsi Sumatera Utara			北苏门答腊省
	Asahan		亚沙汗县
	Batu Bara		巴杜巴拉县
	Binjai		民礼市
		Sidikalang	诗地加兰市
	Deli Serdang		日里雪利冷县
	Gunungsitoli		古农西多利市
	Humbang Hasundutan		弘邦哈孙杜丹县
	Karo		嘉罗县
	Labuhan Batu		老武汉峇都县
	Labuhan Batu Selatan		南老武汉峇都县
	Labuhan Batu Utara		北老武汉峇都县
	Langkat		冷吉县
	Mandailing Natal		曼特宁纳达尔县
	Medan		棉兰市
	Nias		尼亚斯县
	Nias Barat		西尼亚斯县
	Nias Selatan		南尼亚斯县
	Nias Utara		北尼亚斯县
	Padang Lawas		旧巴东县
	Padang Lawas Utara		北旧巴东县
	Padang Sidempuan		巴东实淋泮市
	Pakpak Bharat		帕帕克县
		Kerajaan	科拉惹安区

续表

省名称（印尼语）	县/一级市名称	二级市/区名称	中文翻译
		Salak	沙叻市
		Sibande	希班德区
		Silima Pungga-pungga	斯利玛彭佳彭佳区
	Pematang Siantar		先达市
	Samosir		夏梦溪县
	Serdang Bedagai		昔涯县
	Sibolga		实武牙市
	Simalungun		西玛隆坤县
	Tanjung Balai		丹戎巴莱市
	Tapanuli Selatan		南塔帕努里县
	Tapanuli Tengah		中塔帕努里县
	Tapanuli Utara		北塔帕努里县
		Siborong-Borong	西博隆博隆区
	Tebing Tinggi		丁宜市
	Toba Samosir		多巴夏梦溪县
Provinsi Sumatera Selatan			南苏门答腊省
	Solok		索罗克县

表 B2　　　　　缩略语、全称及中文翻译对照

缩略语（印尼语）	全称（印尼语）	中文翻译
AGRA	Aliansi Gerakan Reforma Agraria	农业改革运动联盟
AMAN	Aliansi Masyarakat Adat Nusantara	印尼群岛原住民联盟
BAKUMSU	Lembaga Bantuan Hukum dan Advokasi Rakyat Sumatera Utara	北苏门答腊法律援助和人民促进组织
FKCPI	Forum Kesatuan Cendekiawan Pakpak Indonesia	印尼帕帕克学者联合论坛
GAM	Gerakan Aceh Merdeka	亚齐独立运动
GKPPD	Gereja Kristen Pakpak Dairi	戴里帕帕克基督教会
Himpak	Himpun Masyarakat Pakpak	帕帕克县群众协会
HKBP	Huria Kristen Batak Protestan	巴达克族新教会

附录B 印尼文专有名词翻译对照

续表

缩略语（印尼语）	全称（印尼语）	中文翻译
IKPD	Ikatan Keluarga Pakpak Dairi	戴里帕帕克家庭联合会
IKPPI	Ikatan Pemuda Pakpak Indonesia	印尼帕帕克青年联合会
IMPAK	Ikatan Mahasiswa Pakpak	帕帕克大学生联合会
JDP	Jaringan Damai Papua	巴布亚和平网络
KNPB	Komite Nasional Papua Barat	西巴布亚全国委员会
KNPI	Komite Nasional Pemuda Indonesia	印尼青年全国委员会
Komnas HAM	Komisi Nasional Hak Asasi Manusia	全国人权委员会
KPKD	Komite Pemekaran Kabupaten Dairi	戴里县新建县委员会
KSPPM	Kelompok Studi dan Pengembangan Prakarsa Masyarakat	社区发展与研究小组
LBH	Lembaga Bantuan Hukum	法律援助协会
LKP	Lembaga Kebudayaan Pakpak	帕帕克文化机构
NRFPB	Negara Republik Federal Papua Barat	西巴布亚联邦共和国组织
OPM	Organisasi Papua Merdeka	巴布亚独立组织
P3T	Panitia Pembentukan Provinsi Tapanuli	建立塔帕努里省委员会
Perpi	Perempuan Pakpak Indonesia	印尼帕帕克妇女联合会
Sadabato	Persatuan Pemuda Batak Toba	多巴—巴达克青年联合会
SPI	Serikat Petani Indonesia	印尼农民联合会
TAMPAK	Tatak Moccak Pakpak	帕帕克表演武术协会
TPKD	Tim Pemekaran Kabupaten Dairi	戴里县新建自治区小组
WALHI	Wahana Lingkungan Hidup Indonesia	印尼生存环境组织
WPNCL	West Papua National Coalition for Liberation	西巴布亚全国独立联盟
YLBHI	Yayasan Lembaga Bantuan Hukum Indonesia	印尼法律援助机构基金会

参考文献

一 中文资料

戴万平：《印尼族群政治研究：宗教，地域与种族》，博士学位论文，高雄：中山大学中山学术研究所，2003 年。

丁润霆：《巴布亚分离主义评析》，硕士学位论文，外交学院，2008 年。

冯仕政：《西方社会运动理论研究》，人民大学出版社 2013 年版。

高金明：《伊斯兰国家内部的穆斯林反叛——以印度尼西亚亚齐分离运动为例》，《世界民族》2007 年第 2 期。

高金明：《印尼亚齐民族分离运动的原因及特点探讨（1966—2003）》，《东南亚研究》2005 年第 2 期。

关凯：《社会竞争与族群建构：反思西方资源竞争理论》，《民族研究》2012 年第 5 期。

胡文秀、孟东伟：《发展中国家国内武装冲突终止的条件分析——以印尼亚齐问题的解决为例》，《东南亚研究》2010 年第 1 期。

李凌：《印度尼西亚的经济形势和民族团结和解》，《世界经济与政治》2000 年第 4 期。

李皖南、温北炎：《试析后苏哈托时代印尼对华政策的变化》，《东南亚研究》2009 年第 3 期。

梁敏和：《印尼亚齐问题发展趋势》，《当代亚太》2001 年第 7 期。

梁孙逸：《后苏哈托时代的印尼军人政治》，《东南亚研究》2010 年第 5 期。

刘青云：《印尼亚齐分离运动之研究》，《淡江大学东南亚研究所》2005 年第 9 期。

马燕冰：《印尼亚齐问题的由来及其发展前景》，《国际资料信息》2000 年第 4 期。

荣陈佳、谢方、陆峻岭：《古代南海地名汇释》，中华书局 1986 年版。

孙立新：《德国新教传教士论义和团运动爆发的原因》，《深圳大学学报》（人文社会科学版）2012年第1期。

汤平山：《从同化政策到多元文化政策——谈印尼政府华侨华人政策的变化》，《当代亚太》2001年第6期。

唐慧：《印度尼西亚历届政府华侨华人政策的形成与演变》，世界知识出版社2006年版。

王金涛、陈琪：《软动员：国家治理现代化视阈下的社会动员转型》，《新视野》2017年第1期。

王凯、唐世平：《安全困境与族群冲突——基于"机制 + 因素"的分析框架》，《国际政治科学》2013年第35期。

武文侠：《印度尼西亚的民族分离主义运动》，《世界民族》2005年第2期。

许利平：《东南亚伊斯兰极端主义势力及其影响》，《当代亚太》2004年第5期。

许利平：《印尼的地方自治：实践与挑战》，《东南亚研究》2010年第5期。

薛松：《改革时期印度尼西亚媒体发展与民主化》，《东南亚研究》2015年第6期。

杨阳：《二战后印尼政府的华人政策与华人参政》，《东南学术》2003年第2期。

张洁：《民族分离与国家认同——关于印尼亚齐民族问题的个案研究》，社会科学文献出版社2012年版。

周俊华：《国家整合视角下印尼亚齐民族分离问题研究》，《云南民族大学学报》2016年第5期。

庄礼伟：《印度尼西亚社会转型与族群冲突——亚齐民族分离运动个案研究》，《世界民族》2005年第1期。

［意］多娜泰拉·德拉波尔塔：《社会运动、政治暴力和国家：对意大利和德国的比较分析》，王涛、江远山译，上海人民出版社2012年版。

二 英文资料

Acciaioli, G., "Culture as Art: from Practice to Spectacle in Indonesia". *Canberra Anthropology* 8. 1 – 2 ［1985］, pp. 148 – 172.

Amnesty International, Indonesia: Human Rights Sacrificed to Security in NAD (Aceh). *Amnesty International Report*, Nov. 2004. url: https://reliefweb.

int/report/indonesia/indonesia – human – rights – sacrificed – security – nad – aceh.

Ananta, A., Dwi Retno Wilujeng Wahyu Utami, and Nur Budi Handayani. "Statistics on Ethnic Diversity in the Land of Papua, Indonesia". *Asia & the Pacific Policy Studies* 3.3 (2016), pp. 458 – 474.

Anderson, B., *Imagined Communities: Reflections on the Origin and Spread of Nationalism*. London and NY: Verso, 1991.

Anderson, B., *Language and Power: Exploring Political Cultures in Indonesia*. Ithaca: Cornell University Press, 1990.

Aragon, L., "Communal Violence in Poso, Central Sulawesi: Where People Eat Fish and Fish Eat People". *Indonesia* 72 (2001), pp. 45 – 79.

Aritonang, J. and Karel Adriaan Steenbrink, *A History of Christianity in Indonesia*. Netherlands: Brill, 2008.

Aspinall, E. and Greg Fealy, *Local Power & Politics in Indonesia: Decentralisation & Democratisation*. ISEAS – Yusof Ishak Institute, 2003.

Aspinall, E., *Islam and Nation: Separatist Rebellion in Aceh, Indonesia*. Stanford: Stanford University Press, 2009.

Aspinall, E., "Popular Agency and Interests in Indonesia's Democratic Transition and Consolidation". *Indonesia* 96.1 (2013), pp. 101 – 121.

Aspinall, E., Sebastian Dettman, and Eve Warburton. "When Religion Trumps Ethnicity: a Regional Election Case Study from Indonesia". *South East Asia Research* 19.1 (2011), pp. 27 – 58.

Aspinall, E., "The 1999 General Election in Aceh". *Pemilu: The 1999 Indonesian Election*. Ed. by Susan Blackburn. Victor: Monash Asia Institute, 1999, pp. 29 – 42.

Bamba, J., "The Role of Adat in the Dayak and Madurese War". Paper to INFID conference, Bonn, Germany (1998).

Barany, Z., "Ethnic Mobilization Without Prerequisites: The East European Gypsies". *World Politics* 54.3 (2002), pp. 277 – 307.

Barber, R., *Aceh, the Untold Story: An Introduction to the Human Rights Crisis in Aceh*. Bangkok: SCHRA (2000).

Barker, J., "State of Fear: Controlling the Criminal Contagion in Suharto's New

Order". *Indonesia* 66 (1998), pp. 7 – 43.

Barron, P. and Samuel Clark, *Decentralizing Inequality? Center – periphery Relations, Local Governance, and Conflict in Aceh*. Conflict Prevention & Reconstruction, Social Development Department, The World Bank, 2006.

Bertrand, J., *Nationalism and Ethnic Conflict in Indonesia*. Cambridge: Cambridge University Press, 2004.

Blair, H., "Assessing Civil Society Impact for Democracy Programmes: Using an Advocacy Scale in Indonesia and the Philippines". *Democratization* 11.1 (2004), pp. 245 – 259.

Blumer, H., "Collective Behavior". *Principles of Sociology*. Ed. by Lee A. New York: Barnes & Noble, 1969.

Castles, L., "The Political Life of a Sumatran Residency: Tapanuli 1915 – 1940". PhD thesis. USA: Department of History, Yale University, 1972.

Cederman, L., "Nationalism and Bounded Integration: What it Would Take to Construct a European Demos". *European Journal of International Relations* 7.2 (2001), pp. 139 – 174.

Chandra, K., "What is an Ethnic Party?" *Party Politics* 17.2 (2011), pp. 151 – 169.

Chauvel, R., "Between Guns and Dialogue: Papua after the Exile's Return" *APSNet Policy Forum*, April 23, 2009. url: https://nautilus.org/apsnet/between-guns-and-dialogue-papua-after-the-exiles-return/.

Chauvel, R., "Constructing Papuan Nationalism: History, Ethnicity, and Adaption". East West Center Policy Studies 14 (2005).

Chauvel, R., "Violence and Governance in West Papua". *Violent Conflicts in Indonesia: Analysis, Representation, Resolution*. Ed. by Coppel A. Routledge, 2006.

Choi, N., *Local Politics in Indonesia: Pathways to Power*. Vol. 38, Routledge, 2011.

Cleary, S., *The Role of NGOs under Authoritarian Political Systems*. Springer, 1997.

Cohen, A., *Custom and Politics in Urban Africa: a Study of Hausa Migrants in Yoruba Towns*. Oxon: Routledge, 2004.

Collier, R. and David Collier, "Critical Junctures and Historical Legacies". *Shaping the Political Arena: Critical Junctures, the Labor Movement, and Regime Dynamics in Latin America.* Ed. by Collier R. and David Collier. NJ: Princeton UP, 1991.

Cornell, S., "Autonomy as a Source of Conflict: Caucasian Conflicts in Theoretical Perspective". *World Politics* 54. 2 (2002), pp. 245 – 276.

Damanik, E., "Contestation of Ethnic Identity in Forming Ethno – territorial Pakpak Bharat Regency, North Sumatra". *Internatinal Journal of Sociology and Anthropology* 2. 2 (2016), pp. 1 – 15.

Davidson, H., Jeremy Corbyn on West Papua: UK Labour Leader Calls for Independence Vote (2016 – 05 – 06). url: https://www.theguardian.com/world/2016/may/06/jeremy – corbyn – on – west – papua – uk – labour – leader – calls – for – independence – vote.

Davidson, J., *From Rebellion to Riots: Collective Violence on Indonesian Borneo.* Madison, Wisconsin: Univ of Wisconsin Press, 2008.

Della Porta, D. and Dieter Rucht, "Left – libertarian Movements in Context: a Comparison of Italy and West Germany". Ed. by J. Craig Jenkins and Bert Klandermans, *The Politics of Social Protest: Comparative Perspectives on States and Social Movements* (1995), Minneapolis: Univ Of Minnesota Press.

Della Porta, D. and Herbert Reiter, *Policing Protest: The Control of Mass Demonstrations in Western Democracies.* Vol. 6. University of Minnesota Press, 1998.

Della Porta, D. and Mario Diani, *Social Movements: An Introduction.* NJ: John Wiley & Sons, 2009.

Della Porta, D., Hanspeter Kriesi and Dieter Rucht. *Social Movements in a Globalizing World.* London: Palgrave Macmillan, 1999.

Della Porta, D., "Political Opportunity/Political Opportunity Structure". *The Wiley – Blackwell Encyclopedia of Social and Political Movements* (2013), URL: https://onlinelibrary.wiley.com/doi/full/10.1002/9780470674871.wbespm159.

Devas, N., "Indonesia: What Do We Mean by Decentralization?" *Public Administration and Development* 17. 3 (1997), pp. 351 – 367.

Dieleman, M. and Sachs W. M., "Coevolution of Institutions and Corporations in

Emerging Economies: How the Salim Group Morphed into an Institution of Suharto's Crony Regime". *Journal of Management Studies* 45.7 (2008), pp. 1274 –1300.

Di Tiro, T., *The Price of Freedom: The Unfinished Diary of Tengku Hasan di Tiro*. National Liberation Front of Acheh Sumatra, 1984.

Dove, M., " 'New Barbarism' or Old Agency among the Dayak?", *Identifying with Freedom: Indonesia after Suharto*. Ed. by Day T. New York: Berghahn, 2007.

Duncan, C., *Violence and Vengeance: Religious Conflict and its Aftermath in Eastern Indonesia*. Singapore: NUS Press, 2014.

Elmslie, J., *Irian Jaya Under the Gun: Indonesian Economic Development Versus West Papuan Nationalism*. Honolulu: University of Hawaii Press, 2002.

Erb, M., and Priyambudi Sulistiyanto. *Deepening Democracy in Indonesia? Direct Elections for Local Leaders (Pilkada)*. Institute of Southeast Asian Studies, 2009.

Fearon, J. and David D. Laitin, "Ethnicity, Insurgency, and Civil War". *American Political Science Review* 97.1 (2003), pp.75 –90.

Fearon, J., "Ethnic and Cultural Diversity by Country". *Journal of Economic Growth* 8.2 (2003), pp. 195 –222.

Fernandes, C., *Hot Spot: Asia and Oceania*. ABC – CLIO, 2008.

Firman, T., "Territorial Splits (pemekaran daerah) in Decentralising Indonesia, 2000 –2012: Local Development Drivers or Hindrance?" *Space and Polity* 17.2 (2013), pp. 180 –196.

Fitrani, F., Bert Hofman, and Kai Kaiser. "Unity in Diversity? The Creation of New Local Governments in a Decentralising Indonesia". *Bulletin of Indonesian Economic Studies* 41.1 (2005), pp. 57 –59.

Fukuoka, Y., "Oligarchy and Democracy in Post – Suharto Indonesia". *Political Studies Review* 11.1 (2013), pp. 52 –64.

Gayatri, I., "Nationalism, Democratisation and Primordial Sentiment in Indonesia: Problems of Ethnicity versus Indonesian – ness (the cases of Aceh, Riau, Papua and Bali)". *Journal of Indonesian Social Sciences and Humanities* 3 (2011), pp. 189 –203.

Geertz, C., "The Integrative Revolution: Primordial Sentiments and Civil Politics in the New States". *Old Societies and New States: The Quest for Modernity in Asia and Africa*. Ed. by Geertz C. London: Free Press of Glencoe, 1963, pp. 105 – 119.

Gellner, E., *Thought and Change*. Chicago: U of Chicago, 1964.

Gunaratna, R., GAM's External Support Network. *Jane's Intelligence*, Jan. 2001.

Hadiz, V., "Decentralization and Democracy in Indonesia: A Critique of Neo – Institutionalist Perspectives". *Development and Change* 35. 4 (2004), pp. 697 – 718.

Hadiz, V., *Localising Power in Post – authoritarian Indonesia: A Southeast Asia Perspective*. Stanford University Press, 2010.

Hale, H., "Explaining Ethnicity". *Comparative Political Studies* 37. 4 (2004), pp. 458 – 485.

Hall, P., *Governing the Economy: The Politics of State Intervention in Britain and France*. Oxford: Oxford University Press.

Hannan, M., "The Dynamics of Ethnic Boundaries in Modern States". *National Development and the World System: Educational, Economic, and Political Change, 1950 – 1970*. Ed. by Meyer J. and Michael T. Hannan. Chicago: U of Chicago, 1979.

Harwell, E., *The Un – natural History of Culture: Ethnicity, Tradition and Territorial Conflicts in West Kalimantan, Indonesia, 1800 – 1997*. Dissertation, Yale University, 2000.

Hechter, M., *Internal Colonialism: The Celtic Fringe in British National Development*. California: Univ of California Press, 1975.

Hechter, M., "The Political Economy of Ethnic Change". *American Journal of Sociology* 79. 5 (1974), pp. 1151 – 1178.

Hefner, R., *Civil Islam and Democratization in Indonesia*. NJ: Princeton University Press, 2000.

Hillman, B., "Ethnic Politics and Local Political Parties in Indonesia". *Asian Ethnicity* 13. 4 (2012), pp. 419 – 440.

Holtzappel, C., "The Regional Governance Reform in Indonesia, 1999 – 2004". *Decentralization and Regional Autonomy in Indonesia: Implementation and Chal-*

lenges. Ed. by Holtzappel C. and Martin Ramstedt. Singapore: Institute of Southeast Asian Studies, 2009, pp. 1 – 58.

Horowitz, D., *Ethnic Groups in Conflict*. Berkeley, California: Univ of California Press, 1985.

Human Rights Watch, *Accountability for Human Rights Violations in Aceh*. Vol. 14, No. 1 (C). Human Rights Watch, Mar. 2002. url: https://www.hrw.org/reports/2002/aceh/index.htm#TopOfPage.

Institute of Dayakologi Research and Development, "The Role of Adat in the Dayak and Madurese War", paper presented at the 11th Conference of INFID (International NGO Forum on Indonesian Development) in Bonn, May 1998.

International Crisis Group, "Aceh: Why Military Force Won't Bring Lasting Peace". *ICG Report*, 12 Jun 2001.

International Crisis Group, "Indonesia: Violence and Radical Muslims". *ICG Report*, 10 Oct 2001.

International Crisis Group, "Papua: The Dangers of Shutting Down Dialogue". *ICG Report*, 23 Mar 2006.

IPAC, *The Current Status of the Papuan Independence Movement*, IPAC Report No. 21, 2015, Institute for Policy Analysis of Conflict.

Ito, T., Noer Fauzi Rachman, and Laksmi A Savitri, "Power to Make Land Dispossession Acceptable: a Policy Discourse Analysis of the Merauke Integrated Food and Energy Estate (MIFEE), Papua, Indonesia". *Journal of Peasant Studies* 41.1 (2014), pp. 29 – 50.

Jakarta Globe, Jokowi Strengthens Ties With Papua New Guinea (2015 – 05 – 12). url: http://jakartaglobe.id/news/jokowi-strengthens-ties-papua-new-guinea/.

Kahin, A., *Rebellion to Integration: West Sumatra and the Indonesian Polity*, 1926 – 1998. Amsterdam: Amsterdam University Press, 1999.

Kell, T., *The Roots of Acehnese Rebellion*, 1989 – 1992. Singapore: Equinox Publishing, 2010.

Kimura, E., *Political Change and Territoriality in Indonesia: Provincial Proliferation*. Oxon: Routledge, 2013.

Kimura, E., "Proliferating Provinces: Territorial Politics in Post – Suharto Indonesia". *South East Asia Research* 18.3 (2010), pp.415 – 449.

King, G., Robert O. Keohane and Sidney Verba, eds, *Designing Social Inquiry: Scientific Inference in Qualitative Research*, Princeton: Princeton University Press, 1994.

Kingsbury, B., " 'Indigenous Peoples as an International Legal Concept". *Indigenous Peoples of Asia*. Ed. by Barnes R, Andrew Gray, and Benedict Kingsbury. Vol.48. Ann Arbor, MI: Assn for Asian Studies Inc, 1995.

Kingsbury, D., *Peace in Aceh: A Personal Account of the Helsinki Peace Process*. Jakarta: Equinox Publishing, 2006.

Kingsbury, D., "The Free Aceh Movement: Islam and Democratisation". *Journal of Contemporary Asia* 37.2 [2007], pp.166 – 189.

Kriesi, H. et al., "New Social Movements and Political Opportunities in Western Europe". *European Journal of Political Research* 22.2 (1992), pp.219 – 244.

Lynch, O., Kirk Talbott, et al. *Balancing Acts: Community – based Forest Management and National Law in Asia and the Pacific*. World Resources Institute, 1995.

MacLeod, J., *Merdeka and the Morning Star: Civil Resistance in West Papua*. Brisbane: Univ. of Queensland Press, 2015.

Magenda, B., "The Surviving Aristocracy in Indonesia: Politics in Three Provinces of the Outer Islands ". PhD dissertation. Ithaca: Cornell University, 1989.

McAdam, D. and David A. Snow, *Social Movements: Readings on Their Emergence, Mobilization, and Dynamics*. Los Angeles: Roxbury Pub Co, 1997.

McAdam, D., "Conceptual Origins, Current Problems, Future Directions". Ed. by McAdam D, John D. McCarthy and Mayer N. Zald, *Comparative Perspectives on Social Movements: Political Opportunities, Mobilizing Structures, and Cultural Framings*, Cambridge: Cambridge University Press (1996), pp.23 – 40.

McAdam, D., *Political Process and the Development of Black Insurgency, 1930 – 1970*. Chicago: University of Chicago Press, 1982.

McRae, D., "A Discourse on Separatists". *Indonesia* 74 (2002), pp.37 – 58.

Meyer, D. and Debra C. Minkoff, "Operationalizing Political Opportunity". Annual Meeting of the American Sociological Association, Toronto, Ontario, August. 1997.

Meyer, D. , *A Winter of Discontent: The Nuclear Freeze and American Politics.* New York: Praeger Publishers, 1990.

Meyer, D. , "Social Movements and Public Policy: Eggs, Chicken, and Theory". working paper, Center for the Study of Democracy (2003).

Meyer, D. , "Tending the Vineyard: Cultivating Political Process Research". *Sociological Forum* 14.1 (1999), pp.79-92.

Mietzner, M. , "Indonesia's Decentralization: The Rise of Local Identities and the Survival of the Nation-state". *Regional Dynamics in a Decentralized Indonesia.* Ed. by Hill H, Singapore: Institute of Southeast Asian Studies (ISEAS), 2014, pp.45-67.

Mietzner, M. , "Local Elections and Autonomy in Papua and Aceh: Mitigating or Fueling Secessionism?" *Indonesia* 84 (2007), pp.1-39.

Nagel, J. and Susan Olzak. "Ethnic Mobilization in New and Old States: An Extension of the Competition Model". *Social Problems* 30.2 (1982), pp.127-143.

Nielsen, F. , "Toward a Theory of Ethnic Solidarity in Modern Societies". *American Sociological Review* (1985), pp.133-149.

Nordholt, H. and Gerry Van Klinken, ed. *Renegotiating Boundaries: Local Politics in Post-Suharto Indonesia.* Leiden: KITLV Press, 2007.

North, D. , "Formal Constraints". *Institutions, Institutional Change and Economic Performance.* Cambridge University Press, 1990, pp.46-53. doi: 10.1017/CBO978051180 8678.008.

North, D. , *Institutions, Institutional Change and Economic Performance.* Cambridge: Cambridge University Press, 1990.

Olzak, S. , "Contemporary Ethnic Mobilization". *Annual Review of Sociology* 9.1 (1983), pp.355-374.

O'Rourke, K. , "Reformasi Weekly Review". *Reformasi Weekly Review* 2015-08-21.

Oxfam, *Women Leading Change - Case Studies of Five Asian Organisations.* Oxfam, 2011

Peluso, N. and Emily Harwell, "Territory, Custom, and the Cultural Politics of Ethnic War in West Kalimantan, Indonesia". *Violent Environments*. Ed. by Peluso N. and Michael Watts. Ithaca: Cornell UP, 2001.

Ragin, C., "Ethnic Political Mobilization: the Welsh Case". *American Sociological Review* 44.4 (1979), pp.619 – 635.

Robison, R. and Vedi Hadiz, *Reorganising Power in Indonesia: The Politics of Oligarchy in an Age of Markets*. Oxon: Routledge, 2004.

Roeder, R., "Soviet Federalism and Ethnic Mobilization". *World Politics* 43.2 (1991), pp.196 – 232.

Ryter, L., "Pemuda Pancasila: The Last Loyalist Freemen of Suharto's Order?" *Indonesia* 66 (1998), pp.45 – 73.

Saltford, J., "United Nations Involvement with the Act of Self – Determination in West Irian (Indonesian West New Guinea) 1968 to 1969". *Indonesia* 69 (2000), pp.71 – 92.

Sambanis, N., "Do Ethnic and Non – ethnic Civil Wars Have the Same Causes? A Theoretical and Empirical Inquiry (part 1)". *Journal of Conflict Resolution* 45.3 (2001), pp.259 – 282.

Scheinman, L., "The Interfaces of Regionalism in Western Europe: Brussels and the Peripheries". *Ethnic Conflict in the Western World*. Ed. by Esman M. Ithaca, NY: Cornell University Press, 1977, pp.65 – 80.

Schulze, K., "The Free Aceh Movement (GAM): Anatomy of a Separatist Organization". *East West Center Policy Studies* 02 (2004).

Scott, J., "State Simplification". *Contemporary Political Philosophy: an Anthology*. Ed. by Goodin R. and Philip Pettit. Oxford, UK: Blackwell, 1997, pp. 26 – 54.

Sebastian, L. and Emirza Adi Syailendra, Can Jokowi Bring Peace to West Papua? (2015 – 06 – 12), url: https://the diplomat.com/2015/06/jokowis – challenges – in – negotiating – peace – in – papua/.

Sherman, D., *Rice, Rupees, and Ritual: Economy and Society Among the Samosir Batak of Sumatra*. CA: Stanford University Press, 1990.

Singh, B., *Papua: Geopolitics and the Quest for Nationhood*. London and New

York: Transaction Publishers.

Singh, M. and Narendar Pani, "Territories beyond Geography: an Alternative Approach to the Demands for New States in India". *Commonwealth & Comparative Politics* 50.1 (2012), pp. 121 – 140.

Slater, D., "Indonesia's Accountability Trap: Party Cartels and Presidential Power After Democratic Transition". *Indonesia* 78 (2004), pp. 61 – 92.

Smail, J., "The Military Politics of North Sumatra December 1956 – October 1957". *Indonesia* (1968), pp. 128 – 187.

Smith, A., *The Ethnic Revival*. CUP Archive, 1981.

Smith, C., *Resisting Reagan: The US Central America Peace Movement*. Chicago: University of Chicago Press, 1996.

Snyder, J., *From Voting to Violence: Democratization and Nationalist Conflict*. NY: W. W. Norton Company, 2000.

Ssentongo, J., Uganda: District Splitting May Breed More Tribal Conflict Than It Solves (2016 – 10 – 19). url: http://allafrica.com/stories/201610190167.html.

Suryadinata, L., Evi Nurvidya Arifin, and Aris Ananta, *Indonesia's Population: Ethnicity and Religion in a Changing Political Landscape*. Singapore: Institute of Southeast Asian Studies, 2003.

Suryadinata, L., *Pribumi Indonesians, the Chinese Minority and China*, Singapore: Heinemann Asia, 1992.

Syailendra, E., "Inside Papua: The Police Force as Counterinsurgents in Post – Reformasi Indonesia". *Indonesia* 102.1 (2016), pp. 57 – 83.

Syailendra, E., "Papua Region Under Jokowi: New President, New Strategies". *RSIS Commentaries* 110 (2015).

Szayne, T., *Identifying Potential Ethnic Conflict: Application of a Process Model*. Santa Monica, CA: Rand Corp, 2000.

Talbot, N., Indonesia: Jakarta's Change of Strategy Towards West Papuan Separatists (2015 – 12 – 07). url: https://the diplomat.com/2015/12/indonesia – jakartas – change – of – strategy – towards – west – papuan – separatists/.

Tapol, A Reign of Terror in Aceh. No. 157. *TAPOL: The Indonesia Human Rights Campaigns*, Apr. 2000. url: http://vuir.vu.edu.au/25978/1/TAPOL 157_ compressed. pdf.

Tarrow, S., *Democracy and Disorder: Social Conflict, Political Protest and Democracy in Italy, 1965 – 1975*. New York: Oxford University Press, 1989.

Teune, H. and Adam Przeworski, *The Logic of Comparative Social Inquiry*. New York: Wiley – Interscience, 1970.

Thaib, L., Acheh's Case: *A Historical Study of the National Movement for the Independence of Acheh – Sumatra*. University of Malaya Press, 2002, pp. 37 – 44.

Tirtosudarmo, R., *From Colonization to Nation – state: The Political Demography of Indonesia*. Jakarta: LIPI Press, 2013.

Tyson, A., *Decentralization and Adat Revivalismin Indonesia: The Politics of Becoming Indigenous*. Abingdon: Routledge, 2010.

Vanhanen, T., "Domestic Ethnic Conflict and Ethnic Nepotism: A Comparative Analysis". *Journal of Peace Research* 36.1 (1999), pp. 55 – 73.

VanKlinken, G., *Communal Violence and Democratization in Indonesia: Small Town Wars*. London: Routledge, 2007.

VanKlinken, G., "Ethnicity in Indonesia". *Ethnicity in Asia*, Ed. by Mackerras C, Routledge Curzon, 2003.

VanKlinken, G., "Indonesia's New Ethnic Elites". *Indonesia: In Search of Transition*. Ed. by Nordholt H. and Irwan Abdullah. Yogyakarta: Pustaka Pelajar, 2002, pp. 67 – 105.

VanKlinken, G., "The Maluku Wars: Bringing Society Back In". *Indonesia* 71 (2001), pp. 1 – 26.

Varshney, A., Rizal Panggabean and Mohammad Zulfan Tadjoeddin, *Patterns of Collective Violence in Indonesia (1990 – 2003)*, UNSFIR Working Paper – 04/03, 2003.

Weber, M., *Economy and Society: An Outline of Interpretive Sociology*. Vol. 1. Univ of California Press.

Widjojo, M. et al., *Papua Road map: Negotiating the Past, Improving the Present, and Securing the Future*. Jakarta: Yayasan Pustaka Obor Indonesia, 2010.

Wilson, J., *Introduction to Social Movements*. New York: Basic Books, 1973.

Winters, J., "Oligarchy and Democracy in Indonesia". *Indonesia* 96. 1 (2013), pp. 11 – 33.

World Bank, *Decentralizing Indonesia: A Regional Public Expenditure Review Overview Report*. East Asia Poverty Reduction and Economic Management Unit, World Bank, June 2003. url: https://openknowledge.worldbank.org/handle/10986/14632.

Wright, S., Files Show Birth of Papua Independence Struggle. 2017 – 12 – 11, url: https://apnews.com/efceacca3aaa481db3b8df77353c6620.

三 印尼文资料

Agustino L. and Mohammad Agus Yusoff. "Proliferasi dan Etno – Nasionalisme daripada Pemberdayaan dalam Pemekaran Daerah di Indonesia". *Bisnis & Birokrasi, Jurnal Ilmu Administrasi dan Organisasi* 15.3 (2008).

Aritonang D, Pemekaran Daerah Cuma Proyek Bagi – bagi Kursi (2013 – 11 – 25). url: http://nasional.kompas.com/read/2013/11/25/1128142/Pemekaran.Daerah.Cuma.Proyek.Bagi – bagi.Kursi.

Aritonang P. and Amal Rambe. Pembentukan Provinsi Tapanuli Ditolak Warga (2007 – 01 – 24). url: http://news.liputan6.com/read/136314/pembentukan – provinsi – tapanuli – ditolak – warga.

Bancin J, "Resistensi Masyarakat Terhadap Pembentukan Propinsi Tapanuli Di Kabupaten Pakpak Bharat (Kajian Sosoilogi Politik Terhadap Perlawanan Masyarakat Dalam Pembentukan Propinsi Tapanuli)". MA thesis. Medan: Universitas Sumatera Utara, Nov. 2011.

Batak Pos. "Berpotensi Memecah Harmoni". Batak Pos (2006 – 11 – 11), 2.

BBC Indonesia. DPR Setujui Pembahasan 65 Daerah Otonomi Baru (2013 – 10 – 13). url: http://www.bbc.com/indonesia/berita_indonesia/2013/10/131024_dpr_sahkan_65daerah_otonomi_baru.

BBC Indonesia. Kekerasan di Papua, "Pukulan" bagi Presiden Jokowi (2015 – 05 – 27). url: http://www.bbc.com/indonesia/berita_indonesia/2015/05/150527.

BBC Indonesia, Mengapa Istilah "Pribumi" Dalam Pidato Anies Baswedan Memicu Kontroversi? (2017 – 10 – 17) url: http://www.bbc.com/indonesia/trensosial-41648172.

BBC. Upaya Komunitas Adat Muara Tae Pertahankan Hutan（2015-12-15）. url：http：//www.bbc.com/indonesia/berita_ indonesia/2015/12/151210_ indonesia_ komunitasadat.

Bere S, Namanya Dicatut dalam Kasus Tanah Ratusan Hektar, Tokoh Adat Lapor Polisi（2016-03-04）. url：http：//regional.kompas.com/read/2016/03/04/00591301/Namanya.Dicatut.dalam.Kasus.Tanah.Ratusan.Hektar.Tokoh.Adat.Lapor.Polisi.

BPS. *Kabupaten Pakpak Bharat Dalam Angka* 2016. Pakpak Bharat：BPS, 2016.

Cahyono E, Ana Mariana, and Siti Maimunah. *Inkuiri Nasional Komnas HAM：Hak Masyarakat Hukum Adat Atas Wilayahnya Di Kawasan Hutan*. Komnas HAM, 2016.

Damanik E, "Memahami Akselerasi Pembangunan dengan Isu Pemakaran Daerah". Sinar Indonesia Baru（2002-11-18）.

Detik News. Usulan Provinsi Tapanuli Segera Masuk DPRD Sumut（2006-09-16）. url：https：//news.detik.com/berita/d-676536/usulan-provinsi-tapanuli-segera-masuk-dprd-sumut.

Dirintelkam. *Hakekat Ancaman KKB dan KKP di Papua Tahun* 2015. Polda Papua, 2015.

DiTiro T, *Masa Depan Politik Dunia Melayu*. Kementerian Penerangan Negara Atjeh Sumatra, 1984.

Firdaus H, AMAN：Pidato Jokowi Tegaskan Komitmen Lindungi Masyarat Adat（2015-08-14）. url：http：//www.cnnindonesia.com/nasional/20150814172451-20-72265/aman-pidato-jokowi-tegaskan-komitmen-lindungi-masyarat-adat/.

Janur K, 100 Anggota Kelompok West Papua Ditangkap di Timika（2015-01-08）. url：http：//news.liputan6.com/read/2157782/100-anggota-kelompok-west-papua-ditangkap-di-timika.

JPNN. Ibukota Calon Provinsi Tapanuli Jadi Rebutan（2014-08-01）. url：https：//www.jpnn.com/news/ibukota-calon-provinsi-tapanuli-jadi-rebutan.

Kemendagri. Pembentukan Daerah-daerah Otonom di Indonesia Sampai dengan

Tahun 2014. url: http: //otda. kemendagri. go. id/.

Kompas. AMAN Desak Pemerintah Akui Tanah Adat (2015 – 03 – 16). url: http: //sains. kompas. com/read/2015/03/16/21401721/AMAN. Desak. Pemerintah. Akui. Tanah. Adat.

Kompas. Hutan, "Ibu" Yang Memberikan Kehidupan... (2015 – 05 – 06), url: http: //regional. kompas. com/read /2015/05/06/20000001/Hutan. Ibu. yang. Memberikan. Kehidupan.

Kompas. Komnas HAM Temukan Konflik (2011 – 12 – 14). url: http: //regional. kompas. com/read/2011/12/14/21282150/Komnas. HAM. Temuka. Konflik.

Kompas. Konflik Adat Lemukih Hanguskan 30 Rumah (2010 – 10 – 22). url: http: //regional. kompas. com/read/2010/10/22/22490759/Konflik. Adat. Lemukih. Hanguskan. 30. Rumah.

Kompas. Pemerintah Mengerem Pemekaran di 15 Wilayah (2008 – 03 – 25). url: http: //perpustakaan. bappenas. go. id/lontar/file? file = digital/kliping/Pemerintah%20mengerem – Kps. pdf.

Kompas. Program Sertifikasi Tanah Adat Dayak, Gratis (2010 – 02 – 04). url: http: //regional. kompas. com/read/2010/02/04/21181850/Program. Sertifikasi. Tanah. Adat. Dayak. Gratis.

Kompas. Tim Independen Belum Diperlukan (2011 – 04 – 19). url: http: //nasional. kompas. com/read/2011/04/19/16144385/Tim. Independen. Belum. Diperlukan.

Koran Sinar Tapanuli. Gereja Tolak TPL (2010 – 01 – 23). url: https: //sinartapanuli. wordpress. com/2010/01/23/gereja – tolak – tpl/.

Lubis Z, "Menanti Wangi Bunga dan Manisnya Buah Pemekaran Wilayah: Sebuah Catatan Pengamatan Atas Perjalanan Desentralisasi di Sumatera Utara". *Proc. Seminar Nasional Pemekaran Wilayah Sumatera dalam Perspektif Sejarah*. Medan, 2007.

Manalu D, *Gerakan Sosial dan Perubahan Kebijakan Publik: Studi Kasus Gerakan Perlawanan Masyarakat Batak vs PT Inti Indorayon Utama di Sumatera Utara*. Gadjah Mada University Press bekerja sama dengan Kelompok Studi dan Pengembangan Prakarsa Masyarakat (KSPPM), 2009.

Munthe T, Warga Tuding Toba Pulp Caplok Tanah Adat (2016 – 03 – 04). url:

http：//regional. kompas. com/read/2016/03/04/10200031/Warga. Tuding. Toba. Pulp. Caplok. Tanah. Adat.

Osborne R, *Kibaran Sampari*：*Gerakan Pembebasan OPM*, *dan Perang Rahasia di Papua Barat*. Lembaga Studi dan Advokasi Masyarakat （ELSAM）, 2001.

Padmasari S, Mendagri Sebut 237 Daerah Mengantre untuk Dimekarkan （2017 – 02 – 28）. url：https：//www. merdeka. com/peristiwa/mendagri – sebut – 237 – daerah – mengantre – untuk – dimekarkan. html.

Pandiangan S, "Bentuk – bentuk Perlawanan Petani Terhadap Dominasi Negara". *Jurnal Pemberdayaan Komunitas* 5. 3［2006］, pp. 323 – 334.

Pohan S, "Pertarungan Wacana Sinar Indonesia Baru Dan Waspada Dalam Isu Provinsi Tapanuli". *Komunika* 12. 2 （2011）, pp. 1 – 8.

Ratnawati T, *Potret Pemerintahan Lokal di Indonesia di Masa Perubahan*. Jakarta：Pustaka Pelajar, 2006.

Revida E, "Sistim Kekerabatan Masyarakat Suku Batak Toba Sumatera Utara". *Jurnal Pemberdayaan Komunitas* 5. 2 （2006）, pp. 98 – 103.

Rochman F, 2 Anggota Brimob yang Tewas Ditembak di Papua Dapat Kenaikan Pangkat （2014 – 12 – 05）. url：http：//nasional. kompas. com/read/2014/12/05/16552291/2. Anggota. Brimob. yang. Tewas. Ditembak. di. Papua. Dapat. Kenaikan. Pangkat.

Roth D, "Gubernur Banyak, Provinsi Tak Ada：Berebut Provinsi Di Daerah Luwu – Tana Toraja Di Sulawesi Selatan". *Politik Lokal Di Indonesia*. Ed. by Nordholt H. and Gerry Van Klinken. Jakarta：KITLV, 2007, pp. 154 – 188.

Sangaji A, "Aparat Keamanan dan Kekerasan Regional Poso". *Politik Lokal Di Indonesia*. Ed. by Nordholt H. and Gerry Van Klinken. Jakarta：KITLV, 2007, pp. 339 – 374.

Sibarani R, "Kisah Vampire, Salib, dan Adu Domba di Tano Batak" （2015 – 07 – 05）. url：http：//www. kompasiana. com/rantosibarani/kisah – vampire – salib – dan – adu – domba – di – tano – batak_ 5598e391bd22bdb20dc38950.

Sihombing E, "Hubungan Antara Suku Batak Toba Dan Batak Pakpak （Studi Kasus Di Desa Bangun Kecamatan Parbuluan Kabupaten Dairi）". MA thesis. Medan：Universitas Sumatera Utara, 2016.

Silitonga A, "Huria Kristen Batak Protestant Selajang Pandang". *Oikumene*,

Geredja dan Masjarakat di Indonesia: Karangan – karangan Selaku Penghormatan Kepada Prof. Dr T. S. G. Mulia S. H.. Ed. by Abineno J. Djakarta: BPK, 1965.

Simandjuntak B. and Saur Tumiur Situmorang. *Arti Dan Fungsi Tanah Bagi Masyarakat Batak*. Parapat: Kelompok Studi Dan Pengembangan Masyarakat, 2004.

Simanjuntak B, *Dampak Otonomi Daerah Di Indonesia: Merangkai Sejarah Politik Dan Pemerintahan Indonesia*. Jakarta: Yayasan Pustaka Obor Indonesia, 2013.

Simanjuntak B, ed. *Konsepku Membangun Bangso Batak: Manusia, Agama, dan Budaya*. Jakarta: Yayasan Pustaka Obor Indonesia, 2012.

Simanjuntak B, *Orang – orang yang Dipaksa Kalah: Penguasa dan Aparat Keamanan Milik Siapa?* Jakarta: Yayasan Pustaka Obor Indonesia, 2010.

Simanjuntak B, *Otonomi Daerah, Etnonasionalisme dan Masa Depan Indonesia*. Jakarta: Yayasan Pustaka Obor Indonesia, 2011.

Simanjuntak B, *Pemikiran Tentang Batak*. Pusat Dokumentasi dan Pengkajian Kebudayaan Batak, Universitas HKBP Nommensen, 1986.

Simatupang S, GM Panggabean Dimakamkan Malam Hari (2011 – 01 – 25). url: https://nasional.tempo.co/read/308935/gm – panggabean – dimakamkan – malam – hari.

Sinar Indonesia Baru. "Dana Propinsi Tapanuli Terkumpul Rp 2 Miliar Lebih". Harian Sinar Indonesia Baru (2007 – 02 – 12).

Sinar Indonesia Baru. "ISNI: Pemekaran Nias Harus Contoh Realisasi Humbang dan Pakpak Barat". Sinar Indonesia Baru (2002 – 08 – 01), A14.

Sinar Indonesia Baru. "Mengapa Nias Harus Bergabung ke Propinsi Tapanuli". Sinar Indonesia Baru (2007 – 01 – 22).

Sinar Indonesia Baru. "Ribuan Massa akan Unjuk Rasa Desak Bupati Secepatnya Keluarkan Keputusan Politik Tentang Pemekaran Deliserdang". Sinar Indonesia Baru (2002 – 08 – 11), D2/x5.

Sinar Indonesia Baru. "Wapres Jusuf Kalla Terima Panitia Pembentukan Propinsi Tapanuli" (2007 – 02 – 23). url: http://niasonline.net/2007/02/23/wapres – jusuf – kalla – terima – panitia – pembentukan – propinsi – tapanuli/.

Situmorang S, "*Toba Na Sae*": *Sejarah Lembaga Sosial Politik Abad XIII - XX*. Jakarta: Yayasan Komunitas Bambu, 2004.

Sjaf S, *Politik Etnik*: *Dinamika Lokal di Kendari*. Jakarta: Yayasan Pustaka Obor Indonesia, 2014.

Sohuturon M, Kronologi Tewasnya Anggota Brimob di Tangan KKB Papua (2017 - 11 - 15). url: https://www.cnnindonesia.com/nasional/20171115103116 - 12 -255734/kronologi - tewasnya - anggota - brimob - di - tangan - kkb - papua.

Suara Pembaruan. "PP Tentang MRP Harus Segera Diterbitkan". *Suara Pembaruan* (Sept. 2003).

Sulistyawati A, Ketika Dua Nagari Berebut Tanah di Tapal Batas (2008 - 05 - 08). url: http://nasional.kompas.com/amp/read/2008/05/08/02164271/ketika.dua.nagari.berebut.tanah.di.tapal.batas.

Tempo. Gubernur Akui Keliru Teken Persetujuan Provinsi Tapanuli. url: https://nasional.tempo.co/read/159974/gubernur - akui - keliru - teken - persetujuan - provinsi - tapanuli.

Tempo. Satu TNI Tewas Ditembak di Papua (2014 -09 -25). url: https://nasional.tempo.co/read/609710/satu - tni - tewas - ditembak - di - papua.

Tempo. "Wawancara Menteri Negara GAM, Malik Mahmud al - Haytar: 'Kami Belum Kalah'". *Majalah Tempo*, 16 Nov 2003.

Tumanggor M, "Pengaruh Budaya Batak Toba Terhadap Masyarakat Pakpak Kelasen Di Kecamatan Manduamas (1946 - 1992)". MA thesis. Medan: Universitas Sumatera Utara, July 2015.

Wahyudhi, Dina Lumbantobing, and Lister Berutu, eds. *Etnis Pakpak dalam Fenomena Pemekaran Wilayah*. The Asia Foundation and Yayasan Sada Ahmo, 2002.

Waspada. Ada Tiga Buku Penelitian Tentang Protap, Dua Tak Beredar Di Sumut, Masyarakat "STPDN" Tegas Menolak (2007 -04 -27), Harian Waspada.

Wiradnyana K. and Lucas Partanda Koestoro. "Kontribusi Arkeologi Dalam Penanganan Sengketa Tanah: Kasus Pada Masyarakat Pollung". *Berkala Arkeologi Sangkhakala* 18.1 (2015), pp. 40 -56.

Yayasan Pelayanan Media Antiokhia, ed. *Tabloid Reformata Edisi* 2, Mei 2003.

YAPAMA, 2003.

Zalukhu A, "Kajian Dimensi Sosial Politik Terhadap Rencana Pembentukan Provinsi Tapanuli di Pulau Nias". MA thesis. Medan: Universitas Sumatera Utara, 2008.

后　记

本书基于我在2018年提交给清华大学的博士论文写成。本书的成形离不开我的博士导师孙学峰教授的悉心指导和帮助。孙老师治学态度严谨、研究功底扎实。在我撰写论文的过程中，多次帮助我从案例的细枝末节中抽身，启发我提炼出既具有解释力又有印尼特殊性的理论点。

我要感谢我的硕士导师、中国社会科学院亚太与全球战略研究院的许利平教授。我在读博士期间，继续承蒙许老师的教诲。还要感谢清华大学国际关系学系的张传杰、赵可金、漆海霞、庞珣、唐晓阳等老师、社科院亚太与全球战略研究院的张洁研究员、北京大学国关学院的翟崑教授、康奈尔大学政府系的 Thomas B. Pepinsky 教授、印尼帕拉玛蒂娜大学的 Djayadi Hanan 老师、印尼地方自治执行监督委员会（KPPOD）的 Robert Endi Jaweng 主任、北苏门答腊大学的 Fikarwin Zuska 教授、棉兰国立大学的 Erond L. Damanik 老师、《国际政治科学》和《南洋问题研究》等期刊的编辑和匿审专家等，他们在我撰写论文的不同阶段提出了宝贵的修改建议，时常令人茅塞顿开。

在印尼做田野期间，我得到了许多印尼政府机构、教育机构、社会组织、师友和陌生人的帮助，在这里不便于一一列举出来。他们的每一丝善意都帮助我增加了一分坚持。

作为清华大学发展中国家研究博士项目的第一届学生，我得到了国家、学校和国关系给予的慷慨支持。不论在培养计划、学术支持还是培养经费上，项目都针对我的研究国别和学科的特点和需求做出了及时、妥善的安排，使我顺利完成在国外的学习和研究计划。在印尼长期学习和田野的经历不仅为我的研究方向打下基础，更重要的是让我变得更宽容、忍耐

后　记

和乐观，这是博士阶段对我一生的馈赠。

感谢复旦大学国际关系与公共事务学院通过"上海市政治学高峰学科建设经费"慷慨提供的出版资助，感谢中国社会科学出版社陈雅慧老师的精心编辑。希望本书能对有意了解当代印尼政治的读者有所助益。

薛　松
2019 年 9 月 5 日
于复旦大学文科楼